CIBELE BENEVIDES GUEDES DA FONSECA

COLABORAÇÃO PREMIADA

CIBELE BENEVIDES GUEDES DA FONSECA

COLABORAÇÃO PREMIADA

3ª Edição

editora Del Rey

Belo Horizonte
2022

Impresso no Brasil | Printed in Brazil

EDITORA DEL REY LTDA

Editor: Arnaldo Oliveira

Editor Adjunto: Ricardo A. Malheiros Fiuza *(in memoriam)*

Coordenação Editorial: Letícia Neves

Diagramação e capa: Alfstudio

Editora:
Rua dos Goitacazes, 71 – Lojas 20 a 24
Centro – Belo Horizonte – MG
CEP 30190-050

Comercial:
Tel.: (31) 3284-3284
vendas@editoradelrey.com.br

Editorial:
Tel.: (31) 2516-3340
editorial@editoradelrey.com.br

F676c Fonseca, Cibele Benevides Guedes da
Colaboração premiada – 3ª edição / Cibele Benevides Guedes da Fonseca. – Belo Horizonte: Del Rey, 2022.
LVI, 282 p. – Inclui bibliografia.

ISBN: 978-65-00-38427-7

1. Delação premiada (Processo penal) 2. Processo penal - Brasil 3. Corrupção administrativa 4. Garantia (Direito) I. Título

CDU 343.1(81)

Ficha catalográfica elaborada pela bibliotecária Meire Luciane Lorena Queiroz CRB 6/2233.

Para Maitê e Marina, minhas filhas amadas,
razão maior do meu viver.

Para Raphael, meu grande incentivador.
Sem seu apoio, estímulo e compreensão este
trabalho não teria sido possível.

Para Antonio e Anna Martina,
meus sobrinhos amados, filhos do coração.

Para meus pais, em especial minha mãe, Vera,
amor e dedicação fundamentais em meu caminho.

AGRADECIMENTOS

Ao professor Doutor Néfi Cordeiro, pela valiosa orientação.

Aos membros das Bancas de Qualificação e de Defesa, Professores Doutores José Eduardo Sabo Paes, Diaulas Costa Ribeiro e Luiz Alberto Gurgel de Faria, pelas generosas observações.

Aos colegas de Ministério Público Federal Marcelo Alves Dias de Souza e Ronaldo Pinheiro de Queiroz, pelo incentivo desde o início.

A Isabele Benevides e Adone Lasagna, por toda ajuda nas traduções e na pesquisa nas línguas francesa e italiana durante o Mestrado.

Aos Professores Julio César Aguiar e Benjamin Miranda Tabak, por me encorajarem a desbravar as análises econômica e comportamental do Direito.

Aos professores, funcionários e colegas do Curso de Mestrado da Universidade Católica de Brasília, especialmente as amigas Lia de Souza Siqueira, Claudia Regina Lovato Franco e Carmem Elisa Hessel, grandes mulheres que enobrecem o Ministério Público da União.

A todos os colegas da Procuradoria da República no Rio Grande do Norte, aqui representados na figura do então Procurador-Chefe Ronaldo Sérgio Chaves Fernandes, em razão da disposição de me ajudar quando precisei, na árdua tentativa de conciliar o trabalho com o Mestrado.

Aos colegas Procuradores da República Rodrigo Telles de Souza e Clarisier Azevedo Cavalcante de Morais, pela generosa ajuda na revisão da dissertação.

Aos servidores da Procuradoria da República no Rio Grande do Norte, em especial a dois deles: Jano Sérvio, entusiasta das pesquisas sobre temas envolvendo o Ministério Público, sempre solícito na busca de bibliografia especializada; e Maria Eletônia Pereira, pelas orações e torcida, sempre.

Aos servidores do Gabinete do 6º Ofício da PR/RN, Pollyana Santos Queiroga e Inamar Dantas Neto, profissionais dedicados, competentes e comprometidos, que engrandecem os quadros do Ministério Público Federal, cujo apoio foi imprescindível para o êxito desse projeto.

À Professora Maria das Graças Brandão Soares, pelo apoio e torcida, sempre.

À Escola Superior do Ministério Público da União, nas pessoas de seu diretor, Carlos Henrique Martins Lima, e da coordenadora de ensino, Renata Coelho Vieira, por acreditarem que os temas que envolvem o Ministério Público brasileiro merecem ser discutidos no ambiente acadêmico.

Por fim, agradeço ao Ministério Público Federal brasileiro por ter me aceito em seus quadros e por me estimular, cotidianamente, a neles permanecer.

PREFÁCIO À 3ª EDIÇÃO

Desde sua primeira edição, tenho reiteradamente dito que a presente obra é uma das grandes referências no tema da colaboração premiada. Não por acaso que chega em sua terceira edição, complementada agora não só pela jurisprudência, mas especialmente pelos acréscimos da Lei nº 13.964/2019, denominada de Pacote Anticrime. Importante dizer: por absolutos méritos, a obra é multicitada em julgamentos feitos no Supremo Tribunal Federal.

Mas do que trata a obra?

Mesmo que passado algum tempo e o aprimoramento que vemos, é preciso realçar que a colaboração premiada é um instituto novo na configuração que temos a partir da Lei n. 12.850/2013. Compreender o instituto da colaboração premiada desprovido de (pre)conceitos é fundamental.

Na edição em tela, e novamente com precisão e competência, Cibele avança com passos mais firmes e seguros para demonstrar a importância da correta aplicação do procedimento, desenvolvendo o tema sob um viés pouco explorado na doutrina brasileira: a análise econômica do Direito, com aprofundada pesquisa doutrinária.

Sem desrespeitar direitos fundamentais, fato é que os denominados "clássicos" meios de investigação já não servem mais diante de suas ineficiências, sendo essencial a colaboração premiada para permitir o início das apurações envolvendo fatos mais complexos. Aliás, a utilização da colaboração premiada como técnica de obtenções de provas é decorrente daquilo que denominados de obrigações processuais penais positivas, expressamente recomendada por organismos internacionais como a ONU e GAFI/TAFT, além de prevista na Convenção das Nações Unidas contra a Criminalidade Transnacional Organizada (Convenção de Palermo) e a Convenção das Nações Unidas contra a Corrupção (Convenção de Mérida).

A partir de precedentes das Cortes supranacionais de direitos humanos, são indubitavelmente reconhecidas as obrigações de as autoridades responsáveis pela persecução penal conduzirem procedimentos penais adequados, completos e eficazes, que permitam a busca efetiva do esclarecimento dos fatos e a identificação e consequente punição dos responsáveis pelo cometimento dos delitos. Além disso, não se pode olvidar a existência de cláusulas protetivas de direitos fundamentais que exigem dos sistemas jurídicos a condução de investigações aprofundadas, céleres e diligentes, que permitam esclarecer os fatos e punir os responsáveis ao final do processo.

Para compreender as características do intituto da colaboração premiada, importante também conhecer como se dá sua aplicabilidade em ordenamentos comparados. Nos EUA, em que é realizado o plea barganing (com características pouco diversas da colaboração, especialmente a ampla discricionariedade dos titulares da ação penal), a autora destaca as principais decisões da Scotus sobre a integral constitucionalidade do instituto, que é utilizado na solução de aproximadamente 90% dos casos. Já na Itália, com uma proximidade maior ao que temos hoje no Brasil, refere a importância do pattegiamento como incentivo à quebra da omertà (lei do silêncio), destacando toda a evolução histórica e legislativa – em detalhes – da colaboração e seus efeitos concretos no combate à criminalidade organizada. Importante destaque para o fato de que somente em 1991 na Itália passou a existir, legalmente, a expressão collaboratore de Giustizia. E demonstra com riqueza de detalhes o surgimento e desenvolvimento na Itália da denominada Operação Mãos Limpas (que apresenta em essência geral muitas características com a Operação Lava Jato, tanto pelo início, como pelas "reações legislativas", todas destinadas a desestabilizar a força dos procedimentos investigatórios).

Prosseguindo no desenvolvimento da obra, trata dos aspectos históricos dentro do Brasil, abordando todas as concessões de benefícios (dos mais variados matizes) para aqueles que colaborem com a apuração de fatos criminosos (Leis nºs 7.492/1986, 8.072/1990, 8.137/1990, 9.034/1995, 9.613/1998, 9.807/1999, 10.409/2002, 11.343/2006, 12.529/2011 e 12.846/2013, até chegar na Lei nº 12.850/2013, que trata especificamente da colaboraçã premiada). Cabe destaque para o bem lembrado fato que foi no denominado Caso Banestado que a técnica de realização de acordos de forma escrita e clausulada foi utilizada pela primeira vez no ano de 2003, malgrado a inexistência de lei específica para a solução dos problemas operacionais dos ajustes entre as partes. Foi exatamente decorrente daí que a ENCCLA encampou a ideia de que fosse criada legislação específica para o tema, culminando com a legislação atual.

Ao explicar o procedimento da colaboração premiada, a autora traz informações preciosas da teoria e dos precedentes jurisprudenciais tomados sobretudo a partir do leading case do STF (HC n. 127.483-PR).

Poucos autores demonstram uma importância fundamental da colaboração premiada: trata-se, também, de um induvidoso meio de defesa para ser utilizado em prol do colaborador, tendo como finalidade uma redução das consequências penais que teria em razão de eventuais condenações penais. Igualmente demonstra o equívoco daqueles que sustentam que a colaboração ensejaria uma violação de padrões éticos, na medida em que o Estado estaria obtendo informações a partir de um sujeito que praticou ações criminosas e estaria "quebrando" o pacto com os agentes criminosos. Nesse ponto é essencial destacar que a razão de haver a colaboração não é ética (ou decorrente da sua quebra), mas exclusivamente a busca de um benefício. De relevo ainda que, ao contrário do que professam alguns (talvez por desconhecerem), que a colaboração está sedimentada da importância da busca de meios sempre mais eficazes para a proteção dos interesses da coletividade.

Despojada totalmente de concepções ideológicas, aspecto que corrobora a seriedade da obra está na demonstração do erro técnico daqueles que sustentam que as provas obtidas por meio de colaboração premiada seriam ilegais ou inconstitucionais. Não só por serem legais e constitucionais, a utilização das provas obtidas por meio da colaboração premiada é absolutamente reforçada pela ideia de proporcionalidade, porém pelo seu viés da maximização da proibição de proteção deficiente (tema já reconhecido em inúmeros julgados não só pelo STF, como por ordenamentos comparados).

Uma importante advertência é feita: a colaboração premiada deve ser adotada em situações excepcionais, que realmente demandem a apuração de condutas complexas e graves, nas quais os denominados tradicionais meios de investigação não permitiram a obtenção de resultados efetivos para a responsabilização de pessoas que cometeram crimes em detrimento da coletividade.

Obra que se queira completa e séria necessita demonstra não só aspectos teóricos e técnicos, mas a concatenação deles com todos os aspectos práticos e procedimentais. É disso que se trata no capítulo terceiro. São explicados em detalhes (fato que poucos fazem, até porque, como se vê de algumas obras e textos, muitos que escrevem sobre o tema efetivamente desconhecem o procedimento) como se dá a formalização da colaboração premiada desde seu nascedouro até a homologação judicial, momento a partir do qual (só então) será possível a adoção de investigação formal com base nas informações e documentos apresentados pelo colaborador.

A relevância da cooperação internacional foi igualmente bem aglutinada nos aspectos procedimentos. É que, não raro, a internacionalização das condutas criminosas é a tônica, demandando apurações com interveniência de autoridades de outros países de forma colaborativa. Novamente são detalhados os meios procedimentais específicos existentes para a legal obtenção de provas existentes no exterior

Os direitos e garantias fundamentais do colaborador são integralmente protegidos. Evidentemente que, sempre mediante a presença indeclinável em todos os atos do procedimento, deverá haver a renúncia ao exercício de algumas garantias fundamentais, como por exemplo o direito ao silêncio sobre os fatos objeto da colaboração. Mas a autora demonstra que nem todos direitos fundamentais são renunciáveis. É exemplo disso o contraditório e a ampla defesa, desde que não presentes hipóteses que se configurem como venire contra factum proprium (em face dos termos do acordo). A boa fé objetiva deve ser sempre condutora do comportamento das partes.

Dentro dos aspectos procedimentais ainda, a obra traz para análise, em vários momentos, o conteúdo da Orientação Conjunta nº 01/2018 das 2ª e 5ª Câmaras do Ministério Público Federal, que estipulou algumas normas de conduta para a realização dos acordos de colaboração premiada.

Não escapou à arguta pena da autora a discussão sobre a possibilidade (ou não) da concessão de benefícios não previstos expressamente na legislação. De fato, há se relembrar que o STF já reconheceu que a fixação de sanções premiais não expressamente previstas na Lei nº 12.850/2013, mas aceitas de modo livre e consciente pelo investigado não geram invalidade do acordo. O princípio da legalidade veda a imposição de penas mais graves do que as previstas em lei, por ser garantia instituída em favor do jurisdicionado em face do Estado. Deste modo, não viola o princípio da legalidade a fixação de pena mais favorável, não havendo falar-se em observância da garantia contra o garantido (Agravo Regimental no Inquérito n. 4.405 - DF, STF, publicado no DJ em 5.4.2018).

Não passou sem o devido destaque a importância da proteção efetiva dos direitos fundamentais - notadamente do contraditório e da ampla defesa - daqueles que forem referidos pelo réu colaborador, assim chamados de "delatados". Em síntese, o acesso às provas que forem produzidas deve ser o mais amplo possível, observados os nortes estipulados pela Súmula Vinculante n. 14/STF. Mas o acesso será restrito àquelas informações relacionadas ao próprio referido, não de terceiros e muito menos - senão depois de levantado o sigilo - do teor do acordo de colaboração premiada (que, em nenhum momento, poderá ser impugnado por terceiros, pois se trata de um negócio jurídico personalíssimo entre as partes, conforme corretamente reconhecido pelo STF).

A questão de compartilhamento de provas e o valor probatório das declarações do colaborador foram igualmente objetos de abordagem acurada pela autora.

Como anunciado, um dos diferenciais da obra está na denominada análise econômica da colaboração premiada.

Analisando a importância da recuperação dos valores decorrentes de práticas criminosas em detrimento da administração pública, reconhece que a relevância decorre, dentre outras, da Convenção de Mérida, que prevê em seu artigo 37 que a colaboração deve "contribuir a privar os criminosos do produto do delito, assim como recuperar esse produto". A autora revela quais os resultados economicamente possíveis a partir de uma escolha realizada (no caso, firmar uma colaboração premiada). Como reconhece expressamente, "normas jurídicas passam a ser estudadas sob a ótica da eficiência, a partir de uma análise de custo-benefício, e são consideradas incentivos para alterar condutas (como se fossem preços implícitos)". Demonstra que a colaboração premiada pode ser (mais) eficiente (Teorema de Kaldor-Hicks), pois "os benefícios para a sociedade (ainda que haja uma minoria que com eles não concorde) são superiores aos custos. Da mesma maneira, os benefícios para o colaborador, em determinadas situações, são maiores que as perdas. Há um equilíbrio nessa interação, cada agente maximizando seu interesse, e aparentemente havendo custos que podem, em tese, ser compensados".

Efetivamente, a colaboração premiada traz mais benefícios à sociedade, pois, ao tempo em que permite recuperar os recursos desviados (normalmente em tempo bastante curto, ao contrário dos longos processos judiciais), demonstra que os prejuízos (condenação-reponsabilização) por aqueles que cometem crimes potencializam-se pela probabilidade de eficiência dos resultados das investigações.

A Teoria dos Jogos também foi analisada. Numa síntese, o agente que pretende fazer uma colaboração premiada irá ponderar se refere ou não a existência de esquemas criminosos sabendo que os demais comparsas igualmente podem estar ponderando se irão colaborar ou não.

Com base em dados fáticos e incontestáveis, demonstra o equívoco daqueles que afirmam que prisões preventivas foram utilizadas no âmbito da Operação Lava Jato para "obrigar" pessoas a colaborarem. Está bem claro – e provado - que a minoria dos casos de colaboração premiada foram feitas com pessoas presas. Os poucos casos de liberdade decorreram da incompatibilidade (ao final) dos benefícios decorrentes do acordo homologado com os requisitos da prisão preventiva. Noutras palavras, prisões cautelares foram determinadas apenas nos casos em que estariam presentes os requisitos do art. 312 do CPP, e a realização da colaboração premiada depende exclusivamente da técnica de defesa a ser adotada pelo advogado do envolvido.

Também é corretamente demonstrado que a possibilidade de aplicação efetiva de penalidades decorrentes dos meios de prova obtidos por intermédio de colaboração premiada são verdadeiros incentivos às pessoas (prevenção geral positiva) a não praticarem mais crimes, na medida em que as probabilidades de responsabilização criminal aumentam consideravelmente. Aumentar a probabilidade de aplicação da pena aumenta o custo do crime, de modo que a tendência é a dissuasão.

Nessa terceira edição, como anunciamos, há abordagens que complementam a obra pelo que sucedeu desde a anterior, especialmente pelas modificações feitas na Lei nº 12.850/2013 pela Lei nº 13.964/2019 (muitas questões, na verdade, são mera introdução na lei do que já vinha sendo reconhecimento pela jurisprudência e abordado com primor na obra em tela).

O legislador reconheceu explicitamente que a colaboração premiada é um negócio jurídico processual, sendo que ela não é meio de prova em si, mas meio de obtenção de provas. Tanto que está expresso em lei agora que não se poderá mais decretar exclusivamente com base nas "palavras do colaborador" nenhuma espécie de medida cautelar, receber denúncia ou queixa ou ainda proferir sentença condenatória, sendo essencial haver a chamada prova de corroboração.

Para quem ainda não compreendia, ficou bem expresso que a proposta de colaboração – pela defesa – deve ser apresentada de forma clara, com indicativo das provas e elementos de corroboração (e, pela primeira vez, falando em anexos ao acordo, nos quais serão apontados os fatos de forma individualizada).

Por se tratar de meio de defesa (o alerta Cibele já fazia desde a origem da obra), a presença de advogado sempre foi fundamental, agora estando expresso que defensor deverá ter poderes específicos ou firmada autorização pessoalmente pelo interessado em colaborar, tudo para dar mais segurança ao procedimento, especialmente quanto à voluntariedade.

Nessa terceira edição, com a apoio na lei mais explícita, a explicação do procedimento da colaboração ficou mais rica, um verdadeiro passo-a-passo. Aí se pode compreender, definitivamente, como são feitas as tratativas iniciais, firmando-se o chamado termo de confidencialidade, a evolução do pacto até sua assinatura e submissão ao juiz competente para a devida homologação.

Como se trata de um negócio jurídico, deixa bem claro que não há direito subjetivo à colaboração premiada, o que não se confunde com o direito subjetivo aos benefícios pactuados, desde que o colaborador cumpra com suas obrigações, que, reforce-se, não são de resultado, mas de meio. Esse dado demonstra, uma vez mais e ao contrário do que dizem alguns (confundindo quem estuda a sério o tema), que o colaborador não tem interesse jurídico nenhum na condenação dos "delatados", muito menos se revela como assistente da acusação.

A autora explica – e bem - que o fato de se prever que também as tratativas deverão ser gravadas é uma obrigação legal para proteção do próprio colaborador, de modo que, se devidamente justificado por ele e seu defensor, poderá ser renunciado o exercício dessa garantia se for do seu exclusivo interesse (pelas mais variadas razões).

Muito importantes são os corretos alertas feitos de que a desistência da proposta da colaboração (antes da homologação, portanto) importa que nada que foi dito (inclusive em eventuais documentos entregues) poderá ser utilizado contra aquele que estava em tratativas de acordo. A situação é muito diversa da hipótese em que o colaborador não mais pretender manter o acordo já homologado ou houver a rescisão por descumprimento por violação de suas obrigações: nessas hipóteses, todas as provas produzidas desde a homologação até a rescisão serão absolutamente válidas, inclusive contra o (até então) colaborador.

Não nos cabe aqui fazer uma análise longa, apenas reafirmar: a obra já era essencial para o estudo do tema. E Cibele demonstra novamente a seriedade do seu trabalho ao trazer essa nova edição ao conhecimento do público de forma absolutamente atualizada e completa.

A obra é absolutamente técnica, despojada de quaisquer outros elementos que não melhor informar quem estuda o tema.

E confesso que novamente aprendi – e apreendi melhor – algumas questões a partir da leitura do texto de forma prévia pela alegria de prefaciar novamente essa terceira edição.

Porto Alegre, julho de 2021.

Douglas Fischer

PREFÁCIO À 2ª EDIÇÃO

Especialmente por ainda ser um instituto novo na configuração que temos a partir da Lei n. 12.850/2013, compreender o instituto da colaboração premiada desprovido de (pre)conceitos é fundamental. Na presente obra, agora em segunda edição, a autora avança com passos firmes e seguros para demonstrar a importância da correta aplicação do procedimento, desenvolvendo o tema sob um viés pouco explorado na doutrina brasileira: a análise econômica do Direito, com aprofundada pesquisa doutrinária.

Sem desrespeitar direitos fundamentais, fato é que os denominados "clássicos" meios de investigação já não servem mais diante de suas ineficiências, sendo essencial a colaboração premiada para permitir o início das apurações envolvendo fatos mais complexos. Aliás, a utilização da colaboração premiada como técnica de obtenções de provas é decorrente daquilo que denominados de *obrigações processuais penais positivas*, expressamente recomendada por organismos internacionais como a ONU e GAFI/TAFT, além de prevista na Convenção das Nações Unidas contra a Criminalidade Transnacional Organizada (Convenção de Palermo) e a Convenção das Nações Unidas contra a Corrupção (Convenção de Mérida).

A partir de precedentes das Cortes supranacionais de direitos humanos, são indubitavelmente reconhecidas as obrigações de as autoridades responsáveis pela persecução penal conduzirem procedimentos penais *adequados, completos e eficazes*, que permitam a busca efetiva do esclarecimento dos fatos e a identificação e consequente punição dos responsáveis pelo cometimento dos delitos. Além disso, não se pode olvidar a existência de cláusulas protetivas de direitos fundamentais que *exigem* dos sistemas jurídicos a "a condução de investigações aprofundadas, céleres e diligentes, que permitam esclarecer os fatos e punir os responsáveis ao final do processo". (Obrigações Processuais Penais positivas, Livraria do Advogado, 2019, 2 ed. p. 192 e193).

Para compreender as características do instituto da colaboração premiada, importante também conhecer como se dá sua aplicabilidade em ordenamentos comparados. Nos EUA, em que é realizado o *plea barganing* (*com características pouco diversas da colaboração, especialmente a ampla discricionariedade dos titulares da ação penal*), a autora destaca as principais decisões da *Scotus* sobre a integral constitucionalidade do instituto, que é utilizado na solução de aproximadamente 90% dos casos. Já na Itália, com uma proximidade maior ao que temos hoje no Brasil, refere a importância do *pattegiamento* como incentivo à quebra da *omertà* (lei do silêncio), destacando toda a evolução histórica e legislativa - em detalhes - da colaboração e seus efeitos concretos no combate à criminalidade organizada. Importante destaque para o fato de que somente em 1991 na Itália passou a existir, legalmente, a expressão *collaboratore de Giustizia*. E demonstra com riqueza de detalhes o surgimento e desenvolvimento na Itália da denominada Operação *Mãos Limpas* (*que apresenta em essência geral muitas características com a Operação Lava Jato, tanto pelo início, como pelas "reações legislativas", todas destinadas a desestabilizar a força dos procedimentos investigatórios*).

Prosseguindo no desenvolvimento da obra, trata dos aspectos históricos dentro do Brasil, abordando todas as concessões de benefícios (dos mais variados matizes) para aqueles que colaborem com a apuração de fatos criminosos (Leis n.º 7.492/1986, 8.072/1990, 8.137/1990, 9.034/1995, 9.613/1998, 9.807/1999, 10.409/2002, 11.343/2006, 12.529/2011 e 12.846/2013, até chegar na Lei nº 12.850/2013, que trata especificamente da *colaboração premiada).* Cabe destaque para o bem lembrado fato que foi no denominado Caso Banestado que a técnica de realização de acordos de forma escrita e clausulada foi utilizada pela primeira vez no ano de 2003, malgrado a inexistência de lei específica para a solução dos problemas operacionais dos ajustes entre as partes. Foi exatamente decorrente daí que a ENCCLA encampou a ideia de que fosse criada legislação específica para o tema, culminando com a legislação atual.

Ao explicar o procedimento da colaboração premiada, a autora traz informações preciosas da teoria e dos precedentes jurisprudenciais tomados sobretudo a partir do *leading case* do STF (HC n. 127.483-PR).

Poucos autores demonstram uma importância fundamental da colaboração premiada: trata-se, também, de um induvidoso meio de defesa para ser utilizado em prol do colaborador, tendo como finalidade uma redução das consequências penais que teria em razão de eventuais condenações penais. Igualmente demonstra o equívoco daqueles que sustentam que a colaboração ensejaria uma violação de padrões éticos, na medida em que o Estado estaria obtendo informações a partir de um sujeito que praticou ações criminosas e estaria "quebrando" o pacto com os agentes criminosos. Nesse ponto é essencial destacar que a razão de haver a colaboração não é ética (ou decorrente da sua quebra), mas exclusivamente a busca de um benefício legal (no caso, por meio de um instituto já declarado constitucional de forma unânime pela Suprema Corte brasileira). De relevo ainda que não se trata de aceitar, como querem alguns, que a colaboração premiada seria o reconhecimento da incapacidade investigativa do Estado, mas sim, em sentido contrário, a reafirmação da importância da busca de meios sempre mais eficazes para a proteção dos interesses da coletividade (aquilo que denominados de *garantismo positivo* e vinculado também às *obrigações processuais penais positivas*).

Despojada totalmente de concepções ideológicas, aspecto que corrobora a seriedade da obra está na demonstração do erro técnico daqueles que sustentam que as provas obtidas por meio de colaboração premiada seriam ilegais ou inconstitucionais. Não só por serem legais e constitucionais, a utilização das provas obtidas por meio da colaboração premiada é absolutamente reforçada pela ideia de proporcionalidade, porém pelo seu viés da maximização da proibição de proteção deficiente (tema já reconhecido em inúmeros julgados não só pelo STF, como por ordenamentos comparados).

Uma importante advertência é feita: a colaboração premiada deve ser adotada em situações excepcionais, que realmente demandem a apuração de condutas complexas e graves, nas quais os denominados *tradicionais meios de investigação* não permitiram a obtenção de resultados efetivos para a responsabilização de pessoas que cometeram crimes em detrimento da coletividade.

Obra que se queira completa e séria necessita demonstra não só aspectos teóricos e técnicos, mas a concatenação deles com todos os aspectos práticos e procedimentais. É disso que se trata no capítulo terceiro. São explicados em detalhes (fato que poucos fazem, até porque, como se vê de algumas obras e textos, muitos que escrevem sobre o tema efetivamente desconhecem o procedimento) como se dá a formalização da colaboração premiada desde seu nascedouro até a homologação judicial, momento a partir do qual (só então) será possível a adoção de investigação formal com base nas informações e documentos apresentados pelo colaborador.

A relevância da cooperação internacional foi igualmente bem aglutinada nos aspectos procedimentos. É que, não raro, a internacionalização das condutas criminosas é a tônica, demandando apurações com interveniência de autoridades de outros países de forma colaborativa. Novamente são detalhados os meios procedimentais específicos existentes para a legal obtenção de provas existentes no exterior. Aspectos empíricos também são trazidos a conhecimento, como, por exemplo, os resultados de recuperação de valores apurados na Operação Lava Jato: somente com três países, foram internalizados aproximadamente 500 milhões de reais que tinham sido produto de práticas criminosas e que estavam depositados no exterior.

Os direitos e garantias fundamentais do colaborador são integralmente protegidos, conforme minuciosamente explorado no capítulo a seguir, o quarto. Evidentemente que, sempre mediante a presença indeclinável em todos os atos do procedimento, deverá haver a renúncia ao exercício de algumas garantias fundamentais, como por exemplo o direito ao silêncio sobre os fatos objeto da colaboração. Mas a autora demonstra que nem todos direitos fundamentais são renunciáveis. É exemplo disso o contraditório e a ampla defesa, desde que não presentes hipóteses que se configurem como *venire contra factum proprium* (em face dos termos do acordo). A boa fé objetiva deve ser sempre condutora do comportamento das partes.

Dentro dos aspectos procedimentais ainda, a obra é mais atual quando traz para análise, em vários momentos, o conteúdo da Orientação Conjunta nº 01/2018 das 2ª e 5ª Câmaras do Ministério Público Federal, que estipulou algumas normas de conduta para a realização dos acordos de colaboração premiada.

Uma das tônicas da colaboração premiada é, ainda, a sigilosidade: não apenas como forma de cumprir o que determina a Lei n. 12.850/2013, mas também para permitir a eficácia dos procedimentos investigatórios, circunstância que impõe um contraditório diferido.

A atualidade do que aqui tratado está igualmente presente na análise do reconhecimento pelo STF de que, na ordem de apresentação das alegações finais, o réu colaborador deverá apresentar as suas antes dos demais envolvidos que não sejam colaboradores. A informação detalhada do que foi decidido não ficou sem a devida – e correta – crítica formulada pela autora. É que, mesmo que se adote esse novo entendimento, não se poderia aplica-lo de forma retroativa e sem a demonstração de efetivo prejuízo, pois nessa toada sempre foram os precedentes do STF: independentemente da qualificação das nulidades, sempre foi exigido das partes a demonstração de efetivo prejuízo (o que não ocorreu nos casos solvidos e que geraram esse entendimento). Além disso, corretamente destaca – segundo pensamos também – que colaborador não é assistente da acusação, que não possui obrigação de resultado algum (condenação dos que foram referidos por ele), muito menos as suas alegações não podem ir além das provas e declarações que já foram juntadas aos autos *previamente* às alegações de todos os envolvidos.

Não escapou à arguta pena da autora a discussão sobre a possibilidade (ou não) da concessão de benefícios não previstos expressamente na legislação. De fato, há se relembrar que o STF já reconheceu que a fixação de sanções premiais não expressamente previstas na Lei nº 12.850/2013, mas aceitas de modo livre e consciente pelo investigado não geram invalidade do acordo. O princípio da legalidade veda a imposição de penas mais graves do que as previstas em lei, por ser garantia instituída em favor do jurisdicionado em face do Estado. Deste modo, não viola o princípio da legalidade a fixação de pena mais favorável, não havendo falar-se em observância da garantia contra o garantido (Agravo Regimental no Inquérito n. 4.405 – DF, STF, publicado no DJ em 5.4.2018).

Não passou sem o devido destaque a importância da proteção efetiva dos direitos fundamentais – notadamente do contraditório e da ampla defesa – daqueles que forem referidos pelo réu colaborador, assim chamados de "delatados". Em síntese, o acesso às provas que forem produzidas deve ser o mais amplo possível, observados os nortes estipulados pela Súmula Vinculante n. 14/STF. Mas o acesso será restrito àquelas informações relacionadas ao próprio referido, não de terceiros e muito menos – senão depois de levantado o sigilo - do *teor* do acordo de colaboração premiada (que, em nenhum momento, poderá ser impugnado por terceiros, pois se trata de um negócio jurídico personalíssimo entre as partes, conforme corretamente reconhecido pelo STF).

A questão de compartilhamento de provas e o valor probatório das declarações do colaborador foram igualmente objetos de abordagem acurada pela autora.

E no sexto capítulo, para além dos já afirmados e reconhecidos aspectos legais e constitucionais, um dos diferenciais da obra: a denominada análise econômica da colaboração premiada.

Analisando a importância da recuperação dos valores decorrentes de práticas criminosas em detrimento da administração pública, reconhece que a relevância decorre, dentre outras, da Convenção de Mérida, que prevê em seu artigo 37 que a colaboração deve "contribuir a privar os criminosos do produto do delito, assim como recuperar esse produto". A proposta desenvolvida analisa quais os resultados economicamente possíveis a partir de uma escolha realizada (no caso, firmar uma colaboração premiada). Como reconhece expressamente, "normas jurídicas passam a ser estudadas sob a ótica da eficiência, a partir de uma análise de custo-benefício, e são consideradas incentivos para alterar condutas (como se fossem preços implícitos)". Demonstra que a colaboração premiada pode ser (mais) eficiente (Teorema de Kaldor-Hicks), pois "os benefícios para a sociedade (ainda que haja uma minoria que com eles não concorde) são superiores aos custos. Da mesma maneira, os benefícios para o colaborador, em determinadas situações, são maiores que as perdas. Há um equilíbrio nessa interação, cada agente maximizando seu interesse, e aparentemente havendo custos que podem, em tese, ser compensados".

Efetivamente, a colaboração premiada traz mais benefícios à sociedade, pois, ao tempo em que permite recuperar os recursos desviados (normalmente em tempo bastante curto, ao contrário dos longos processos judiciais), demonstra que os prejuízos (condenação-responsabilização) por aqueles que cometem crimes potencializam-se pela probabilidade de eficiência dos resultados das investigações. Corroborando os aspectos teóricos acerca do tema, refere que, no âmbito da denominada Operação Lava Jato, foi possível – até o ano de 2016 – a recuperação de aproximadamente R$ 3,6 bilhões de reais mediante acordos de colaboração premiada.

A Teoria dos Jogos também foi analisada. Numa síntese, o agente que pretende fazer uma colaboração premiada irá ponderar se refere ou não a existência de esquemas criminosos sabendo que os demais comparsas igualmente podem estar ponderando se irão colaborar ou não.

Com base em dados fáticos e incontestáveis, demonstra o equívoco daqueles que afirmam que prisões preventivas foram utilizadas no âmbito da Operação Lava Jato para "obrigar" pessoas a colaborarem. Está bem claro – e provado - que a minoria dos casos de colaboração premiada foi feita com pessoas presas. Os poucos casos de liberdade decorreram da incompatibilidade (ao final) dos benefícios decorrentes do acordo homologado com os requisitos da prisão preventiva. Noutras palavras, prisões cautelares foram determinadas apenas nos casos em que estariam presentes os requisitos do art. 312 do CPP, e a realização da colaboração premiada depende exclusivamente da técnica de defesa a ser adotada pelo advogado do envolvido.

Também é corretamente demonstrado que a possibilidade de aplicação efetiva de penalidades decorrentes dos meios de prova obtidos por intermédio de colaboração premiada são verdadeiros incentivos às pessoas (prevenção geral positiva) a não praticarem mais crimes, na medida em que as probabilidades de responsabilização criminal aumentam consideravelmente. Aumentar a probabilidade de aplicação da pena aumenta o custo do crime, de modo que a tendência é a dissuasão.

É sobre tudo isso que trata a obra, que já era ótima, e foi aprimorada nessa segunda edição. Competentíssima colega de Ministério Público Federal e jurista reconhecida com todos os méritos, Cibele Benevides Guedes da Fonseca surpreende uma vez mais positivamente até mesmo quem conhece sua capacidade, determinação e rigor técnico. São aspectos fundamentais e raros em dias atuais para autores de obras de referência. Quem pretende conhecer os aspectos relacionados à colaboração premiada exclusivamente por prismas técnicos e empíricos não pode prescindir de estudar a presente obra, que tenho a imensa honra de ora prefaciar.

Porto Alegre, novembro de 2019.

Douglas Fischer

APRESENTAÇÃO À 3ª EDIÇÃO

A prática de infrações penais de difícil elucidação e de grande impacto social e econômico tornou-se muito eficiente a partir do século XX, em decorrência da combinação de dois fatores: a tecnologia, que abrevia distância e tempo, aumenta eficiência e dissimula atos ilícitos; e as associações criminosas, que agem de modo organizado e permanente, com distribuição de funções entre integrantes.

Para desvendar ações complexas, praticadas de modo dissimulado por várias pessoas em cooperação segmentada, os métodos de investigação penal tradicionais tiveram de ser inovados, com a introdução de tecnologia reversa, que intercepte telecomunicações e registros bancários e fiscais, acesse registros e transações negociais, rastreie documentos e vestígios da conduta, inclusive transnacionais. Houve correspondente ampliação de direitos fundamentais, para definir a proteção constitucional à privacidade dos cidadãos, garantir a não autoincriminação, e as condições estritas em que somente por autorização judicial a investigação poderia usar tecnologia para pesquisar provas de conduta criminosa.

Todavia, mesmo diante da prova material do ato ilícito, é frequente a impossibilidade de provar a autoria do crime, seja de uma pessoa seja de um conjunto de pessoas em cooperação. Mais importante, mesmo quando o autor é conhecido, é difícil demonstrar o elemento subjetivo, que é essencial no tipo penal.

Para estas situações específicas, em que os métodos tradicionais e mesmo o uso de tecnologia reversa não tenham elevado a eficiência da investigação penal, concebeu-se a colaboração premiada. Neste método de investigação e de produção de prova, de natureza negocial, há expectativa de que o colaborador desvele crimes de alto potencial ofensivo, grande proveito econômico e elevado impacto social, identificando os demais infratores, seus vínculos, sua motivação; indicando provas de autoria e de materialidade de crime; identificando e devolvendo os produtos do crime, em troca de redução ou perdão da pena e de um melhor regime prisional. Diante desta inovação, mais uma vez houve correspondente confirmação das garantias constitucionais de todos os investigados.

O Ministério Público é o titular exclusivo da ação penal pública, no regime penal acusatório introduzido no Brasil pela Constituição de 1988. Acumula, também, as funções constitucionais de guardião da Constituição, do regime de leis e da democracia, vez que é o fiscal da lei. Por isso, ao firmar o acordo de colaboração premiada deve considerar que o direito penal é instrumento de proteção de direitos humanos. De fato, o crime é, por definição clássica, a sanção por ofensa a um direito humano, um bem juridicamente protegido. A vida, a integridade física, o patrimônio, a honra e a dignidade humana, dentre outros tantos bens, são protegidos pelo direito penal. Mas para que a proteção penal seja acionada pelo Ministério Público e efetivada pelo juiz, é necessário que haja prova da autoria e da materialidade do crime. Esta é a perspectiva de eficiência no uso da colaboração premiada em investigação penal: a de proteger bens jurídicos, elevando os efeitos preventivos e repressivos do direito penal, mediante meios estritamente conformes à Constituição e ao regime de leis. Desbordar do dever de exercer a titularidade da ação penal como guardião da Constituição e das leis viola a própria Constituição.

Note-se que os limites éticos e constitucionais do instituto da colaboração premiada determinam que não se efetiva uma proteção de direitos humanos afrontados pelo crime com a prática de outro crime. Por isso, os direitos constitucionais do infrator, que se apresenta ao Ministério Público como colaborador, devem ser preservados durante e após o procedimento negocial de colaboração premiada, assim como os direitos de terceiros que ele apontar como agentes de crime. A todos os investigados deve ser assegurado acesso a provas já documentadas e que não digam respeito a linha de investigação em curso (súmula vinculante 14), o contraditório e a ampla defesa. Segundo o devido processo legal, a vontade de colaborar deve ser livre, informada e assistida por advogado. Ademais, a proporção entre a colaboração feita e os benefícios penais obtidos pelo colaborador deve ser equitativa, de modo a que a extensão de sua confissão, do desvelamento do grupo criminoso, da paralisação da ação criminosa, da complexidade e longevidade do grupo criminoso e da recuperação do produto do crime, recebam o devido reconhecimento estatal.

Nesta obra pioneira e já referida na jurisprudência do Supremo Tribunal Federal, que foi sendo atualizada em três edições desde 2017, Cibele Benevides escreve com propriedade sobre a evolução e a natureza jurídica do instituto jurídico da colaboração premiada no Brasil e o compara com o plea bargaining dos Estados Unidos e o pattegiamento da Itália. Com base em pesquisa ampla de casos, regulamentos, jurisprudência e leis, explica os elementos básicos da colaboração premiada e do acordo escrito firmado entre o colaborador e o Ministério Público: partes, objeto, obrigações, benefícios e prazos, distribuídos em um corpo principal e em anexos que tratam de cada episódio criminoso a ser revelado, com entrega de provas ou indicação de seu paradeiro.

A autora analisa o instituto da colaboração premiada nas onze leis que sucessivamente o regulamentaram (Leis 7492/86, 8072/90, 8137/90, 9034/95, 9613/98, 9807/99, 10409/02, 11343/06, 1252/11, 12846/13 e 12850/13) e explica como o Ministério Público Federal, diante das lacunas legais, agiu para proteger direitos fundamentais, introduzindo critérios de formalização do procedimento: a forma escrita do acordo, para documentar o objetivo e a extensão da colaboração e o benefício concedido ao colaborador; gravações em áudio e vídeo, para atestar a espontaneidade da colaboração e ausência de vício de vontade e de coerção; a defesa da prerrogativa exclusiva do Ministério Público em firmar o acordo, porque cabe ao titular da ação penal a discricionariedade de indicar os benefícios legais a serem homologados pelo juiz; a regulamentação do procedimento de cooperação internacional; e a elaboração de Termo de Confidencialidade, de Anexos específicos para cada episódio ou fato a ser delatado e a imprescindibilidade da presença de advogados para assistir o colaborador, dentre outras medidas definidas na Orientação Conjunta nº 01/2018, das 2ª e 5ª Câmaras de Coordenação e Revisão do Ministério Público Federal.

A autora também mostra como a jurisprudência do Supremo Tribunal Federal, a partir do julgamento do HC 127.483-PR, da relatoria do Ministro Dias Toffoli, resolveu questões não previstas nas leis sobre colaboração premiada, entendendo que elas inovaram ao criar um modelo negocial na investigação criminal brasileira e mandou observar critérios constitucionais absolutamente estritos de proteção do devido processo legal e de direitos fundamentais. Também examina a jurisprudência no tocante à legitimidade para celebrar o acordo de colaboração premiada e à ordem de apresentação de alegações finais por colaborador e corréus na ação penal.

A obra faz a análise econômica do instituto da colaboração premiada, na perspectiva de que possa potencializar os efeitos inibitórios do direito penal pelo aumento dos custos do infrator e diminuição dos proveitos do crime. Este objetivo é disciplinado na obrigação legal de o condenado recompor o dano causado pelo crime e no artigo 37 da Convenção de Mérida, pelo qual o direito penal "deve contribuir para privar os criminosos do produto do delito, assim como para recuperar esse produto." A autora examina o acordo de colaboração premiada por esta lente do custo-benefício, considerando que as cláusulas podem pactuar a devolução imediata de valores subtraídos pelo colaborador e sua restituição à vítima, mediante autorização judicial, de modo a deferir-lhe benefícios penais equitativos. A célere devolução dos bens subtraídos é medida de eficiência do direito penal, geradora de efeitos inibitórios de novas infrações, e tem efeitos satisfativos para a sociedade, notadamente quando a vítima é o Estado ou uma empresa estatal, por exemplo, proporcionando-lhes o retorno de verbas para financiar os serviços públicos.

A autora também examina a colaboração premiada pelo viés da teoria dos jogos, avaliando o movimento do colaborador em comparação com eventual movimento dos demais comparsas, considerando que o instituto pode gerar o efeito de prevenção geral positiva do direito penal, ampliando o incentivo a não delinquir, o aumento da possibilidade de sanção penal, o aumento dos custos do crime e a tendência à dissuasão.

Esta terceira edição aprimora a obra com a análise das alterações feitas pela Lei Anticrime editada após emendas parlamentares ao projeto original, que, por um lado, reforçaram a segurança jurídica e o devido processo legal com exigências de gravação das tratativas e com a disciplina da formalização do acordo, mas reduz o conteúdo negocial restringindo os regimes de cumprimento de pena que podem ser barganhados.

Também introduz exame da nova jurisprudência do Supremo Tribunal Federal sobre a prevalência da presunção constitucional de inocência do condenado até o efetivo trânsito em julgado da condenação e veda o início da execução da pena e a prisão após decisão condenatória em segunda instância, que haviam sido admitidos.

A autora faz análise teórica com o contributo de sua experiência prática como Procuradora da República, enfrenta temas controversos, exercita a crítica e propõe novos ângulos de observação do instituto, adensando o estudo do tema ao nível de doutrina jurídica.

O leitor encontrará na terceira edição desta obra a matéria necessária para compreender, em sua inteireza, o instituto da colaboração premiada, ainda em aprimoramento no Brasil. Terá aqui uma fonte honesta de análise, de grande credibilidade argumentativa, que lhe permitirá refletir e formar sua própria convicção. A autora fez pesquisa, estudos e comparações que reduzem incertezas, contribuem para segurança jurídica e para o fortalecimento do devido processo legal e da proteção de direitos fundamentais, aumentando a qualidade do sistema de justiça. É obra importante, porque o "fruto da justiça será a paz".

Desejo que apreciem a leitura.

Brasília, julho de 2021.

Raquel Elias Ferreira Dodge
ex-Procuradora-Geral da República
Harvard Law School - LLM, 07
Alma Mater: Universidade de Brasília

APRESENTAÇÃO À 2ª EDIÇÃO

A colaboração premiada constitui meio de obtenção de prova que, preenchidos certos requisitos, pode, a um só tempo, viabilizar a concessão de benefícios de natureza penal e, ao reduzir a margem de erro de hipóteses investigatórias, desenhar caminhos para a colheita probatória, funcionando como instrumento potencialmente adequado à elucidação de infrações penais de difícil descortinamento.

Considerando que o Direito Penal, segundo suas facetas preventiva e repressiva, é uma das opções constitucionais adotadas como meio de proteção de direitos fundamentais, a colaboração premiada atua como instrumento de tutela que integra o catálogo estatal que permeia a consecução desse escopo.

Nada obstante, a despeito dessa vocação para produção de provas que possam, eventualmente, subsidiar a convicção do titular da ação penal, o manejo desse instituto em investigações penais, seguramente, deve observar e respeitar os direitos e garantias individuais dos sujeitos envolvidos, especialmente dos colaboradores e terceiros eventualmente implicados.

Nesse contexto, a colaboração premiada pode traduzir dilema que é apenas aparente entre uma desnecessária opção plebiscitária entre eficiência da apuração penal e a observância dos direitos e garantias fundamentais.

Em outras palavras, os direitos e garantias fundamentais integram os dois polos da equação referente à previsão e incidência da colaboração premiada, ambos caracterizados por espaços de garantismo penal (positivo ou negativo).

Daí a relevância de que o tema seja atentamente aplicado pelo Poder Judiciário, notadamente pelo Supremo Tribunal Federal, ao qual, como se sabe, incumbe a guarda da Constituição da República. E o papel do Poder Judiciário é especialmente relevante no contexto da colaboração premiada.

Com efeito, já tive a oportunidade de explicitar em diversos julgamentos que a colaboração premiada traduz instituto que não constitui verdadeira inovação no ordenamento jurídico brasileiro, tampouco consubstancia ineditismo decorrente da Lei n. 12.850/03.

Ao contrário, dispositivos normativos anteriores, já inseridos na projeção de um modelo de Direito Penal Premial, consagram a possibilidade de implementação de benefícios condizentes com determinadas posturas colaborativas.

Nada obstante, parece induvidoso que a Lei n. 12.850/13 ao menos robusteceu a sistematização procedimental atinente à celebração e homologação do negócio jurídico processual de colaboração premiada, disciplinando, ainda, momento, forma e critérios de concessão de benefícios.

A novel legislação definiu também, entre outros temas, direitos dos colaboradores, regras sobre publicidade e sigilo de atos de colaboração, além de prever tipos penais referentes à temática.

A despeito desse maior detalhamento normativo, diversas questões não foram prévia e exaustivamente dirimidas pelo legislador. Essa circunstância desafiou e desafia a reflexão e dedicação dos atores jurídicos responsáveis pela aplicação da colaboração premiada.

De fato, esses aspectos já se verificam, naturalmente, na compreensão em geral dos institutos jurídicos. Mas essa realidade ganha contornos exponenciais no contexto da colaboração premiada.

A uma, em virtude de que se trata de ferramenta fortalecida por legislação recente que, inclusive, sinaliza certa ruptura quanto ao modelo processual penal brasileiro, caracterizado, até então, por uma afeição tímida em relação a paradigmas negociais.

A duas, em razão de que, por força da distribuição constitucional das competências jurisdicionais, o Supremo Tribunal Federal se viu provocado a deliberar, desde logo e, não raras vezes, sem o prévio amadurecimento de controvérsias pelas instâncias ordinárias, sobre temáticas relacionadas a esse modelo negocial intensificado pela sistematização procedimental da colaboração premiada.

É nesse contexto, por exemplo, que o Plenário do Supremo Tribunal Federal, ao apreciar o HC 127.483/PR, Rel. Min. Dias Toffoli, julgado em 27.8.2015, examinou diversas dimensões da colaboração premiada, fixando compreensão relevante acerca da matéria e proporcionando, desde logo, segurança jurídica ao sistema de justiça.

Não há dúvida, a meu ver, da importante contribuição da doutrina para o enfrentamento de diversos desses pontos, inclusive no aludido *leading case.*

Em seguida, outras particularidades do instituto foram abrolhadas pela Corte. Cita-se, a título ilustrativo, questões afetas à competência para homologação dos acordos de colaboração em órgãos colegiados, ao cogitado direito subjetivo à celebração de acordo de colaboração, à ordem processual para apresentação de alegações finais entre defesas de corréus colaboradores e não colaboradores, entre outros, todos objeto de acutíssima análise nesta obra.

Realce-se que remanescem questões a serem dirimidas pelo Estado-Juiz, como, por exemplo, quais direitos dos colaboradores, e em qual dimensão, são passíveis de disposição em sede negocial.

É certo que nenhum desses pronunciamentos jurisdicionais, passados ou futuros, é ou será imune a críticas. Ao contrário, na medida em que é pela via do questionamento democrático que as instituições e os institutos podem alcançar aperfeiçoamento.

É nesse contexto, portanto – que emerge da fase de formação da decisão judicial e deságua em etapa posterior à explicitação do ato decisório –, que se depreende indispensável diálogo entre doutrina e jurisprudência, por meio do qual se concilia o encontro inescapável entre conhecimento teórico e prático. Os afazeres da doutrina, como se vê, constituem matéria-prima da jurisprudência, e vice-versa.

O trabalho da autora é pedra estruturante dessa construção. Em sua primeira edição, lançada em 2017, foi possível testemunhar sua contribuição para melhor compreensão da temática, inclusive sob perspectivas de específicos temas controvertidos.

Agora, nesta segunda edição com a qual Cibele nos brinda, constata-se desdobramentos do aprofundamento das reflexões acerca do tema implementadas pela doutrina e pela jurisprudência, extraindo-se, a partir disso, novas especificidades e distintas abordagens que desvelam o enriquecimento e atualidade da obra.

O sincero desejo que fica é o de que o leitor usufrua desta publicação com espírito livre para meditar sobre as considerações trazidas pela obra. De fato, o tema afigura-se distante da extirpação de incertezas, de modo que o papel desempenhado com galhardia pela autora no que toca ao amadurecimento dessa relevante questão é digno de encômios. Até porque, na vida, na feliz frase de Amyr Klink, "o maior naufrágio é não partir".

Com votos de proveitosa leitura.

Brasília, novembro de 2019.

Luiz Edson Fachin

Ministro do Supremo Tribunal Federal;
Alma Mater: Universidade Federal do Paraná

NOTA DA AUTORA À 3ª EDIÇÃO

Após o lançamento da 2ª edição do livro "Colaboração Premiada", adveio a Lei nº 13.964, de 24 de dezembro de 2019, conhecida como "Lei Anticrime", que promoveu alterações em vários diplomas legislativos, inclusive na Lei nº 12.850/2013, que regulamenta as técnicas especiais de investigação das organizações criminosas. Surgiu a partir do chamado "Pacote Anticrime", nome dado ao Projeto de Lei nº 882/2019, do Poder Executivo, e que visava estabelecer medidas contra a corrupção, o crime organizado e os crimes praticados com grave violência à pessoa.

O chamado "Pacote Anticrime" tinha por objetivo instituir o cumprimento da condenação após julgamento em segunda instância, a execução imediata das condenações proferidas pelo Tribunal do Júri, maior rigor para cumprimento de penas de crimes graves e aprimoramento da investigação mediante ampliação do Banco Nacional de Perfis Genéticos.[1] Buscava também a adoção da justiça penal negocial no processo penal para os crimes não violentos, com a possibilidade de realização dos Acordos de Não Persecução Penal (ANPP) e Acordos

1 https://www.camara.leg.br/proposicoesWeb/fichadetramitacao?idProposicao=2192353 Acesso em 18.10.2020.

Penais de Aplicação Imediata das Penas. Esse projeto original do denominado "Pacote Anticrime" não trazia qualquer alteração no procedimento do instituto da colaboração premiada.[2]

Paralelamente, tramitava na Câmara dos Deputados o Projeto de Lei nº 10.372, de 2019, criado a partir de estudos elaborados pela Comissão de Juristas presidida pelo Ministro Alexandre de Moraes, do Supremo Tribunal Federal, e esse projeto findou recebendo, também, o nome de "Pacote Anticrime". Seu objetivo era introduzir modificações na legislação penal e processual penal para aperfeiçoar o combate ao crime organizado, aos delitos de tráfico de drogas, de armas e milícia privada, aos crimes cometidos com violência ou grave ameaça e crimes hediondos, bem como visava agilizar e modernizar a investigação criminal e a persecução penal.[3]

Dentre inúmeras medidas, criava na Lei nº 12.850/2013 a figura da "colaboração do cidadão" (*whistleblower*), mantendo intacto o instituto da colaboração premiada. De fato, o Projeto da Comissão de Juristas presidida pelo Ministro Alexandre de Moraes em nada alterava o procedimento da colaboração premiada.

Durante a tramitação dos projetos no Parlamento brasileiro, foram acolhidos trechos de ambos os projetos, rejeitados outros, e se construiu o Projeto de Lei nº 6.341/2019[4], com inserções de temas e de modificações que não constavam em nenhum dos dois projetos originais, dentre elas a alteração feita no procedimento da colaboração premiada. Foi essa

---

[2] https://www.camara.leg.br/proposicoesWeb/prop_mostrarintegra?codteor=1712088&filename=PL+882/2019. Acesso em 18.10.2020.

[3] https://www.camara.leg.br/proposicoesWeb/prop_mostrarintegra?codteor=1666497&filename=PL+10372/2018. Acesso em 18.10.2020.

[4] https://legis.senado.leg.br/sdleg-getter/documento?dm=8052836&ts=1596576176164&disposition=inline. Acesso em 18.10.2020.

versão alterada no Parlamento que, vetada em parte, foi sancionada em 24 de dezembro de 2019 pelo Presidente da República, recebendo o número 13.964 e o nome de "Lei Anticrime".[5]

A intenção inicial dos dois projetos, como se vê, era modernizar e agilizar a investigação e o processo penal brasileiros, sem qualquer proposta de alteração do modelo de colaboração premiada da Lei nº 12.850/2013. A atividade parlamentar, todavia, construiu alterações importantes no instituto, que serão tratadas nesta edição.

É certo que vários dos dispositivos introduzidos pela nova lei já eram previstos na Orientação Conjunta nº 01/2018, das 2ª e 5ª Câmaras de Coordenação e Revisão do Ministério Público Federal e, portanto, muitas das alterações apenas incorporaram práticas já consolidadas, como a elaboração de Termo de Confidencialidade, de Anexos e a imprescindibilidade da presença de advogado. A Lei Anticrime, desse modo, institucionalizou regras que são importantes para dar segurança

---

5 Decisão liminar do Ministro do STF Luiz Fux nas ADIS 6.298, 6.299, 6.300 e 6.305 suspendeu a eficácia de alguns artigos, mas não os referentes ao acordo de colaboração premiada. A ADI 6.298, ajuizada pela Associação dos Magistrados Brasileiros - AMB e pela Associação dos Juízes Federais do Brasil - AJUFE, questiona o artigo 3º da Lei n. 13.964/2019, que acrescentou os artigos 3º-A, 3º-B,3º-C, 3º-D, 3º-E e 3º-F ao Código de Processo Penal e institui a figura do juiz das garantias, bem como o artigo 20 da Lei n. 13.964/2019, que determina o prazo de *vacatio legis* para a sua vigência. A ADI 6.299, ajuizada pelos partidos políticos PODEMOS e CIDADANIA, questiona, além dos artigos acima mencionados, o artigo 157, §5º, do Código de Processo Penal, que estabelece impedimento para o juiz que conheceu prova inadmitida sentencie na ação penal. A ADI 6.300, ajuizada pelo Diretório Nacional do Partido Social Liberal - PSL, também questiona os artigos 3º-A a 3º-F do Código de Processo Penal, e a ADI 6.305, ajuizada pela Associação Nacional dos Membros do Ministério Público - CONAMP, questiona os artigos 3º-A, 3º-B, incisos IV, VIII, IX, X e XI, 3º-D, parágrafo único, do Código de Processo Penal, bem como o artigo 28, caput, do Código de Processo Penal, que altera o procedimento de arquivamento de inquéritos policiais e procedimentos investigatórios, além do artigo 28-A, incisos III e IV, e §§ 5º, 7º e 8º, do Código de Processo Penal, que tratam do acordo de não persecução penal, e do artigo 310, §4º, do Código de Processo Penal, que determina a liberdade imediata do preso em caso de não realização da audiência de custódia no prazo de 24 horas. Os artigos foram suspensos, e até a data de término do presente artigo, as ações não haviam sido pautadas nem julgadas pelo Plenário da Suprema Corte.

jurídica ao instituto da colaboração premiada, incorporando à lei práticas que o Supremo Tribunal Federal já tinha reconhecido como constitucionais e que não estavam expressas na Lei nº 12.850/2013.

Algumas modificações, porém, foram inovadoras, e somente o tempo dirá se foram positivas ou se desincentivarão a realização de acordos de colaboração premiada. Uma delas é a medida que limitou os regimes de pena que podem ser negociados nos acordos, diminuindo a margem da barganha. Outra alteração é a obrigação de gravação das tratativas, que antes era apenas uma possibilidade.

Além das alterações introduzidas pela Lei Anticrime, houve decisões importantes do Supremo Tribunal Federal, como o julgamento do Agravo Regimental na Petição 8482 DF, sobre a colaboração premiada do ex-governador do Rio de Janeiro Sérgio Cabral e a Polícia Federal, bem como o julgamento do ARE 1175650, com repercussão geral (Tema 1043), sobre a possibilidade de realização de acordo de colaboração premiada na área da improbidade administrativa. A ampliação do consenso na área sancionatória cível foi, inclusive, trazida pela Lei nº 14.230, de 25 de outubro de 2021, que alterou substancialmente a Lei de Improbidade Administrativa (Lei nº 8.429, de 2 de junho de 1992), especialmente com a previsão e regulamentação do Acordo de Não Persecução Cível (ANPC).

Assim, apresento a você, caro leitor, esta terceira edição, atualizada com a Lei Anticrime e a jurisprudência, na tentativa de enriquecer o debate doutrinário sobre a figura do acusado colaborador em nosso sistema de justiça criminal.

Natal/RN, 20 de dezembro de 2021.

Cibele Benevides Guedes da Fonseca

NOTA DA AUTORA À 2ª EDIÇÃO

Esgotada a primeira edição do livro "Colaboração Premiada", a editora Del Rey propôs a publicação de sua segunda edição. Após um tempo de maturação necessário, em que pude revisar toda a obra, realizando a devida atualização, venho apresentar, com muita satisfação, o resultado desse trabalho.

Publicada a primeira edição do livro, o Supremo Tribunal Federal julgou, em 28 de junho de 2017, a Questão de Ordem na Petição 7074, ocasião em que os Ministros Celso de Mello e Edson Fachin citaram o livro, acolhendo o posicionamento aqui defendido, no sentido de que o julgador possui um papel fiscalizador da regularidade, legalidade e voluntariedade do acordo de colaboração premiada, não podendo entrar no mérito da negociação. Nesse julgamento, foi delineado, de forma mais aprofundada, o papel do juiz com relação à homologação do acordo, bem como a apuração de sua eficiência, ao final do processo.

O livro foi citado, também, na decisão de rescisão do acordo de colaboração premiada firmado com Joesley Batista e Ricardo Saud, datada de 14 de setembro de 2017 e assinada pelo então Procurador-Geral da República, Rodrigo Janot de Monteiro Barros (Ministro Relator Edson Fachin). O Procurador-Geral da República acolheu nosso entendimento no sentido da necessária diferenciação entre rescisão e revogação do acordo, com a manutenção das provas válidas decorrentes do acordo de colaboração no caso de rescisão. Até a publicação desta segunda edição, a homologação da rescisão aguardava julgamento pelo plenário do Supremo Tribunal Federal.

Em 23 de maio de 2018 as 2ª e 5ª Câmaras do Ministério Público Federal lançaram a Orientação Conjunta nº 1/2018, referente à realização de acordos de colaboração premiada, utilizando como base as boas práticas desenvolvidas nos acordos já firmados pelos Procuradores da República, bem como os estudos realizados pela Comissão Permanente de Assessoramento para Acordos de Leniência e Colaboração Premiada, vinculada à 5ª Câmara de Coordenação e Revisão.

Também após o lançamento da primeira edição, em 20 de junho de 2018, o Supremo Tribunal Federal decidiu, ao julgar a ADI 5508, que delegados de polícia podem firmar acordos de colaboração premiada, assunto abordado em nossa primeira edição e agora devidamente atualizado.

Durante esse intervalo, outros autores escreveram sobre colaboração premiada, de maneira que essa atualização doutrinária também foi realizada aqui.

Como se vê, as novidades sobre o tema foram incorporadas ao livro, de modo que apresento a você, caro leitor, esta segunda edição, submetida a revisão e atualização, sempre buscando iluminar a discussão sobre o papel do acusado colaborador em nosso sistema de justiça criminal.

Natal/RN, 23 de agosto de 2019.

Cibele Benevides Guedes da Fonseca

"Deus fez do arrependimento a virtude dos mortais."

Voltaire

SUMÁRIO

INTRODUÇÃO

O arrependimento é algo que se almeja de alguém que desrespeitou as leis de um país democrático. É um comportamento estimulado pelas leis penais, quando atribuem sanções atenuadas a quem confessa o crime (atenuante de confissão), a quem desiste de praticá-lo (desistência voluntária) ou cuida de evitar os danos causados por sua conduta (arrependimento eficaz e arrependimento posterior). A colaboração premiada segue o mesmo caminho: é a forma de o Estado premiar o arrependido que participou de organização ou associação criminosa. Não há como premiá-lo se ele não auxiliar o Estado a desbaratar a associação, e para tanto ele deverá, além de, conforme o caso, reparar o dano e localizar a vítima com vida, dizer às autoridades quem, ao seu lado, praticou o crime.

Popularmente conhecida como "delação premiada", a colaboração premiada é um dos temas jurídicos que mais despertam a atenção dos leigos e mesmo dos operadores do direito. Vários questionamentos vêm à tona a respeito dos reais benefícios para o coautor que colabora com a Justiça e dos riscos para a sociedade, quando o Estado se fia na palavra de um criminoso. Qual a certeza que as autoridades não estão sendo enredadas em uma vindita pessoal? Fere a ética o fato de agentes estatais aceitarem a palavra de membro de organização criminosa? É constitucional? Quais os reais benefícios para o coautor que colabora com a Justiça? Quais os direitos e garantias que tem? Pode, na barganha, renunciar a direitos fundamentais constitucionalmente garantidos? E o delatado? Como poderá refutar as alegações do colaborador? Terá acesso amplo aos termos do acordo e suas provas?

Em síntese, pode-se afirmar que a colaboração premiada é uma técnica especial de investigação que estimula a contribuição feita por um coautor ou partícipe de crime em relação aos demais, mediante o benefício, em regra, de imunidade ou garantia de redução da pena. Esse tipo de colaboração é tida, nos dias atuais, como imprescindível para a investigação de crimes praticados por organizações criminosas, sempre cometidos sob pacto de silêncio (*omertà*).

É, desse modo, um moderno meio de obtenção de prova recomendado por organismos internacionais como ONU (Organização das Nações Unidas) e GAFI/TAFT (Grupo de Ação Financeira contra Lavagem de Dinheiro e o Financiamento do Terrorismo) e é prevista em tratados internacionais, tais quais a Convenção das Nações Unidas contra a Criminalidade Transnacional Organizada (Convenção de Palermo[1]) e a Convenção das Nações Unidas contra a Corrupção (Convenção de Mérida[2]).

---

1 Introduzida no Brasil pelo Decreton. 5.015/2004, a Convenção de Palermo dispõe, em seu artigo 26, que "Cada Estado Parte tomará as medidas adequadas para encorajar as pessoas que participem ou tenham participado em grupos criminosos organizados: a) a fornecerem informações úteis às autoridades competentes para efeitos de investigação e produção de provas; (...) b) a prestarem ajuda efetiva e concreta às autoridades competentes, susceptível de contribuir para privar os grupos criminosos organizados dos seus recursos ou produto do crime", podendo cada Estado considerar a possibilidade de reduzir a pena ou de conceder imunidade ao coautor ou partícipe que coopere de forma substancial na investigação ou no julgamento dos autores de crime praticado por organização criminosa.

2 Introduzida em nosso país pelo Decreton. 5.687/2006, a Convenção de Mérida dispõe, em seu artigo 37, que "Cada Estado Parte adotará as medidas apropriadas para restabelecer as pessoas que participem ou que tenham participado na prática dos delitos qualificados de acordo com a presente Convenção que proporcionem às autoridades competentes informação útil com fins investigativos e probatórios e as que lhes prestem ajuda efetiva e concreta que possa contribuir a privar os criminosos do produto do delito, assim

Os países passaram a adotar o instituto em seus ordenamentos jurídicos partindo da premissa de que, em casos de crimes praticados por organizações criminosas, a lei do silêncio é a garantia de sua impunidade, de maneira que a descoberta e o desbaratamento só são possíveis - ou no mínimo menos difíceis - se alguém "de dentro" falar.

Daí porque tal espécie de Direito Premial é prevista, aceita e mesmo estimulada em países democráticos, como Espanha[3], Alemanha[4], Itália[5], Inglaterra[6] e Estados Unidos da América.[7] Na Itália, a partir do acordo de colaboração premiada feito pelo Juiz Giovanni Falcone[8]

---

como recuperar esse produto." E mais: "Cada Estado parte considerará a possibilidade de prever, em casos apropriados, a mitigação de pena de toda pessoa acusada que preste cooperação substancial à investigação ou ao indiciamento dos delitos qualificados de acordo com presente Convenção", devendo os países considerar a possibilidade de prever, em conformidade com os princípios fundamentais de sua legislação interna, a concessão de imunidade judicial a toda pessoa que preste cooperação substancial na investigação de crimes de corrupção e análogos.

3 Onde se admite a figura do "delincuente arrependido", previsto nos artigos 376 e 579 do Código Penal espanhol.

4 É o chamado "Kronzeugenregelung".

5 Código de Processo Penal italiano de 1988, artigo 192, § 3º.

6 Sobre a adoção da colaboração premiada na Inglaterra, diz Eduardo Araújo da Silva que "Na jurisprudência inglesa, relata Ennio Amodio, a figura do colaborador passou a ser tratada com base em uma decisão proferida no caso Rudd (1775), no qual o juiz declarou admissível o testemunho do acusado (*Crown witness*) contra os cúmplices em troca de sua impunidade depois de sua confissão. Posteriormente, outras decisões semelhantes foram proferidas no campo dos delitos contra a personalidade do Estado (caso Blunt - 1964), na luta contra o terrorismo norte-irlandês (1982), no setor da criminalidade econômica (1972) em relação à criminalidade organizada (caso Smith - 1982)." SILVA, Eduardo Araújo da. Crime Organizado: procedimento probatório. São Paulo, Atlas, 2003. p. 67.

7 Nos Estados Unidos, em que vigora a discricionariedade para a acusação, "os acordos entre acusação e acusado (*plea bargaining*) também estão incorporados na cultura jurídica, o que facilita a obtenção de colaboração premiada. Essa sistemática é resultante da tradição calvinista, na qual confessar publicamente a culpa, praticar um ato de contrição revelam uma atitude cristã que deve ser valorizada pelo direito." SILVA, Eduardo Araújo da. Op. cit., p. 67.

8 Denomina-se "juiz" porém cumpre esclarecer que a natureza de seu cargo era de membro do Ministério Público. Atuava, em verdade, como Procurador da República. Ocorre que o Ministério Público italiano insere-se na carreira da Magistratura, sendo todos, juízes e

com Tommaso Buscetta[9], foi possível, nos anos oitenta, desbaratar a organização criminosa de *stampo mafioso* denominada *"Cosa Nostra"*, com base em Palermo, Sicilia. No mesmo país, agora já nos idos de noventa, a partir de acordo com Mario Chiesa, a Justiça pôde prender e punir organização criminosa envolvendo partidos políticos e crimes de corrupção arraigados em todo o país, na Operação que se iniciou em Milão[10] e que recebeu o nome de "Operação Mãos Limpas" (*Mani Pulite*).

O presente trabalho tem como objetivo principal demonstrar que a colaboração premiada compensa tanto para o colaborador quanto para a sociedade de acordo com uma análise econômica do direito. Para tanto, estudará o conceito de organizações criminosas e a colaboração premiada como uma das técnicas especiais de investigação aptas a combatê-las, abordando as experiências americana e italiana. Em seguida, estudará o acordo de colaboração premiada no Brasil, sua evolução histórica, aspectos éticos, constitucionalidade, natureza jurídica, procedimento, legitimidade, bem como realizará a análise dos direitos e garantias tanto do réu colaborador quanto da pessoa que é delatada.

---

procuradores, denominados magistrados. Em razão disso, o presente trabalho, ao se referir a Giovanni Falcone, poderá chamá-lo de magistrado, juiz ou procurador, devendo-se, porém, sempre lembrar da natureza da função: membro do Ministério Público, conforme artigo 107, 4 da Constituição italiana.

9 Preso no Brasil em setembro de 1983, "é muito bem informado e está furioso, pois sua família, no sentido real da palavra, foi praticamente toda exterminada na recente guerra da Máfia. Inclusive mulheres, fato que, para ele, representa a ruptura de todos os códigos de honra. E colabora com os juízes. Mais alguns outros seguem seu caminho. Isto permitirá que a polícia possa prender centenas de mafiosos e muitos chefes, abrindo um super-processo que condenará umas quatrocentas pessoas." (DEL ROIO, José Luiz. Itália: **Operação Mãos Limpas. E no Brasil: quando?** São Paulo: Ícone, 1993. p. 41)

10 Milão ficou conhecida como "Tangentopoli" ou "Bribesville": "cidade da propina" ou "propinópolis". Foi um "neologismo cunhado pelo repórter do *La Reppublica* Piero Colaprico inspirado em "Paperopoli" ("*Patópolis*")." BARBACETTO, Gianni; GOMEZ, Peter; TRAVAGLIO, Marco. **Operação Mãos Limpas: a verdade sobre a Operação italiana que inspirou a Lava Jato.** Porto Alegre: CDG, 2016. p. 39.

Por fim, será feita a análise econômica da colaboração premiada, principalmente no que se refere à possibilidade de recuperação do produto do crime pela via do *plea agreement*. Questiona-se, principalmente, se o que a sociedade perde com o acordo (efetiva aplicação da maior pena possível ao condenado) compensa os benefícios alcançados (recuperação do produto do crime e desbaratamento da organização criminosa), assim como se o acordo compensa, também, sob a ótica do investigado.

Desse modo, esta Seção trata da introdução do tema, enquanto a Seção 1 aborda o conceito de organização criminosa e os instrumentos estatais aptos a combatê-la. A Seção 2 cuida da colaboração premiada no Brasil, sua evolução histórica, bem como analisa o seu aspecto ético e a sua constitucionalidade. A Seção 3 trata dos aspectos formais e procedimentais da realização do acordo de colaboração premiada, enquanto a Seção 4 elenca os direitos e garantias, renunciáveis ou não, do réu colaborador. A Seção 5 abrange os direitos da pessoa delatada e sua presunção de inocência, tratando da questão probatória, mormente da prova de corroboração (*corroborative evidence*). A seção 6 realiza a análise econômica da colaboração premiada, seguida do capítulo conclusivo.

1
CRIMINALIDADE ORGANIZADA

1.1 CONCEITO

Em larga ou curta medida todos possuem uma ideia do que seria uma organização criminosa: seja algo inspirado nos filmes sobre máfia, como a trilogia do "Poderoso Chefão" (*The Godfather*) de Francis Ford Coppola, seja algo absorvido dos noticiários relacionados aos atentados terroristas mundo afora. Há um certo consenso de que, ao se falar em crime organizado, vem à mente um grupo de pessoas, um comando, um pacto de silêncio entre os integrantes, um controle territorial e o uso do medo, da ameaça e da violência.

São inúmeras as organizações registradas pelos investigadores no mundo, sendo, de fato, as mais famosas as Máfias Siciliana e Americana (*Cosa Nostra*). A Itália é rica em associações do tipo mafioso, mormente no sul, como a 'Ndrangheta, da Calábria, e a Camorra, de Nápoles[11]. Há, ainda, a Sacra Corona Unita, na Puglia, e a Mala Del Brenta, em Veneza[12]. Mas o crime organizado, por óbvio, não se restringe ao território italiano.

---

[11] SOUTHWELL, David. **A história do crime organizado.** Tradução: Ciro Mioranza. São Paulo: Escala, 2013. p. 14/18.

[12] SOUTHWELL, David. Op. cit., p. 19/24.

No Japão existe a Yakuza[13], com estimados 150 (cento e cinquenta) mil membros em 2.500 (duas mil e quinhentas) gangues criminosas que a tornam "a maior rede mundial do crime organizado, se os números do Instituto Nacional Japonês de Ciências Policiais forem corretos".[14] Configura-se como organização criminosa antiga, com rígidos rituais e regras ancestrais, principalmente as famosas tatuagens, que chegam a cobrir todo o corpo. Já na China há as Tríades, conhecidas como "a sociedade imortal" uma vez que os governos não conseguem desbaratá-las:

> Verdadeiramente transnacionais, com ramos florescentes em todos os continentes (...), dominam a atividade criminosa nas comunidades chinesas em todo o mundo. (...) estão firmemente na vanguarda dos crimes organizados, como tráfico de drogas e de pessoas.[15]

A *Mafiya* Russa (*Organizatsiya*) mantém rituais dos *vory*[16], com um juramento de lealdade, uma tatuagem e um novo nome impostos aos que nela entram. É atribuída a tal organização a prática de crimes de tráfico de pessoas, entorpecentes, contrabando, corrupção e homicídios, sendo considerada pioneira em sua adaptabilidade a novos crimes:

> A *Organizatsiya* ganhou reputação interna não somente pela brutalidade, mas também pelo pioneirismo. Dos crimes cibernéticos e das drogas sintéticas a novos golpes de lavagem de dinheiro, os criminosos russos estão na dianteira. Mostraram que não têm limites em sua ousadia – roubando mísseis Scud e até mesmo tentando obter material nuclear para vender aos terroristas.[17]

---

13 O termo "Yakuza" provém da pior mão no jogo de cartas japonês *oicho-kabu*, correspondente às cartas dos números 8, 9 e 3 (*ya=8, ku=9, za=3*), significando má sorte de quem se deparar com seus membros, podendo ainda significar que assim tenham sido chamados inicialmente como forma de insulto, algo como "mãos inúteis", conforme SOUTHWELL, David. Op. cit., p. 78.

14 SOUTHWELL, David. Op. cit., p. 78.

15 SOUTHWELL, David. Op. cit., p. 99.

16 "*Vory-v-zakone*" significa "ladrões com um código de honra", e eram uma Fraternidade Nacional espalhada por todas as prisões da União Soviética.

17 SOUTHWELL, David. Op. cit., p. 142.

Muitos grupos de crime organizado surgiram em razão de resistência política (legítima ou não): a *Mafiya* Chechena, as gangues de Glasgow, grupos ligados ao IRA (Exército Republicano Irlandês) e as Forças Armadas Revolucionárias da Colômbia (as FARCs), por exemplo[18]. O tema remete, assim, à questão dos grupos terroristas, cujos atos certamente consistem no tipo de crime praticado por organizações criminosas que mais atemorizam os Estados nacionais e os mobilizam em sua prevenção. Aqui, importante ressaltar que a diferença entre os dois grupos (organização criminosa e organização terrorista) está, basicamente, no intuito de lucro das organizações criminosas, enquanto terroristas buscam poder político[19]. Nesse sentido, Wálter Fanganiello Maierovitch:

> Ao contrário das organizações criminais terroristas, também especiais, a ideologia mafiosa resume-se ao lucro. (...) no terrorismo existe uma meta direta, imediata, e outra indireta, mediata. Assim, (...) 'o alvo direto da violência terrorista não é o alvo principal.[20]

Muitas vezes, porém, atentados terroristas são praticados por organizações criminosas clássicas ou mafiosas que, a despeito de visarem precipuamente ao lucro, usam a prática para repreender ou enviar mensagens simbólicas contra o Estado. Durante o combate à Máfia Siciliana, na década de oitenta, a organização criminosa *Cosa Nostra*

---

18 SOUTHWELL, David. Op. cit., p. 170/174, 128/129.

19 BALTAZAR JUNIOR, José Paulo. **Crime Organizado e Proibição de Insuficiência**. Porto Alegre: Livraria do Advogado Editora, 2010. p. 83.

20 MAIEROVITCH, Wálter Fanganiello. Prefácio do livro de DINO, Alessandra; MAIEROVITCH, Wálter Fanganiello (organizadores). Tradução: Doris Cavallari; Letizia Zini. **Novas tendências da criminalidade transnacional mafiosa.** São Paulo: Ed. Unesp, 2010. p. 14/15. Para Wellington Luís de Sousa Bonfim, "os três elementos que devem ser considerados essenciais a uma definição de terrorismo" são: "a violência, o aspecto teatral e o propósito de atemorizar a população." BONFIM, Wellington Luís de Souza. Elementos para a definição do crime de terrorismo e a caracterização do terrorismo contemporâneo. HABIB, Gabriel (Coordenador). **Lei Antiterrorismo. Lei 13.260/2016.** Salvador: Ed. Juspodium, 2017. p. 363.

se utilizou de métodos terroristas para inibir a atuação do Estado, com ataques a bomba que culminaram nos assassinatos dos magistrados[21] Giovanni Falcone e Paolo Borselino.[22]

Colaboradores da justiça afirmaram que tais condutas, todavia, destoavam das regras habituais da Máfia, que preferiam conviver paralelamente ao Estado, sem com ele guerrear. Sobre esse desvio terrorista, veja-se o depoimento do réu colaborador Massimo Ciancimino, sobre o que dizia seu pai, Vito Ciancimino: "Isso não é mais máfia, e sim terrorismo; a Máfia sempre conviveu com o Estado sem massacres e homicídios de servidores do Estado".[23]

Essa convivência só foi possível, porém, enquanto o Estado era corrupto e conivente com o crime organizado; ao agir institucionalmente contra a Máfia siciliana, por meio do "maxiprocesso" conduzido por Giovanni Falcone, a busca pelo poder paralelo autorizou o uso, pelos "homens de honra", de práticas terroristas.

Além disso, como os *vory* russos, que nasceram nas cadeias, há organizações que se formam no seio das prisões. Este é, inclusive, o caso do Brasil, conforme esclarece Cássio Roberto Conserino:

> Lamentavelmente dentro do sistema penitenciário brasileiro reúnem-se facções criminosas que atuam na prática de toda sorte de crimes, dentro e fora dos presídios. No Estado de São Paulo temos, entre outras, o Primeiro Comando da Capital, o Comando Revolucionário Brasileiro da Criminalidade, Seita Satânica, Serpentes Negras, Terceiro Comando da Capital. Já no Estado do Rio de Janeiro conhece-se o Comando Vermelho, Amigos dos Amigos, o Terceiro Comando etc. E em outros Estados da

---

21 Como já dito, denominam-se "magistrados", porém cumpre esclarecer que a natureza de seus cargos era de membros do Ministério Público.

22 É certo que autoridades foram antes assassinadas pela Máfia, porém sempre com armas de fogo, e não ataques por meio de bombas, típicos de atividades terroristas. Antes dos assassinatos de Falcone e Borselino, apenas o Magistrado Rocco Chinicci havia sido assassinado, pouco tempo antes, pela Máfia, por meio de ataque a bomba.

23 DINO, Alessandra. **Os últimos chefões: investigação sobre o governo da Cosa Nostra**. São Paulo: Editora Unesp, 2013. p. 80/81.

> Federação também se vê um aumento crescente de facções criminosas organizadas que operam dentro e fora dos estabelecimentos prisionais, por exemplo, no Estado do Rio Grande do Sul temos a facção Os Manos, em Minas Gerais, o Primeiro Comando Mineiro.[24]

Há constatação de organizações criminosas na Índia, na África do Sul e até em países aparentemente tranquilos como Noruega, Canadá, Austrália e Nova Zelândia.[25] O certo é que, com o fenômeno da globalização, aliado à expansão do tráfico internacional de entorpecentes e pessoas, foi possível reconhecer que o crime organizado, atualmente, não é problema típico de três ou quatro países, mas sim uma questão mundial.[26]

Como bem diz Cássio Roberto Conserino:

> Com a quebra das fronteiras físicas pela Internet viu-se que os integrantes de organizações criminosas assimilaram muito bem essas transformações e não titubeiam na utilização dos meios de telecomunicação sofisticados e artefatos de informática que propiciam, por exemplo, a célere movimentação de ativos financeiros em escala mundial.[27]

Pois bem. Com tantas notícias de organizações criminosas espalhadas pelo mundo, com diferentes aspectos culturais, quais suas características comuns? Em última instância, como conceituá-las?

Segundo Néfi Cordeiro, malgrado não haja uma definição estanque e delimitada de organização criminosa, até por consistir em conceito criminológico, é possível encontrar alguns caracteres identificadores, tais quais os mencionados por Winfried Hassemer: a) o crime organizado não tem vítimas imediatas ou, quando as tem, são difusas, como tráfico de entorpecentes e corrupção, de maneira que as infrações não são

---

24 CONSERINO, Cassio Roberto. **Crime organizado e institutos correlatos**. São Paulo: Atlas, 2011. p. 38.

25 SOUTHWELL, David. **A história do crime organizado.** Tradução: Ciro Mioranza. São Paulo: Escala, 2013. p. 198/199, 202/203, 213/218.

26 BALTAZAR JUNIOR, José Paulo. Op. cit., p. 103.

27 CONSERINO, Cassio Roberto. Op. cit., p. 41.

levadas à autoridade policial pelo particular; b) quando as vítimas são individualizadas são claramente intimidadas e forçadas a silenciar; c) a organização criminosa possui uma base territorial, normalmente em seu país de origem; d) dispõe de múltiplos meios de disfarce e simulação.[28]

Para David Southwell as principais características das organizações criminosas são sua relação escusa com a política, uso da violência, uso do medo para ameaçar membros e vítimas, sistema hierárquico e código interno.[29] Já para Eduardo Araújo Silva podem ser citadas como principais características das organizações criminosas a acumulação de poder econômico de seus integrantes com a obtenção de extraordinários lucros, o que é possível em razão do alto poder de corrupção, além de um grande poder de intimidação, com a prevalência da "lei do silêncio". Refere, ainda, como características, a necessidade de legalizar o lucro obtido ilicitamente, com conexões locais e internacionais, bem como a estrutura piramidal e, em certos casos, fortes relações com a comunidade.[30]

---

28 CORDEIRO, Néfi. **Tráfico internacional de entorpecentes.** Tese apresentada ao Curso de pós-graduação em Direito Público, do Setor de Ciências Jurídicas e Sociais da Universidade Federal do Paraná, como requisito final à obtenção do grau de doutor. Curitiba, 2000. p. 142.

29 "Embora sua natureza em constante mudança e adaptação possa tornar grupos do crime organizado difíceis de definir legalmente, as características comuns dos grupos antigos e modernos são fáceis de detectar. Ao longo da história, muitos bandos de piratas, bandidos, traficantes de escravos e traficantes de drogas têm desfrutado de patrocínio do Estado. Quando esses grupos perderam a sanção oficial e a proteção, começaram a assegurar o apoio de que necessitavam para realizar suas atividades por meio do suborno. Essa prática estabeleceu uma matriz de influência política e crime, que se tornou uma das qualidades que definem o crime organizado em toda a história. Outras características marcantes dos grupos do crime organizado que surgiram ao longo dos últimos 4.000 anos são as de que eles desafiam o monopólio estatal pela violência; usam o medo como método para controlar tanto seus membros como suas vítimas; e possuem um sistema hierárquico e um código interno". SOUTHWELL, David. Op. cit., p. 6.

30 SILVA, Eduardo Araújo da. **Crime Organizado: procedimento probatório**. São Paulo, Atlas, 2003. p. 15/19.

José Paulo Baltazar Júnior analisou, com profundidade, todas as características, essenciais ou comuns às organizações criminosas, elencando como essenciais as seguintes: a) a pluralidade de agentes; b) a estabilidade (ou permanência); c) a finalidade de lucro; d) a organização de grupo estruturado. Além dessas, entende como características comuns, porém não essenciais: a) a hierarquia (apesar de ser traço comum, não é essencial, como no caso de organizações em rede, ou horizontais, como a Camorra Napolitana); b) a divisão de tarefas; c) a compartimentalização; d) a conexão com o Estado (corrupção, clientelismo e infiltração); e) o uso da violência (há grupos não violentos, que atuam em crimes de astúcia, como estelionato ou falsificações, bem como corrupção e criminalidade de colarinho branco em geral); f) exploração de mercados ilícitos ou exploração ilícita de mercados lícitos; g) monopólio ou cartel; h) controle territorial; i) uso de meios tecnológicos sofisticados; j) transnacionalidade ou internacionalidade; k) obstrução da Justiça.[31]

Nos Estados Unidos, há a previsão do crime chamado *conspiracy* no Título 18, § 371 do *United States Code*. A Lei de Controle do Crime Organizado (*Organized Crime Control Act* - OCCA), de 1970, considera organização criminosa qualquer grupo criminoso estruturado que se une para promover suas atividades ilegais[32], prevendo a norma conhecida como "RICO" (*Racketeer Influenced and Corrupt Organizations Act*), que basicamente "aumentou os poderes de investigação da polícia".[33]

Na Itália, técnicas especiais de combate ao terrorismo, destruição da ordem democrática e crime organizado foram previstas pela Lei n. 15/1980, que alterava o artigo 340 do Código de Processo Penal de 1930, prevendo a possibilidade de sequestro para fins de investigação de tais

---

[31] BALTAZAR JUNIOR, José Paulo. **Crime Organizado e Proibição de Insuficiência**. Porto Alegre: Livraria do Advogado Editora, 2010. p. 124/145.

[32] SOUTHWELL, David. Op. cit., p. 6.

[33] BALTAZAR JUNIOR, José Paulo. Op. cit., p. 102.

crimes. O artigo 416 do Código Penal prevê o crime de Associação para delinquir, tipificando o crime de Associação Mafiosa no artigo 416 *bis* do mesmo diploma.[34]

No Brasil o crime de bando ou quadrilha foi introduzido no artigo 288 do Código Penal de 1940[35], tipificando a conduta de quem se reúne para cometer crimes[36]. Atualmente, após as Leisn. 12.720/2012 en. 12.850/2013, o Código Penal brasileiro prevê não mais o crime de bando ou quadrilha, mas os delitos de Associação Criminosa[37] e Constituição de Milícia Privada.[38]

A tipificação de organizações criminosas no Brasil, portanto, ou se enquadrava no conceito de quadrilha ou bando, ou ficava sem punição. Do mesmo modo no direito estrangeiro. Alguns países, segundo José Paulo Baltazar Júnior[39], inclusive, expressamente optaram por não criar um tipo penal específico, como Inglaterra e Alemanha, com receio de que alguns fatos não fossem abarcados pela tipificação. Assim, o conceito germânico de organização criminosa, por exemplo, serve para nortear a investigação criminal e o processo penal, com medidas específicas, mas a tipificação segue sendo a tradicional.

---

34 Art. 416 bis – Associação de tipo mafioso: Aquele que faz parte de uma associação de tipo mafioso formada por três ou mais pessoas é punido com reclusão de três a seis anos.

35 BALTAZAR JUNIOR, José Paulo. Op. cit., p. 147.

36 Antiga dicção do artigo 288 do Código Penal: "Associarem-se mais de três pessoas, em quadrilha ou bando, para o fim de cometer crimes: Pena – reclusão, de um a três anos. Parágrafo único – A pena aplica-se em dobro, se a quadrilha ou bando é armado".

37 Art. 288. Associarem-se 3 (três) ou mais pessoas, para o fim específico de cometer crimes: Pena – reclusão, de 1 (um) a 3 (três) anos. Parágrafo único. A pena aumenta-se até a metade se a associação é armada ou se houver a participação de criança ou adolescente.

38 Art. 288-A. Constituir, organizar, integrar, manter ou custear organização paramilitar, milícia particular, grupo ou esquadrão com a finalidade de praticar qualquer dos crimes previstos neste Código: Pena – reclusão, de 4 (quatro) a 8 (oito) anos (Incluído pela Lei n. 12.720, de 2012).

39 BALTAZAR JUNIOR, José Paulo. Op. cit., p. 147.

Essa era a situação do Brasil. A primeira menção legislativa às organizações criminosas surgiu em 1995, com a Lei n. 9.034, chamada "Lei do Crime Organizado". Apesar de prever meios operacionais para a prevenção e repressão das ações praticadas por organizações criminosas, não as conceituou ou previu como tipo penal. Em seguida foi promulgada a Lei n. 9.613/1998, que em seu art. 1º, inciso VII, previu como crime antecedente da lavagem de dinheiro o praticado por organização criminosa. A omissão legislativa fez com que se interpretasse que organização criminosa era a tipificada na Convenção de Palermo, como, por exemplo, decidiu a 5ª Turma do STJ no *Habeas Corpus n.* 77.771-SP.[40]

---

[40] EMENTA: *HABEAS CORPUS*. LAVAGEM DE DINHEIRO. INCISO VII DO ART. 1º DA LEI n. 9.613/98. APLICABILIDADE. ORGANIZAÇAO CRIMINOSA. CONVENÇAO DE PALERMO APROVADA PELO DECRETO LEGISLATIVO n. 231, DE 29 DE MAIO DE 2003 E PROMULGADA PELO DECRETO N. 5.015, DE 12 DE MARÇO DE 2004. AÇAO PENAL. TRANCAMENTO. IMPOSSIBILIDADE. EXISTÊNCIA DE ELEMENTOS SUFICIENTES PARA A PERSECUÇAO PENAL.

1. Hipótese em que a denúncia descreve a existência de organização criminosa que se valia da estrutura de entidade religiosa e empresas vinculadas, para arrecadar vultosos valores, ludibriando fiéis mediante variadas fraudes mormente estelionatos, desviando os numerários oferecidos para determinadas finalidades ligadas à Igreja em proveito próprio e de terceiros, além de pretensamente lucrar na condução das diversas empresas citadas, algumas por meio de "testas-de-ferro", desvirtuando suas atividades eminentemente assistenciais, aplicando seguidos golpes.

2. Capitulação da conduta no inciso VII do art. 1º da Lei n. 9.613/98, que não requer nenhum crime antecedente específico para efeito da configuração do crime de lavagem de dinheiro, bastando que seja praticado por organização criminosa, sendo esta disciplinada no art. 1º da Lei n. 9.034/95, com a redação dada pela Lei n. 10.217/2001, c.c. o Decreto Legislativo n. 231, de 29 de maio de 2003, que ratificou a Convenção das Nações Unidas contra o Crime Organizado Transnacional, promulgada pelo Decreto n. 5.015, de 12 de março de 2004. Precedente.

3. O recebimento da denúncia, que se traduz em mera admissibilidade da acusação diante da existência de sérios indícios de autoria e materialidade, mostra-se adequado, inexistindo a alegada inépcia, porquanto preenchidos todos seus pressupostos legais.

4. Nesta fase inaugural da persecução criminal, não é exigível, tampouco viável dentro do nosso sistema processual penal, a demonstração cabal de provas contundentes pela acusação. Esse grau de certeza é reservado para a prolação do juízo de mérito. Este sim deve estar calcado em bases sólidas, para eventual condenação.

De fato, a Convenção de Palermo (Convenção das Nações Unidas contra o crime organizado transnacional), de 2000, introduzida no Brasil por meio do Decreton. 5.015/2004, conceituou organização criminosa como sendo o grupo estruturado de três ou mais pessoas, existente há algum tempo e atuando concertadamente com o propósito de cometer uma ou mais infrações graves ou enunciadas na Convenção, com a intenção de obter, direta ou indiretamente, um benefício econômico ou outro benefício material.

Todavia, o Supremo Tribunal Federal entendeu inexistir no ordenamento jurídico a conceituação ou tipificação de organização criminosa, ao julgar o *Habeas Corpus* 96.007-SP, confirmando essa tese no julgamento da Ação Penal 470 (Caso "Mensalão").

Outras leis surgiram e perpassaram, de algum modo, o tema, sem, contudo, conceituar organização criminosa ou prever algum tipo penal específico. É o caso da Lei n. 10.217/2001, que complementou a Lei n. 9.034/1995 ao acrescentar novos métodos de investigação do crime organizado, quais sejam: a interceptação ambiental e a infiltração policial. A Lei n. 11.343/2006 previu, em seu artigo 33, § 4º, redução de pena ao agente que não integrasse organização criminosa. Ambas as leis, mantiveram, contudo, o silêncio quanto à conceituação e à tipificação específica.

O conceito de organização criminosa, no Brasil, foi então normativamente inserido pela Lei n. 12.694/2012, que a definiu como a associação de 3 (três) ou mais pessoas, estruturalmente ordenada e caracterizada pela divisão de tarefas, ainda que informalmente, com objetivo de obter, direta ou indiretamente, vantagem de qualquer

---

5. Mostra-se, portanto, prematuro e temerário o acolhimento do pedido da defesa de trancamento da ação penal, de maneira sumária, retirando do Estado, de antemão, o direito e, sobretudo, o dever de investigar e processar, quando há elementos mínimos necessários para a persecução criminal.
6. Ordem denegada. (HC 77.771-Sp. Rel. Min. Laurita Vaz. Quinta Turma. Data do Julgamento: 30/05/2008).

natureza, mediante a prática de crimes cuja pena máxima fosse igual ou superior a 4 (quatro) anos ou que fossem de caráter transnacional.

Apesar do avanço legislativo, a nova lei apenas conceituou organização criminosa[41], deixando de tipificar o crime de compor organização criminosa, mas introduziu medidas que reforçam o combate ao crime organizado, como a previsão de formação de colegiado de juízes para a prática de atos processuais (art. 1º), medidas de reforço da segurança dos prédios da Justiça (art. 3º), alargamento do espectro do perdimento de bens (art. 4º), previsão da alienação antecipada de bens (art. 5º), permissão de placas "frias" para os que atuam no combate ao crime organizado (art. 6º), alteração do Estatuto do Desarmamento para ampliar a autorização para porte de arma de fogo (art. 7º), regulamentação da responsabilidade pelo porte funcional de arma de fogo (art. 8º) e proteção pessoal para os agentes que atuam no combate ao crime organizado (art. 9º).[42]

Em seguida, a Lei n. 12.720/2012 tipificou o crime de Milícia Armada, acrescentando o artigo 288-A ao Código Penal, mas não avançou para criminalizar as organizações criminosas em geral. A definição típica veio, tão somente, com o advento da Lei n. 12.850/2013, a chamada "Nova Lei de Combate ao Crime Organizado", que revogou expressamente a Lei n. 9.034/1995 e conceituou organização criminosa como sendo a associação de 4 (quatro) ou mais pessoas estruturalmente ordenada e caracterizada pela divisão de tarefas, ainda que informalmente, com o objetivo de obter, direta ou indiretamente, vantagem de qualquer natureza, mediante a prática de infrações penais cujas penas máximas sejam superiores a 4 (quatro) anos, ou que sejam de caráter transnacional (art. 1º, § 1º).

---

41 Possibilitando, assim, a punição de quem lava dinheiro oriundo de organização criminosa, conforme art. 1º, inciso VII da Lei n. 9.613/1998.

42 Ver, a propósito: CUNHA, Rogério Sanches; PINTO, Ronaldo Batista. **Crime Organizado. Comentários à nova lei sobre o Crime Organizado (Lei n. 12.850/13)**. 3ª ed. Salvador: JusPodium, 2014. p. 14/15.

Pela primeira vez uma lei no Brasil tipificou como crime a conduta de fazer parte de uma organização criminosa: "Art. 2º. Promover, constituir, financiar, pessoalmente ou por interposta pessoa, organização criminosa: Pena – reclusão, de 3 (três) a 8 (oito) anos e multa, sem prejuízo das penas correspondentes às demais infrações penais praticadas", punindo ainda quem tenta obstruir a investigação de crimes ou contravenções praticados por membros de organização criminosa ou de algum modo a ela relativos: "§ 1º Nas mesmas penas incorre quem impede ou, de qualquer forma, embaraça a investigação de infração penal que envolva organização criminosa".[43]

A Lei n. 12.850/2013 se aplica, ainda, às infrações penais previstas em tratado ou convenção internacional quando, iniciada a execução no País, o resultado tenha ou devesse ter ocorrido no estrangeiro, ou reciprocamente (art. 1º, § 2º, I), bem como às organizações terroristas (art. 1º, § 2º, II da Lei n. 12.850/2013). A subsequente Lei n. 13.260/2016 **conceituou o terrorismo como a** "prática por um ou mais indivíduos dos atos previstos neste artigo, por razões de xenofobia, discriminação ou preconceito de raça, cor, etnia e religião, quando cometidos com a finalidade de provocar terror social ou generalizado, expondo a perigo pessoa, patrimônio, a paz pública ou a incolumidade pública" (art. 2º) e tipificou o crime de compor ou até apenas auxiliar a organização

---

[43] A Lei n. 12.850/2013 previu, ainda, as seguintes causas de aumento de pena: "§ 2º As penas aumentam-se até a metade se na atuação da organização criminosa houver emprego de arma de fogo. § 3º A pena é agravada para quem exerce o comando, individual ou coletivo, da organização criminosa, ainda que não pratique pessoalmente atos de execução. § 4º A pena é aumentada de 1/6 (um sexto) a 2/3 (dois terços): I – se há participação de criança ou adolescente; II – se há concurso de funcionário público, valendo-se a organização criminosa dessa condição para a prática de infração penal; III – se o produto ou proveito da infração penal destinar-se, no todo ou em parte, ao exterior; IV – se a organização criminosa mantém conexão com outras organizações criminosas independentes; V – se as circunstâncias do fato evidenciarem a transnacionalidade da organização."

terrorista, nos seguintes termos: "Art. 3º Promover, constituir, integrar ou prestar auxílio, pessoalmente ou por interposta pessoa, a organização terrorista: Pena – reclusão, de cinco a oito anos, e multa."[44]

Desse modo, é possível afirmar que o panorama legislativo brasileiro, atualmente, encontra-se apto a respaldar a atuação das autoridades no combate ao crime organizado, eis que, além da tipificação exaustiva, inclusive com relação às organizações terroristas, cuidou

---

[44] Além disso, a Lei do Combate ao Terrorismo (Lei n. 13.260/2016) previu como crimes os seguintes atos de terrorismo: "I – usar ou ameaçar usar, transportar, guardar, portar ou trazer consigo explosivos, gases tóxicos, venenos, conteúdos biológicos, químicos, nucleares ou outros meios capazes de causar danos ou promover destruição em massa; (...) IV – sabotar o funcionamento ou apoderar-se, com violência, grave ameaça a pessoa ou servindo-se de mecanismos cibernéticos, do controle total ou parcial, ainda que de modo temporário, de meio de comunicação ou de transporte, de portos, aeroportos, estações ferroviárias ou rodoviárias, hospitais, casas de saúde, escolas, estádios esportivos, instalações públicas ou locais onde funcionem serviços públicos essenciais, instalações de geração ou transmissão de energia, instalações militares, instalações de exploração, refino e processamento de petróleo e gás e instituições bancárias e sua rede de atendimento; V – atentar contra a vida ou a integridade física de pessoa: Pena – reclusão, de doze a trinta anos, além das sanções correspondentes à ameaça ou à violência." (art. 2º, § 1º). Tipificou, ainda, as seguintes condutas: "Art. 5º Realizar atos preparatórios de terrorismo com o propósito inequívoco de consumar tal delito: Pena – a correspondente ao delito consumado, diminuída de um quarto até a metade. § 1º Incorre nas mesmas penas o agente que, com o propósito de praticar atos de terrorismo: I – recrutar, organizar, transportar ou municiar indivíduos que viajem para país distinto daquele de sua residência ou nacionalidade; ou II – fornecer ou receber treinamento em país distinto daquele de sua residência ou nacionalidade.; Art. 6º Receber, prover, oferecer, obter, guardar, manter em depósito, solicitar, investir, de qualquer modo, direta ou indiretamente, recursos, ativos, bens, direitos, valores ou serviços de qualquer natureza, para o planejamento, a preparação ou a execução dos crimes previstos nesta Lei: Pena – reclusão, de quinze a trinta anos. Parágrafo único. Incorre na mesma pena quem oferecer ou receber, obtiver, guardar, mantiver em depósito, solicitar, investir ou de qualquer modo contribuir para a obtenção de ativo, bem ou recurso financeiro, com a finalidade de financiar, total ou parcialmente, pessoa, grupo de pessoas, associação, entidade, organização criminosa que tenha como atividade principal ou secundária, mesmo em caráter eventual, a prática dos crimes previstos nesta Lei; Art. 7º Salvo quando for elementar da prática de qualquer crime previsto nesta Lei, se de algum deles resultar lesão corporal grave, aumenta-se a pena de um terço, se resultar morte, aumenta-se a pena da metade.". A Lei determinou, ainda, a competência federal, em seu artigo 11, para o processamento e julgamento dos crimes nela previstos.

o legislador de prever medidas de investigação e meios de obtenção de prova específicos de combate às organizações criminosas, como a colaboração premiada, a captação ambiental de sinais eletromagnéticos, ópticos ou acústicos, a ação controlada, o acesso a registros telefônicos e telemáticos, a interceptação de comunicações telefônicas e telemáticas, o afastamento dos sigilos financeiro, bancário e fiscal, a infiltração policial e a cooperação entre instituições (art. 3º, incisos I a VI da Lei n. 12.850/2013).

Vale ressaltar que parcela considerável da doutrina, com apoio em precedentes do Superior Tribunal de Justiça[45], entende que as técnicas especiais de investigação, dentre as quais se encontra a colaboração premiada, não se restringem apenas aos casos envolvendo organizações criminosas. Para Walter Nunes da Silva Júnior, por exemplo, a colaboração premiada prevista na Lei n. 12.850/2013, por interpretação sistêmica e lógica, deve ser aplicada não só aos crimes praticados por organizações criminosas, mas também ao delito de quadrilha (hoje associação criminosa) previsto no artigo 288 do Código Penal. Na verdade, o autor defende que a nova lei de combate ao crime organizado tem natureza de lei geral sobre a colaboração premiada, incidindo os seus dispositivos, no que não forem incompatíveis, em todas as leis que tratam do tema.[46]

No mesmo sentido é a opinião de Andrey Borges de Mendonça, para quem "a jurisprudência já asseverou que, com base na Lei 9807, a colaboração premiada é possível de ser aplicada para qualquer

---

[45] HC 97509/MG, Rel. Ministro Arnaldo Esteves de Lima, 5ª Turma, julgado em 15/06/2010, DJe 02/08/2010; REsp 1109485/DF, Rel. Min. Maria Thereza de Assis Moura, 6ª Turma, julgado em 12/04/2012, DJe 25/04/2012).

[46] SILVA JÚNIOR, Walter Nunes da. **Curso de direito processual penal: teoria (constitucional) do processo penal.** 2ª ed. Natal: OWL Editora Jurídica, 2015. p. 541.

tipo penal".[47] Alerta, porém, tal autor, que mesmo sendo possível a aplicação do instituto da colaboração premiada a casos de concurso de agentes em qualquer crime, por se tratar de técnica especial de investigação destinada a casos de macrocriminalidade, não deve ser banalizado, reservando-se para casos de relevância.

A melhor solução parece ser no sentido de que, considerando que as demais leis que preveem a colaboração premiada não foram revogadas, possa se admitir a existência de um microssistema de direito premial, ou "microssistema de estímulo à verdade", nas palavras de Pedro Jorge do Nascimento Costa[48], devendo o procedimento da Lei n. 12.850/2013 servir de norte à aplicação do instituto a todos os crimes cujas leis admitem a colaboração do agente, ainda que não praticados por organização criminosa, como, por exemplo, tráfico de entorpecentes e lavagem de capitais.[49]

---

47 MENDONÇA, Andrey Borges de. **A Colaboração Premiada e a nova lei do crime organizado**. Custos Legis: a Revista Eletrônica do Ministério Público Federal. Vol. 4, 2013. <http://www.prrj.mpf.mp.br/sala-de-imprensa/publicacoes/custos-legis/a-colaboracao-premiada-e -a-nova-lei-do-crime-organizado-lei-12.850-2013/view> Acesso em 05/09/2016. Ver também: MENDONÇA. Andrey Borges de. Os Benefícios possíveis na colaboração premiada: entre a legalidade e a autonomia da vontade. **Colaboração Premiada.** BOTTINI, Pierpaolo Cruz; MOURA, Maria Thereza de Assis (Coordenadores). 1ª ed. 2ª tiragem. São Paulo: Editora Revista dos Tribunais, 2017. p. 75.

48 COSTA, Pedro Jorge do Nascimento. Silêncio e Mentira como Prova: a Proteção às Organizações Criminosas. **A Prova no Enfrentamento à Macrocriminalidade**. SALGADO, Daniel de Resende; QUEIROZ, Ronaldo Pinheiro de (Organizadores). Salvador: JusPodium, 2015. p. 185.

49 Para Rogério Filipetto e Luísa Carolina Vasconcelos Chagas Rocha, "o procedimento previsto na Lei 12.850/2013 estabelece um rito a ser seguido nos demais casos onde se prevê a colaboração, como acontece com a Lei de Lavagem de Dinheiro (Lei 9.613/98, art. 1º, § 5º)", entendendo que até quando a soma das penas atribuídas às contravenções penais praticadas por organizações criminosas resultar em quantidade superior a quatro anos, os agentes poderão realizar acordo de colaboração. FILIPETTO, Rogério; ROCHA, Luísa Carolina Vasconcelos Chagas; **Colaboração Premiada: contornos segundo o sistema acusatório.** Belo Horizonte: D'Plácido Editora, 2017. p. 134/135.

Assim, feita a análise inicial sobre as organizações criminosas e seu tratamento legislativo no Brasil, cumpre averiguar um tipo específico de organização criminosa chamada comumente de "Máfia". É o assunto tratado no item a seguir.

1.1.1 Organização criminosa do tipo mafioso

A Máfia, em verdade, corresponde à organização criminosa existente na Sicília, sul da Itália, a *Cosa Nostra*. O termo, contudo, universalizou-se e assim são chamadas hoje todas as associações criminosas com as suas principais características: rituais e cerimônias de iniciação, juramento de eterna lealdade à organização, código de regras e valores, pacto de silêncio e uso da violência.

Na Itália são identificadas, como já dito, além da Máfia siciliana, a 'Ndrangheta (a máfia da Calábria), a Camorra (a máfia de Nápoles), a Sacra Corona Unita (a máfia da Puglia) e a Mala Del Brenta (a máfia de Veneza). A primeira vez que a palavra "Máfia" foi usada oficialmente na Sicília foi em 1863, numa peça de teatro do autor siciliano Giuseppe Rizzotto, baseada no principal presídio de Palermo. O nome da peça era "*I mafiusi di la Vicaria*" (Os mafiosos da Vicária, no dialeto local), cujos personagens eram os bandidos da cidade. O sucesso foi tanto que a produção foi aperfeiçoada e relançada apenas com o título de "*I mafiusi*".[50] Desse modo, já no século XIX o termo "mafioso" era sinônimo de "fora-da-lei".

O termo "Máfia" tem algumas possíveis origens. A maioria dos estudiosos acredita em sua origem árabe: seria uma corruptela do termo "*maha*", que significa "pedreira", no sentido de "refúgio" ou "proteção", referindo-se ao local onde, durante a ocupação sarracena, nos séculos

[50] CAWTHORNE, Nigel. **A História da Máfia.** Tradução: Guilherme Miranda. São Paulo: Madras, 2012. p. 15; SMITH, Jo Durden. **A História da Máfia**. Tradução: Beatriz Medina. São Paulo: M. Books do Brasil Editora, 2015. p. 19.

VIII a XI, os resistentes sicilianos se escondiam da perseguição[51]. Alguns autores acreditam que o termo "Máfia" seria acrônimo de "*Morte alla Francia, Italia Anela*" ("*Morte à França, a Itália almeja!*"), grito de guerra dos resistentes à ocupação normanda da Sicília, nos anos de 1072 a 1282.[52]

Há quem defenda, ainda, que a expressão seja originada do dialeto de Palermo, no qual a palavra "mafioso" significa "autoconfiante"[53]. Salvatore Lupo reforça essa tese ao citar o autor Pitrè, que defende que o termo "máfia" era utilizado como sinônimo de "beleza" e "excelência", já mesmo antes de 1860, nos bairros populares de Palermo, "de tal sorte que *mafiusu* teria sido um homem de coragem, *mafiusedda*, uma moça bela e orgulhosa".[54]

A palavra pode ter-se originado, ainda, do termo árabe "*mahjas*", cujo significado é "gabar-se".[55] Já a associação criminosa calabresa 'Ndrangheta tem seu nome originado do grego "andragathía", que significa "heroísmo" e "virtude".[56] Tudo isso aponta para essa mística de culto ao vilão/herói que permeia o tema das organizações criminosas italianas. Roberto Saviano menciona a lenda, segundo ele até hoje repetida aos jovens italianos, de três cavaleiros espanhois do século XV, Osso, Mastrosso e Carcagnosso, que pertenciam a uma associação secreta de Toledo e que teriam ficado 29 (vinte e nove) anos foragidos,

---

51 DEL ROIO, José Luiz. **Itália: Operação Mãos Limpas. E no Brasil: quando?** São Paulo: Ícone, 1993. p. 26. Utilizando o mesmo significado, porém atribuindo a origem ao termo "*Mu afah*", também árabe: SOUTHWELL, David. **A história do crime organizado.** Tradução: Ciro Mioranza. São Paulo: Escala, 2013. p. 11.

52 DEL ROIO, José Luiz. Op. cit., p. 26; SOUTHWELL, David. Op. cit., p. 11.

53 SOUTHWELL, David. Op. cit., p. 11.

54 LUPO, Salvatore. **História da Máfia: das origens aos nossos dias.** Tradução: Álvaro Lorencini. São Paulo: Unesp, 2002. p. 19.

55 SMITH, Jo Durden. Op. cit., p. 19.

56 SOUTHWELL, David. Op. cit., p. 11.

se empenhando em definir códigos secretos de sua organização: Osso, o mais preguiçoso, foi para a Sicília e fundou a Máfia; Mastrosso foi para a Calábria e fundou a 'Ndrangheta; e Carcagnosso, o mais empreendedor, foi para Nápoles e lá fundou a Camorra.

Segundo Saviano:

> É só uma lenda, naturalmente, uma fábula fácil de aprender e de recordar, criada especialmente para alimentar conversas nos longos dias de cadeia. (...) A condição de cavaleiro comportava se reconhecer em uma ideologia, obedecer a regras baseadas na coragem, na lealdade, na fidelidade à palavra dada e à pertença. Um conjunto de valores que pode ser resumido em uma só palavra, até hoje usada e abusada: *onore*, honra. O cavaleiro era antes de tudo um *uomo d'onore*.[57]

Tais organizações criminosas se formaram como refúgio contra um poder dominante, uma forma de proteção aos seus associados. Por serem apartadas do Estado, tinham que ser secretas e, para tanto, um rigoroso ritual era (e é ainda) imposto aos candidatos ao posto de "homens de honra".

Sobre a origem dos seus característicos rituais, historiadores ainda não chegaram a um consenso, porém "alguns acreditam que os rituais foram importados da maçonaria francesa e adaptados por grupos políticos opostos ao regime dos Bourbon, baseado em Nápoles, por volta de 1820."[58] Outros divergem, afirmando que desde 1760 tais rituais já existiam, eis que Giuseppe Balsamo, o Conde Caliostro, ao visitar Palermo no século XVIII, colheu de lá tais rituais e afirmava que eles "provinham dos Cavaleiros de Malta, que os tinham recebido dos Cavaleiros Templários."[59]

---

[57] SAVIANO, Roberto. **A Máquina da Lama: Histórias da Itália de hoje.** Tradução: Joana Angélica d'Avila Melo. 1ª ed. São Paulo: Companhia das Letras, 2012. p. 52.

[58] SOUTHWELL, David. Op. cit., p. 10.

[59] SOUTHWELL, David. Op. cit., p. 10/11.

Apesar de terem sido alvo de processos exitosos e intensos monitoramento e investigação estatal, o fato é que as organizações mafiosas ainda existem e atuam se adaptando ao mundo tecnológico e globalizado. Dados da *Direzione Investigativa Antimafia* (o principal órgão estatal de combate ao crime organizado na Itália) apontam que existem cerca de 200 (duzentos) membros da 'Ndrangheta na Itália, com mais de 6.000 (seis mil) membros espalhados pelo mundo, estimando "seu volume anual de negócios em mais de 23 bilhões de euros e admite que 'a 'Ndrangheta é hoje uma das mais poderosas organizações criminosas do mundo".[60]

A Mala Del Brenta, de Veneza, tem a quinta maior renda de qualquer organização criminosa na Itália, gerando bilhões de euros por ano, ainda segundo a *Direzione Investigativa Antimafia.*[61] A Sacra Corona Unita, da Puglia, tem atualmente 47 (quarenta e sete) clãs, ainda de acordo com os dados do órgão estatal italiano, cuidando de tráfico de imigrantes ilegais em parceria com *Mafyia* Albanesa, tendo "maciço império da prostituição na Itália, na Áustria e na Alemanha", configurando-se em "uma crescente ameaça italiana e global."[62]

Na Itália, a legislação penal clássica não era suficiente para o combate e a punição do fenômeno mafioso. A tipificação da conduta de se associar à máfia ocorreu na Itália apenas em 1982, por meio de projeto de lei do Deputado siciliano Pio La Torre, do Partido Comunista. Após emendas, o projeto recebeu o nome "La Torre-Rognoni" e, depois de aprovado, modificou o Código Penal, mantendo no artigo 416 a tipificação das organizações criminosas comuns e criando, no artigo 416 *bis* a tipificação das organizações do tipo mafioso.

---

60 SOUTHWELL, David. **A história do crime organizado.** Tradução: Ciro Mioranza. São Paulo: Escala, 2013. p. 18.

61 SOUTHWELL, David. Op. cit., p. 20.

62 SOUTHWELL, David. Op. cit., p. 23.

A propósito, ensina Walter Fanganiello Maierovitch que:

> O artigo 416, bis, cuidou de organizações complexas, verticalizadas e notadas pela existência de um órgão de cúpula-governo (Cosa Nostra), ou horizontalizadas (Camorra), muitas vezes como uma 'confederação criminal', quando sentem necessidade de unir forças contra o Estado.[63]

O endurecimento do combate ao crime organizado na Itália, com a tipificação do crime de associação mafiosa, não ficou sem resposta da Máfia siciliana. O *Capo dei Capi*[64] Salvatore "Totó" Riina mandou assassinar o Deputado Pio La Torre pouco tempo depois da promulgação da lei: "Duas potentes motocicletas aproximaram-se do automóvel Fiat 132 de La Torre, prestes a estacionar próximo à sede palermitana do Partido Comunista. O ocupante do banco de passageiro da motocicleta o metralhou".[65]

O assassinato de autoridades que se opunham à Máfia não era novidade:

> Boris Giuliano, o Chefe de Polícia que havia descoberto a conexão da heroína entre a Sicília e os Estados Unidos, tinha sofrido quatro disparos nas costas enquanto tomava seu capuccino na manhã de 21 de julho de 1979.[66]

Ainda no mesmo ano foi assassinado, em Palermo, o Juiz Cesare Terranova. Também foram vítimas da Máfia o capitão dos carabineiros, Emmanuele Basile, e o general Carlo Alberto Dalla Chiesa. Este último foi assassinado a tiros, juntamente a sua esposa, disparados de um veículo em movimento, em 3 de setembro de 1982. O chefe de Giovanni Falcone e Paolo Borselino, Rocco Chinnici, foi assassinado, assim como seu guarda-costas e o porteiro do seu prédio, vítimas de um ataque a bomba.

---

[63] MAIEROVITCH, Wálter Fanganiello. Prefácio do livro de DINO, Alessandra; MAIEROVITCH, Wálter Fanganiello (organizadores). Tradução: Doris Cavallari; Letizia Zini. **Novas tendências da criminalidade transnacional mafiosa.** São Paulo: Ed. Unesp, 2010. p. 12.

[64] "Chefe dos Chefes".

[65] MAIEROVITCH, Wálter Fanganiello. Op. cit., p. 13.

[66] CAWTHORNE, Nigel. **A História da Máfia.** Tradução: Guilherme Miranda. São Paulo: Madras, 2012. p. 229.

Com esse método terrorista também a Máfia assassinou Giovanni Falcone:

> Em 23 de Maio de 1992, Falcone e sua mulher estavam visitando sua casa de campo em Palermo. Eles viajaram em segredo em um avião do governo e foram recebidos no aeroporto por uma escolta policial, mas, enquanto o comboio seguia pela autoestrada em direção a Capaci, uma bomba no aqueduto sob a via expressa explodiu. A explosão foi forte o bastante para matar os policiais no primeiro carro e Falcone e sua esposa no segundo.[67]

Menos de dois meses depois, em 19 de julho de 1992, foi assassinado seu amigo e colega, Paolo Borselino, que conduzia agora as investigações contra a Máfia:

> Sabia-se que ele iria visitar sua mãe em Palermo naquele dia, então um carro-bomba foi estacionado à frente da casa dela. Quando o carro explodiu, Borselino e seus seis guarda-costas foram mortos.[68]

A ameaça de punição e morte também é feita internamente aos membros da organização mafiosa que rompem o pacto de silêncio denominado *omertà*. A seguir, examinam-se alguns de seus aspectos particulares.

1.1.2 *Omertà*

Talvez a principal característica das organizações criminosas de *stampo mafioso* seja a *omertà*, isto é, o pacto de silêncio firmado pelos que são aceitos no grupo. Segundo Walter Fanganiello Maierovitch, as máfias "difundem, interna e externamente, o medo, de modo a gerar a chamada cultura da *omertà*, conhecida por 'lei do silêncio'"[69]

---

[67] CAWTHORNE, Nigel. Op. cit., p. 235.

[68] CAWTHORNE, Nigel. Op. cit., p. 235.

[69] MAIEROVITCH, Wálter Fanganiello. Prefácio do livro de DINO, Alessandra; MAIEROVITCH, Wálter Fanganiello (organizadores). Tradução: Doris Cavallari; Letizia Zini. **Novas tendências da criminalidade transnacional mafiosa.** São Paulo: Ed. Unesp, 2010. p. 12/13.

e a define do mesmo modo que o escritor siciliano Leonardo Siascia como "solidariedade pelo medo". Ressalta, ainda, que "Nesse ambiente de coação, onde vale a 'lei' da organização criminosa, verifica-se, por parte do cidadão, um sepulcral silêncio sobre fatos testemunhados".[70] Se o medo intimida quem não faz parte da associação, ele é ampliado quando há um juramento de lealdade por parte de quem se associa.

Sobre a origem do termo, sabe-se que o então chefe da Guarda Nacional de Palermo, Niccolò Turrisi Colonna, em 1864, relatou que uma "seita de ladrões" existia há cerca de 20 (vinte) anos em toda a Sicília, e que seus membros tinham sinais especiais que possibilitavam seu reconhecimento mútuo, bem como um código de lealdade que ele chamou de "*umirtà*", ou seja, "humildade". E explicou:

> Essa seita perversa vê todo cidadão que se aproxime de um carabineiro (policial militar) e fale com ele, ou mesmo troque uma palavra ou cumprimento, como um patife punível com morte. Tal homem deve ser punido por um crime hediondo contra a 'humildade' (...). A humildade envolve o respeito e a devoção à seita. Ninguém deve cometer qualquer ato que possa, direta ou indiretamente, prejudicar os interesses de outros membros. Ninguém deve fornecer à polícia ou ao poder judiciário fatos que ajudem a expor um crime de qualquer espécie.[71]

Assim, segundo Nigel Cawthorne, a "*umirtà*" referida por Niccolò Turrisi Colonna é a origem da *omertá,*

> um brutal código de honra que fazia com que mafiosos nunca, em hipótese alguma, se dirigissem às autoridades para prestar queixa. As vítimas e suas famílias tinham o direito de se vingar de qualquer ofensa, mas todo aquele que quebrasse o código de silêncio seria julgado pela própria Máfia.[72]

---

70 MAIEROVITCH, Wálter Fanganiello. Op. cit., p. 13.

71 CAWTHORNE, Nigel. Op. cit., p. 16/17.

72 CAWTHORNE, Nigel. Op. cit., p. 17.

Já Salvatore Lupo explica que a palavra *omertà* "deriva da raiz *uomo*", significando "homem, que virilmente responde por si mesmo às ofensas sem recorrer à justiça estatal".[73] Para reforçar o dever de silêncio, rituais de iniciação com juramento sempre foram impostos nas organizações criminosas italianas. Segundo Roberto Saviano:

> Quando se entra para uma organização criminosa, o acesso é feito mediante ritos simbólicos, batismos, porque as estruturas criminosas são verdadeiras organizações hierárquicas com cargos, rituais, salários, responsabilidades.[74]

Em regra, as cerimônias se iniciam com o candidato assassinando alguém, a mando do grupo, para provar seu valor e sua coragem. A isso se denomina "produzir ossos".[75] Sobre os rituais de iniciação da máfia siciliana e a *omertà,* ensina David Southwell:

> O candidato a membro sofre uma morte simbólica e um renascimento. Eles 'morrem' pra sua antiga vida e 'renascem' para a organização, e prestam um juramento de sempre obedecer às regras de sua nova família, cientes de que a desobediência significará a morte. (...) O ritual envolve o ato de segurar a imagem ardente de um santo e proferir um juramento de sigilo total e obediência. Em seguida, seu chefe direto como soldado da máfia, seu 'capo', vai tomar uma faca e fazer um corte em sua mão. A queima simboliza a morte de sua antiga vida e o sangue significa o nascimento em sua nova família mafiosa.[76]

Na 'Ndrangueta, a solenidade de batismo é longa e ritualizada, findando com o juramento pelo qual o iniciado "assume a responsabilidade de fazer parte de uma organização que em seu código será superior à família, aos filhos, ao seu próprio sangue".[77] Ao novo 'ndranghetista, chamado de *"contrasto onorato"*, é dito que:

---

[73] LUPO, Salvatore. **História da Máfia: das origens aos nossos dias.** Tradução: Álvaro Lorencini. São Paulo: Unesp, 2002. p. 19.

[74] SAVIANO, Roberto. **A Máquina da Lama: Histórias da Itália de hoje.** Tradução: Joana Angélica d'Avila Melo. 1ª ed. São Paulo: Companhia das Letras, 2012. p. 52.

[75] SOUTHWELL, David. **A história do crime organizado.** Tradução: Ciro Mioranza. São Paulo: Escala, 2013. p. 12.

[76] SOUTHWELL, David. Op. cit., p. 12.

[77] SAVIANO, Roberto. Op. cit., p. 53.

> Antes da família, dos pais, das irmãs, dos irmãos, vem o interesse ou a honra da sociedade. A partir deste momento ela é tua família e, se cometeres infâmia, serás punido com a morte. Assim como serás fiel à sociedade, de igual modo a sociedade será fiel contigo e te assistirá na necessidade. Este juramento só pode ser quebrado com a morte.[78]

E então lhe é perguntado: "Estás disposto a isso? Juras?"[79] Com a palma da mão voltada para a ponta de uma faca, o iniciado faz o juramento e passa a ser considerado um "homem de honra" a partir de então.[80]

Sobre os ritos de iniciação da Camorra, mais uma vez David Southwell esclarece: "Na Camorra, o sangue na mão provém do ato de o iniciado tentar apanhar uma moeda no chão enquanto seus companheiros golpeiam sua mão com facas".[81] E cita ainda os ritos em Veneza: "Nos grupos venezianos do crime organizado que antecedem a atual Mala Del Brenta da cidade, a morte costumava ser simbolizada pelo beijo a um crânio".[82]

Todos esses ritos de iniciação, com formalidades, sacrifício e pompa, altamente secretos, servem para reforçar o peso da *omertà*, esse pacto de silêncio imprescindível ao funcionamento da empresa criminosa:

> Um novo iniciado deve seguir as regras até o dia de sua morte, a menos que queira convidar a morte; tudo gira em torno da honra, obediência e *omertà* (silêncio). Os membros aprendem que sua família criminosa vem antes de sua antiga família, antes de Deus ou do Estado.[83]

É possível afirmar que o crescimento e êxito da Máfia siciliana se devem, em grande parte, à *omertà*. Segundo Nigel Cawthorne:

---

[78] SAVIANO, Roberto. Op. cit., p. 54.

[79] SAVIANO, Roberto. Op. cit., p. 54.

[80] SAVIANO, Roberto. Op. cit., p. 54/55.

[81] SOUTHWELL, David. Op. cit., p. 12.

[82] SOUTHWELL, David. Op. cit., p. 12.

[83] SOUTHWELL, David. Op. cit., p. 12.

> Um agressivo código de honra, a *omertà*, possibilitou que os assuntos disciplinares fossem tratados dentro da associação, e não pelas autoridades. Também se exigia dos membros que obedecessem a um código de silêncio rigoroso. Qualquer violação dessas regras era punida com a morte.[84]

De fato, a Máfia italiana sempre foi implacável com relação aos que romperam a *omertà*. O caso mais famoso e brutal talvez tenha sido o sequestro e assassinato da criança Giuseppe Di Matteo, filho de 11 (onze) anos do réu colaborador Mario Santo "Santino" Di Matteo. Sobre o caso, diz Alessandra Dino:

> A reunião de urgência fora convocada a fim de criar uma estratégia útil para atacar o novo arrependido, intimidá-lo, induzi-lo à retratação e transmitir dentro e fora da Cosa Nostra uma mensagem de força persistente e de vitalidade da organização. Os quatro[85] decidem raptar o filho do colaborador, o pequeno Giuseppe, de 11 anos.[86]

O sequestro aconteceu na escola do garoto, no dia 23 de novembro de 1993, induzindo-o a acreditar que iria encontrar-se com o pai. Após quase 03 (três) anos em cativeiro, sem que o pai desse sinais de que voltaria atrás na decisão de colaborar com a Justiça, a criança foi brutalmente assassinada, no dia 11 de janeiro de 1996 "com o estrangulamento do garoto e a dissolução do seu corpo em ácido sulfúrico".[87]

A *omertà* é característica das organizações mafiosas, porém pactos de silêncio, em geral, estão presentes em todas as organizações criminosas. Ora, se são ilegais as organizações, se praticam crimes inconfessáveis, se o conhecimento dos fatos pelas autoridades certamente prejudica ou aniquila o alcance dos objetivos da associação, é certo que o acordo de silêncio é pressuposto para a admissão do novo membro e permanência

---

84 CAWTHORNE, Nigel. Op. cit., p. 06.

85 "Os quatro" são, segundo a própria Alessandra Dino, os mafiosos Messina Denaro, Giuseppe Graviano, Leoluca Bagarella e Giovanni Brusca.

86 DINO, Alessandra. **Os últimos chefões: investigação sobre o governo da Cosa Nostra.** São Paulo: Editora Unesp, 2013. p. 218/219.

87 DINO, Alessandra. Op. cit., p. 222.

dos demais. Nos rituais de iniciação da Yakuza, *Mafiya* Russa e Tríades chinesas, por exemplo, o juramento de silêncio sob pena de morte é parte imprescindível.

As Tríades chinesas, a propósito, possuem rituais de iniciação com fogo, sangue, espadas e água, bem como um rígido compromisso consistente em 36 (trinta e seis) juramentos, dentre os quais o de silêncio: "Não vou revelar os segredos da Sociedade Hung (...) se eu o fizer, vou ser morto por uma miríade de espadas". David Southwell explica:

> Os juramentos não são mera fachada. A morte por uma miríade de espadas é mais comumente conhecida como 'a morte de milhares de cortes' e é uma forma de punição da Tríade usada até hoje. Todo aquele que for considerado um traidor enfrenta morte lenta, tendo cada músculo cortado por um cutelo de açougueiro até morrer lentamente pela perda de sangue.[88]

Esse silêncio prometido é a maior dificuldade das autoridades em descobrir e penetrar nas organizações criminosas, e um dos meios de fazer isso é incentivando, premiando e oferecendo proteção ao membro de organização criminosa que decida romper o juramento. A isso se dá o nome, no Brasil, de *colaboração premiada*, uma das chamadas técnicas especiais de investigação, tema que será abordado a seguir.

1.2 INSTRUMENTOS DE COMBATE À CRIMINALIDADE ORGANIZADA: AS TÉCNICAS ESPECIAIS DE INVESTIGAÇÃO

Os clássicos modelos investigatórios e de obtenção de provas, como oitiva de testemunhas, apreensão de documentos, coleta de digitais e realização de perícias são insuficientes para combater as organizações criminosas. Estas despontam hoje com o uso de avançados meios tecnológicos para o planejamento secreto dos crimes e para o branqueamento das divisas ilegalmente obtidas, tudo protegido pelo manto do silêncio dos seus componentes.

---

[88] SOUTHWELL, David. Op. cit., p. 103.

Se ninguém fala, não haverá testemunhas. Se ninguém fala, interceptações telefônicas ou gravações ambientais, sozinhas, não alcançarão resultados. É preciso que o Estado sofistique os métodos de investigação, utilizando instrumentos de combate ao crime organizado que deram certo em países democráticos. Como bem diz José Paulo Baltazar Junior, "o modo como são perpetrados os delitos no âmbito das organizações criminosas faz com que, em especial no campo da prova, parte do instrumental processual penal, concebido para a criminalidade tradicional, se revele insuficiente."[89] No mesmo sentido é a lição de Rogério Sanches Cunha e Ronaldo Batista Pinto: "a criminalidade organizada, face às suas peculiaridades, reclama uma nova visão sobre os meios de prova a serem utilizados para fazer frente a seu poderio."[90]

Essa é a tendência no ambiente internacional: sofisticar - sempre respeitando direitos e garantias individuais - as medidas de investigação quando se trata de organizações criminosas. Assim é que a ONU - Organização das Nações Unidas prevê o uso do que chamou de "contramedidas adequadas", por meio das Normas e Princípios sobre Prevenção ao Crime e Justiça Criminal, ao declarar que:

> Nós devemos assegurar que para qualquer aumento na capacidade e na habilidade dos perpetradores do crime também haja aumentos similares na capacidade e na habilidade das autoridades de aplicação da lei e da justiça criminal. Juntando nossos conhecimentos e desenvolvendo contramedidas adequadas, o sucesso na prevenção ao crime e na redução do número de vítimas pode ser maximizado.[91]

---

89 BALTAZAR JUNIOR, José Paulo. **Crime Organizado e Proibição de Insuficiência.** Porto Alegre: Livraria do Advogado Editora, 2010. p. 170.

90 CUNHA, Rogério Sanches; PINTO, Ronaldo Batista. Op. cit., p. 40.

91 ONU - Organização das Nações Unidas. Normas e Princípios das Nações Unidas sobre Prevenção ao Crime e Justiça Criminal. <https://www.unodc.org/documents/justice-and-prison-reform/projects/UN_Standards_and_Norms_CPCJ_-_Portuguese1.pdf>Acesso em 12/07/2016.

Como ensina Néfi Cordeiro, "o maior potencial lesivo da criminalidade organizada tem politicamente autorizado o uso dos meios investigatórios e punitivos mais gravosos"[92], argumentando que no combate ao crime organizado é necessário o uso de técnicas investigativas especiais:

> Deve o Estado arcar com a responsabilidade da persecução criminal, a ele delegada no Estado Democrático de Direito, e para isso necessita tomar medidas drásticas de investigação, apenamento e colaboração social - seja pela sedução de vantagens, seja mesmo pela intimidação de sanções aos colaboradores.[93]

No mesmo sentido é o pensamento de Fausto Martin De Sanctis, para quem:

> As chamadas técnicas especiais de investigação são consideradas indispensáveis para o enfrentamento da criminalidade organizada e estão em consonância com as obrigações assumidas pelo Brasil, no campo internacional, por meio da Convenção Contra o Tráfico Ilícito de Entorpecentes e Substâncias Psicotrópicas (Convenção de Viena de 1988, artigo 11, itens 1, 2 e 3), da Convenção das Nações Unidas contra o Crime Organizado Transnacional (Convenção da ONU de 2000, artigo 20) e da Convenção das Nações Unidas contra a Corrupção (Convenção da ONU contra a corrupção de Mérida de 2003, artigo 50).[94]

Dentre as medidas especiais de investigação, utilizadas especificamente para desvendar e combater as organizações criminosas, estão a captação ambiental de sinais eletromagnéticos, ópticos ou acústicos, a ação controlada, o acesso a registros telefônicos e telemáticos, a interceptação de comunicações telefônicas e telemáticas, o afastamento dos sigilos financeiro, bancário e fiscal, a infiltração policial, a cooperação entre instituições e a colaboração premiada.[95]

---

92 CORDEIRO, Néfi. Op. cit., p. 150.

93 CORDEIRO, Néfi. Op. cit., p. 147.

94 DE SANCTIS, Fausto Martin. **Crime Organizado e Lavagem de Dinheiro: destinação de bens apreendidos, delação premiada e responsabilidade social.** 2ª ed. São Paulo: Saraiva, 2015. p. 30.

95 Art. 3º, incisos I a VI da Lei n. 12.850/2013.

Esta última é considerada, dentre todas essas técnicas especiais, uma das mais eficazes formas de combate à macrocriminalidade, em razão de que, se por um lado é capaz de obter a confissão do réu colaborador, por outro atua preventivamente, evitando a atuação futura da organização, já que as novas provas tendem a desbaratá-la.

Como já mencionado, a técnica da colaboração premiada é utilizada em vários países democráticos, dentre os quais os Estados Unidos da América e a Itália, cujas experiências merecem ser estudadas diante do êxito obtido no combate ao crime organizado. Eis o que se passa a fazer adiante.

1.3 COLABORAÇÃO PREMIADA NO MUNDO OCIDENTAL: ESTADOS UNIDOS E ITÁLIA

Países do *Common Law*, como os Estados Unidos e a Inglaterra, e do *Civil Law*, como Itália, Portugal e Espanha, adotam, dentre outras, a colaboração premiada como técnica especial de combate ao crime organizado.

As experiências dos Estados Unidos e da Itália, por seu turno, são diversas, porém retratam casos de sucesso, ainda que parcial em algumas situações, de maneira que se tornam assuntos obrigatórios para o estudioso do tema.

1.3.1 Colaboração Premiada nos Estados Unidos: *plea bargaining*

Nos Estados Unidos e nos países que adotam o chamado *Common Law*, de uma forma geral, a colaboração premiada é uma consequência natural da liberdade que é conferida à acusação para realizar acordos com a defesa.

De fato, os Promotores de Justiça e Procuradores da República nos Estados Unidos têm ampla discricionariedade para escolherem os casos cujo custo-benefício na apuração e processamento compensem para a sociedade e para o Estado. Nesse sentido, Wrobleski e Hess:

> The prosecutor chooses the cases to be prosecuted, selects the charges that are to be brought into the courtroom, recommends the bail amount required for pretrial release, approves any negotiated agreements made with the defendant and urges judges to impose particular sentences.[96]

A concessão de ampla discricionariedade acusatória ao membro do Ministério Público estadunidense, tanto na seara federal quanto no âmbito dos Estados, decorre em muito da postura do próprio Poder Judiciário, que a respaldou desde cedo. Ensina Yue Ma que:

> Os promotores norte-americanos, contudo, são praticamente os únicos a contar com uma discrição demasiadamente ampla e em grande parte livre de controle. (...) A autoridade do promotor norte-americano para tomar decisões quanto à acusação, por outro lado, não está sujeita nem ao reexame judicial, nem à contestação da vítima. O judiciário norte-americano adotou uma abordagem extremamente deferencial em relação à tomada de decisão acusatória.[97]

Tal postura do Poder Judiciário dos Estados Unidos tem origem no Mandado de *Nolle Prosequi*, um instituto do *Common Law* utilizado pelo Attorney General inglês que lhe conferia o poder absoluto de extinguir uma ação penal sem necessidade de fundamentação.[98] Ensina, a propósito, Yue Ma:

> A origem dessa abordagem deferencial pode remontar à segunda metade do século XIX, quando os promotores públicos ganharam proeminência. A autoridade do promotor de não mover ações ou de desistir daquelas

---

[96] WROBLESKI, Henry M.; HESS, Kären M. **Introduction to Law Enforcement and Criminal Justice.** 8 ed. Belmont, CA: Wadsworth Publishing, 2005. p. 457. Tradução livre da autora: "O membro do Ministério Público escolhe os casos a serem julgados, seleciona as acusações que devem ser levadas para o tribunal, recomenda o valor da fiança exigida para a liberdade provisória, aprova quaisquer acordos negociados com o réu e insta os juízes a impor determinadas sentenças".

[97] MA, Yue. Explorando as origens da ação penal pública na Europa e nos Estados Unidos. Tradução: Adauto Villela. Revisão e Adaptação: Bruno Amaral Machado. **MODELOS DE MINISTÉRIO PÚBLICO.** Revista do CNMP,n. 1. Brasília, CNMP, 2011. p. 34.

[98] MA, Yue. Op. cit. A discricionariedade do Promotor de Justiça e a transação penal nos Estados Unidos, França, Alemanha e Itália: uma perspectiva comparada. Tradução: Adauto Villela. Revisão e Adaptação: Bruno Amaral Machado. **MODELOS DE MINISTÉRIO PÚBLICO.** Revista do CNMP,n. 1. Brasília, CNMp. 2011. p. 195.

> já iniciadas derivava do poder do procurador-geral inglês de apresentar o mandado de *nolle prosequi* (...). O poder do promotor de exercer essa autoridade foi apoiado pelos tribunais desde o começo da existência da nação norte-americana. (...) os juízes julgaram de maneira consistente que o judiciário não poderia compelir os promotores a apresentarem acusações quando estes estivessem decididos a não fazê-lo.[99]

Dessa maneira, há inúmeros precedentes judiciais referendando a discricionariedade absoluta do Ministério Público americano, com ampla possibilidade de realizar acordos de colaboração com o réu. Um tribunal de Massachusetts, por exemplo, no caso *Commonwealth v. Wheeler*, em decisão de 1806, já deixava claro que "o poder de apresentar um *nolle prosequi* deve ser exercido conforme a discrição do promotor que inicia a ação em nome do governo, e por esse exercício apenas ele é o responsável."[100]

O Tribunal de Recursos do Estado de Illinois decidiu, no caso *People v. Tabash*, de 1882, que:

> o promotor está dotado por lei de uma ampla discrição para processar infratores da lei. Ele tem autoridade para promover ações penais públicas, conforme as informações de que dispuser, e de descontinuá-las quando, de acordo com seu próprio julgamento, os fins da justiça houverem sido alcançados.[101]

A própria Suprema Corte norte-americana tem referendado continuamente a discricionariedade dos membros do Ministério Público Federal, como nos casos *United States v. Chemical Foundation* (1926), *United States v. Goodwin* (1982) e *Wayne v. United States* (1985). Basicamente a Corte Suprema decidiu que os tribunais não devem interferir nas tomadas de decisão dos membros do Ministério Público, chegando a firmar o entendimento de que:

---

[99] MA, Yue. MA, Yue. Explorando as origens da ação penal pública na Europa e nos Estados Unidos. Tradução: Adauto Villela. Revisão e Adaptação: Bruno Amaral Machado. **MODELOS DE MINISTÉRIO PÚBLICO.** Revista do CNMP,n. 1. Brasília, CNMP, 2011. p. 34.

[100] MA, Yue. Op. cit., p. 34.

[101] MA, Yue. Op. cit., p. 34.

> Desde que o promotor tenha motivos plausíveis para acreditar que o acusado cometeu um crime definido em lei, a decisão de promover ou não a ação penal, bem como a decisão de qual acusação formular ou levar ao júri de acusação, em geral, cabe inteiramente à sua discrição.[102]

No caso *Santobello v. New York* (1971), a Suprema Corte considerou o *plea bargaining* um componente essencial da administração da justiça e que, bem utilizado, deve ser encorajado, tanto por razões econômicas quanto por se tratar de um justo processo de concessões mútuas.[103]

No caso *Bordenkircher v. Hayes* (1978) a Suprema Corte americana reiterou o reconhecimento da legalidade da pena negociada entre acusação e defesa, ressaltando que o réu, representado por advogado e protegido pelas salvaguardas processuais, seria capaz de "fazer uma escolha inteligente em resposta à persuasão da promotoria."[104]

De acordo com Yue Ma, "A expansão dos poderes do Ministério Público, somada ao relaxamento da supervisão judicial, fez do promotor de justiça a figura verdadeiramente mais importante da administração da Justiça Penal nos Estados Unidos"[105], tanto que mais de 90% (noventa por cento) dos processos criminais são encerrados por meio de confissões resultantes de acordos de *plea bargaining*, o que retrata a predominância do papel do membro do Ministério Público na resposta do Estado com relação à aplicação da pena.

---

[102] MA, Yue. MA, Yue. Explorando as origens da ação penal pública na Europa e nos Estados Unidos. Tradução: Adauto Villela. Revisão e Adaptação: Bruno Amaral Machado. **MODELOS DE MINISTÉRIO PÚBLICO.** Revista do CNMP,n. 1. Brasília, CNMP, 2011. p. 35.

[103] MOREIRA, José Carlos Barbosa. O processo penal norte-americano e sua influência. **Revista de Processo**, vol. 103, julho-setembro 2001. p. 96.

[104] MA, Yue. A discricionariedade do Promotor de Justiça e a transação penal nos Estados Unidos, França, Alemanha e Itália: uma perspectiva comparada. Tradução: Adauto Villela. Revisão e Adaptação: Bruno Amaral Machado. **MODELOS DE MINISTÉRIO PÚBLICO.** Revista do CNMP,n. 1. Brasília, CNMp. 2011. p. 196.

[105] MA, Yue. Op. cit., p. 193.

A colaboração premiada, assim, nada mais é, nos Estados Unidos, do que o acordo realizado entre o *Prosecutor* e o acusado de compor organização criminosa (*conspiracy*), em que, dentre as concessões negociadas, está a de revelar os nomes de seus comparsas e a estrutura da organização. Stephen Trott cita vários casos em que a utilização do depoimento de um réu colaborador foi crucial para o êxito do processo nos Estados Unidos:

> Jimmy, o Doninha Frattiano, pode ser usado para derrubar a Máfia da Costa Oeste; Sammy, o Touro Gravano, para remover o chefe John Gott; e Michael Fortier para proporcionar um depoimento destruidor e explosivo para Timothy McVeigh no caso da bomba no Prédio Federal em Oklahoma.[106]

Stephen Trott cita, ainda, o caso do Promotor Vincent Bugliosi, do caso Tate-LaBianca, que "usou destramente membros da Família Manson para derrubar seu confiante líder, o próprio Charles Manson[107]. Lembra, também, o referido autor, que "Até mesmo o Presidente Nixon foi retirado do mais elevado posto da nação com a ajuda do depoimento de seus mais próximos confidentes".[108]

Para Trott, "A lista de sucessos é comprida e impressionante", citando inclusive precedente da Suprema Corte americana, em *Kastigar v. United States,* que decidiu que as leis que preveem imunidade aos colaboradores "refletem a importância da prova testemunhal e o fato de que muitos crimes são do tipo de que as únicas pessoas aptas a dar depoimentos úteis são aquelas nele implicadas".[109]

---

[106] TROTT, Stephen. O uso de um criminoso como testemunha: um problema especial. Tradução: Sergio Fernando Moro. **Revista CEJ**. Centro de Estudos Judiciários do Conselho da Justiça Federal. V. 11, n. 37, abr/jun 2007. p. 69.

[107] TROTT, Stephen. Op. cit., p. 69.

[108] TROTT, Stephen. Op. cit., p. 69

[109] TROTT, Stephen. Op. cit. 69.

Nesse mesmo sentido decidiu o juiz federal Learned Hand, em *United States v. Dennis:*

> As cortes têm apoiado o uso de informantes desde tempos imemoriais; em casos de consipiração ou em casos nos quais o crime consiste em preparar para outro crime, é usualmente necessário confiar neles ou em cúmplices porque os criminosos irão quase certamente agir às escondidas.[110]

A negociação entre acusador e acusado em troca de mútuos benefícios foi registrada, por exemplo, quando o mafioso Charles "Lucky" Luciano, preso em Nova York e condenado a quarenta anos de prisão, aceitou colaborar com o serviço secreto americano durante a segunda guerra mundial. Segundo David Southwell, "Um acordo firmado entre o líder da gangue americana de origem siciliana "Lucky" Luciano e os militares dos EUA viu a máfia ajudar na invasão aliada da Sicília em 1943".[111] Os soldados da *Cosa Nostra* guiaram as tropas acenando lenços em que estava marcada a letra "L", que para os soldados americanos significava "liberdade" (*Liberty*) mas, no fundo, o "L" era de "Lucky Luciano".[112]

Foi através da colaboração premiada do mafioso Joe Valachi, na década de cinquenta, que se pôde descobrir a estrutura e os nomes dos membros das "Cinco Famílias" da Máfia de Nova Iorque. No caso "Apalachin", quase 100 (cem) membros da Máfia americana se reuniram no citado local, ao norte de Nova Iorque, em 1957, e foram flagrados pela polícia do Estado, 58 (cinquenta e oito) foram presos e colaboraram: "Os homens capturados declinaram quem era quem da máfia, incluindo expoentes como Joe Profaci, Vito Genovese, Santo Trafficante Jr. e Carlo Gambino."[113] No cinema, a história do colaborador de Justiça

---

[110] TROTT, Stephen. Op. cit., p. 74.

[111] SOUTHWELL, David. **A história do crime organizado.** Tradução: Ciro Mioranza. São Paulo: Escala, 2013. p. 34/36.

[112] MAIEROVITCH, Wálter Fanganiello. Op. cit., p. 13/14.

[113] SOUTHWELL, David. Op. cit., p. 51.

e ex-mafioso Henry Hill foi mostrada no filme de Martin Scorsese intitulado "Os bons companheiros" (*The Goodfellas*).

A colaboração premiada nos Estados Unidos é uma das técnicas mais eficazes de combate ao crime organizado, muito em razão do êxito do seu Programa de Proteção a Vítimas e Testemunhas (*Witsec*). Referido país não só tem o melhor e mais eficiente programa de proteção a testemunhas do mundo, mas foi o primeiro país a criar um programa oficial desse gênero.[114] Segundo José Braz da Silveira:

> O Serviço Marshall foi criado nos Estados Unidos, em 1789, visando reforçar as Leis Federais, proteger Juízes Federais, Jurados e, em determinadas ocasiões, também o Presidente da República, até a criação do serviço secreto com essa finalidade específica. Em 1970, entretanto, o Congresso dos Estados Unidos aprovou a chamada Lei do Crime Organizado, dando missão específica ao Marshall, criando o Programa de Segurança da Testemunha ou simplesmente Programa Witsec que passou a operar em 1971. Adota até hoje o lema "Testemunho: Proteção para o Resto da Vida.[115]

Analisada a colaboração premiada nos Estados Unidos da América, cumpre investigar como a Itália, país de tradição jurídica diversa, adotou o instituto. É o que se verá a seguir.

1.3.2 Colaboração Premiada na Itália: o "Pentitismo" e os "Collaboratori di Giustizia"

O uso da colaboração premiada nos Estados Unidos da América é, sem sombra de dúvidas, uma das técnicas exitosas de combate ao crime organizado, e certamente serviu de inspiração ao Magistrado italiano Giovanni Falcone quando, na década de oitenta, anteviu a possibilidade de extrair de Tommaso Buscetta os segredos da Máfia Siciliana.

---

[114] SILVEIRA, José Braz da. **Proteção à testemunha e o crime organizado no Brasil.** Curitiba: Juruá, 2010. p. 31.

[115] SILVEIRA, José Braz da. Op. cit., p. 32.

De fato, Falcone defendia arduamente o uso da colaboração premiada na Itália, como bem anota Wálter Fanganiello Maierovitch, lembrando que referido magistrado:

> Frisou não bastar a previsão legal do instituto do pentimento[116], mas garantir, até com a remoção para outro país, a vida e a subsistência do delator arrependido. Em abono à tese da premiação ao arrependido, invocou o secular ensinamento do jurista alemão Ihering: 'como dizia Ihering, um dia os juristas tornarão a ocupar-se do direito premial e o farão quando pressionados pela necessidade prática..., não tanto no interesse do aspirante ao prêmio, mas no superior interesse da coletividade.[117]

Mesmo sem a previsão expressa do instituto do *plea bargaining* anglo-saxão no direito italiano, há registros de arrependidos na máfia, ainda que antes da década de oitenta. Em 1911 um membro da Camorra quebrou o código de silêncio e delatou os comparsas investigados por um homicídio, o que ensejou o "processo contra os Camorristas", quando 35 (trinta e cinco) importantes membros da organização foram presos e condenados.

Todavia, o processo penal italiano, além de não tipificar, à época, especificamente o crime de associação mafiosa, não trazia a figura da colaboração premiada (*pattegiamento*) como incentivo à quebra da *omertà*. A impossibilidade de realização de acordos vantajosos para a defesa não estimulava mafiosos presos a delatar seus chefes e delitos, de modo que não se combatiam, efetivamente, as organizações criminosas na Itália. Ousasse algum ex-membro de organização criminosa falar, além de correr risco de vida - ele e seus familiares - obtinha apenas a simples atenuante da confissão, sem qualquer garantia de proteção efetiva do Estado, eis que sequer um Programa de Proteção a Vítimas e Testemunhas existia.

---

[116] "Arrependimento", como forma de colaboração premiada do criminoso arrependido. A expressão suargiu da imprensa, ao cobrir o fenômeno das sucessivas colaborações premiadas na Itália.

[117] MAIEROVITCH, Wálter Fanganiello. A matriz terrorista do crime organizado. **Justiça Penal, críticas e sugestões. O crime organizado (Itália e Brasil): a modernização da lei penal**. Coordenador: Jaques de Camargo Penteado. São Paulo: Editora Revista dos Tribunais, 1995. p. 95/96.

Sem técnicas especiais de investigação por parte do Estado, o crime organizado floresceu na Itália no século XX. Com efeito, após a Segunda Guerra Mundial as máfias italianas viveram clara ascensão, mormente após a suposta aliança da Máfia da Sicília com representantes do Partido Democrata Cristão, o mais importante partido da Itália nas quatro décadas seguintes à grande guerra. Há quem diga que a 'Ndrangheta Calabresa também se aliou ao partido e, "com sua ajuda a 'Ndrangheta roubou milhões de dólares de projetos do governo e conseguiu assumir o controle da maior parte do trabalho de construção da região".[118]

Também há registros de que a Camorra napolitana se utilizou do braço governamental para cometer crimes: "A Camorra usou milhões de dólares de fundos governamentais roubados, destinados a reconstruir Nápoles após o terremoto da Irpínia, em 1980, para investir pesadamente em empresas legítimas em toda Europa".[119]

Contudo, até o início dos anos oitenta, apesar de algumas investigações e processos pontuais contra membros de organizações criminosas na Itália, o certo é que sequer se admitia oficialmente a existência da Máfia na Sicília ou de qualquer organização criminosa no país. Ninguém "de dentro" falava e ninguém de fora investigava com profundidade; se investigava, era assassinado.

Foi com a colaboração premiada de Tommaso Buscetta, na década de oitenta, que tudo veio à tona. Segundo David Southwell:

> Até a década de 1980 e a quebra do código de *omertà* por Tommaso Buscetta, a posição oficial do Ministério do Interior e de outras autoridades italianas responsáveis pelo combate ao crime organizado era de que não havia tal coisa como uma "máfia italiana".[120]

---

118 SOUTHWELL, David. **A história do crime organizado.** Tradução: Ciro Mioranza. São Paulo: Escala, 2013. p. 17.

119 SOUTHWELL, David. Op. cit., p. 16/17.

120 SOUTHWELL, David. Op. cit., p. 29.

Sem dúvidas essa negação oficial permitiu que as organizações criminosas atuassem na Itália sem maiores perturbações desde a perseguição contra eles, durante a Segunda Guerra Mundial, por parte de Mussolini.[121]

É certo que a colaboração premiada de Tommaso Buscetta foi possível em razão de alguma previsão legislativa. Os atentados terroristas ocorridos na Itália na década de 1960 estimularam a elaboração de leis prevendo prêmios a réus colaboradores, a partir do consenso de que ouvir alguém "de dentro" da organização criminosa seria a melhor forma de obter provas contra ela. A primeira norma a tratar do assunto foi a Lei n. 497/1974, que estabeleceu uma atenuante ao partícipe do crime de extorsão mediante sequestro que auxiliasse a vítima a fugir sem o pagamento do resgate.

Em seguida, adveio o Decreto-Lei n. 625/1979, convertido posteriormente na Lei n. 15/1980 (*Legge Cossiga*), que estabeleceu a possibilidade de colaboração premiada para os crimes de terrorismo e eversão da ordem democrática. Os benefícios consistiam na substituição da prisão perpétua pela reclusão de 12 (doze) a 20 (vinte) anos e a possibilidade de diminuição das demais penas de um terço à metade.[122]

A Lei n. 689/1981, por seu turno, previu a figura da "*Applicazione della pena su richiesta delle parti*" (uma espécie de aplicação direta de pena a partir de um acordo entre as partes). Em 1982 surgiu a Lei n. 304, que aumentou o *quantum* das atenuantes ao *collaboratore* (colaborador),

---

121 De fato, Benito Mussolini declarou guerra contra a Máfia Siciliana, referindo que tinha "o poder para resolver o problema do Mezzogiorno (sul da Itália)" e para tanto nomeou Cesare Mori como Prefeito de Palermo, que ficou conhecido como "Prefeito de Ferro", tendo iniciado uma série de prisões em massa para combater os criminosos da cidade. Ele deixou a Sicília em 1929, com 11 (onze) mil homens presos e a afirmação de que havia erradicado dali o crime organizado. Com a guerra, porém, a Máfia encontrou, na desorganização e escassez, terreno fértil para renascer. A propósito, ver SMITH, Jo Durden. Op. cit., p. 131/135.

122 BITTAR, Walter Barbosa. Delação Premiada no Brasil e na Itália: Uma análise comparativa. **Revista Brasileira de Ciências Criminais.** Vol. 88/2011. p. 225-269. Jan-Fev/2011. DTR/2011/1098. p. 229.

além de beneficiar também a mera dissociação da organização criminosa[123] (confissão e declaração do afastamento do grupo, casos em que o réu era considerado "dissociado").[124]

Além das leis prevendo benefícios a réus colaboradores, o panorama de combate ao crime organizado na Itália ganhou, em 1982, a lei conhecida como "*Rognoni-La Torre*", que tipificou o crime específico de associação mafiosa.[125] Pela primeira vez a lei falava expressamente em "Máfia". A tipificação trazida pela Lei "*Rognoni-La Torre*", aliada a novas técnicas de investigação e a previsão da colaboração premiada e, por que não dizer, à vontade individual e ao talento do magistrado Giovanni Falcone e de seu amigo de infância e colega Paolo Borselino, permitiram o início de uma investigação concreta contra a Máfia siciliana.

Segundo Cawthorne:

> A lei antimáfia foi motivo para otimismo para dois magistrados. Giovanni Falcone e Paolo Borselino haviam nascido em Palermo e trabalhado nos redutos da Máfia de Monreale, Agrigento e Trapani antes de serem transferidos de volta à sua cidade natal. Lá, Falcone assumiu um cargo na seção de falência, na qual se tornou especialista em contabilidade forense.[126]

---

123 BITTAR, Walter Barbosa. Op. cit., p. 229. Posteriormente, em 1987, adveio a Lei n. 34, de 18 de fevereiro, que redefiniu a "dissociação", sempre em busca da recuperação dos jovens envolvidos no terrorismo relacionado à luta política.

124 Segundo Ada Pellegrini Grinover, o "dissociado" é o coautor nos casos de terrorismo "que, antes da sentença condenatória, se empenha com eficácia para elidir ou diminuir as consequências danosas ou perigosas do crime ou para impedir a prática de crimes conexos e confessa todos os crimes cometidos: obtém como benefício a diminuição especial da pena de um terço (não podendo superar os quinze anos) e substituição da pena de prisão perpétua pela de reclusão de quinze a vinte e um anos". GRINOVER, Ada Pellegrini. O crime organizado no sistema italiano. **Revista Brasileira de Ciências Criminais.** Vol. 12/1995. p. 76/86. Out - Dez /1995. p. 78.

125 Associação formada por três ou mais pessoas em que os que a integram se valem da força de intimidação do vínculo associativo e da condição de sujeição e silêncio que dela deriva para cometer crimes, para adquirir de modo direto ou indireto a gestão ou o controle de atividades econômicas, de concessões, autorizações, empreitadas e serviços públicos, ou para auferir proveitos ou vantagens justas para si ou para outrem, conforme GRINOVER, Ada Pellegrini. Op. cit., p. 81.

126 CAWTHORNE, Nigel. Op. cit., p. 229.

Alessandra Dino, em abordagem sobre o trabalho de Giovanni Falcone e Paolo Borselino, explica que:

> Os magistrados – graças às novas técnicas de investigação bancária e às novas modalidades criminais introduzidas em setembro de 1982 pela lei conhecida como Rognoni-La Torre – finalmente têm condições de reconstruir a rede de conexões e de associações que envolvem centenas de afiliados e de adeptos, responsabilizados por condutas penalmente relevantes que vão da simples associação mafiosa ao homicídio, à lavagem de dinheiro, ao narcotráfico e assim por diante.[127]

A figura do "magistrado incorruptível" associada a Giovanni Falcone certamente inspirou gerações de policiais, membros do Ministério Público e Juízes a combater a corrupção e o crime organizado, não só na Itália como no mundo todo. Afinal, "a bravura de certos indivíduos tem sido muitas vezes tudo o que tem protegido a sociedade contra a crescente onda de criminalidade".[128]

De fato, a confiança que especialmente Giovanni Falcone inspirava, por suas seriedade e correição, permitiu a colaboração premiada de Tommaso Buscetta. Ambos eram sicilianos, falavam o mesmo dialeto, sabiam o que era, realmente, conviver com a Máfia, ainda que em lados diametralmente opostos.

Segundo Jo Durden Smith:

> Falcone era um homem sério; Buscetta também. Quando finalmente se encontraram no presídio de Rebibia, em Roma, devem ter-se reconhecido. Buscetta começou a falar e continuou falando durante quase dois meses – e o que disse abalaria a Máfia até os alicerces, nos dois lados do Atlântico.[129]

O que Tommaso Buscetta falou abalou, de fato, os dois lados do Atlântico. Ele, que era conhecido como "o senhor de dois mundos", era o representante da Máfia Siciliana na América, e o conteúdo de sua

---

[127] DINO, Alessandra. **Os últimos chefões: investigação sobre o governo da Cosa Nostra**. São Paulo: Editora Unesp, 2013. p. 67.

[128] SOUTHWELL, David. Op. cit., p. 247.

[129] SMITH, Jo Durden. SMITH, Jo Durden. **A História da Máfia**. Tradução: Beatriz Medina. São Paulo: M. Books do Brasil Editora, 2015. p. 162.

colaboração premiada serviu tanto ao "maxiprocesso" de Palermo, na Sicília, como à ação que combateu à Máfia em Nova York.

Não restam dúvidas de que a colaboração premiada do *pentito* Tommaso Buscetta foi de extrema importância, tanto por ter sido o primeiro membro da Máfia Siciliana a confessar espontaneamente, como por ter exposto todas as estruturas da *Cosa Nostra* na Itália e na América. A cooperação iniciada por Falcone com as autoridades americanas possibilitou a proteção de Buscetta nos Estados Unidos, tendo seu depoimento ocasionado inúmeras prisões de chefes mafiosos em Nova York e na Sicília.[130]

Por tudo isso, foi a partir da colaboração premiada de Tommaso Buscetta, seguida de outros colaboradores, que a Máfia Siciliana começou a ser reconhecida e combatida. Segundo Alessandra Dino:

> As declarações dos primeiros colaboradores de justiça começam a elucidar o universo mafioso, contribuindo para revelar suas tramas mais ocultas e os protagonistas que até aquele momento haviam permanecido nas sombras. A diligência do Estado parece despertar de repente em Palermo, Nápoles, Messina, Agrigento, assim como em Milão, Gênova e Turim; as prisões por associação mafiosa atingem não só o proletariado criminoso, mas também os setores da classe dirigente e do mundo profissional, até quase tocar os palácios da política e das instituições.[131]

As investigações de Giovanni Falcone deram ensejo ao famoso "maxiprocesso" de Palermo, Sicília, em que mais de 400 (quatrocentas) pessoas foram acusadas:[132]

---

[130] SMITH, Jo Durden. Op. cit., p. 21/22.

[131] DINO, Alessandra. **Os últimos chefões: investigação sobre o governo da Cosa Nostra**. São Paulo: Editora Unesp, 2013. p. 67.

[132] "Um tribunal subterrâneo especial do tamanho de um pequeno estádio desportivo foi construído perto da prisão de Ucciadorne, em Palermo. A fortaleza de concreto reforçado foi então cercada por arame farpado e protegida por 3 mil soldados e um tanque. Trinta celas, cada uma grande o bastante para abrigar 20 réus, foram montadas dentro dos muros da fortaleza e uma dúzia de mesas foi instalada para os advogados e as testemunhas. Observando todo o espetáculo havia uma galeria pública, onde mil espectadores se sentavam por trás de um vidro à prova de balas e assistiam aos procedimentos". CAWTHORNE, Nigel. Op. cit., p. 231/232.

> Em 10 de fevereiro de 1986, diante da 1ª Sessão do Tribunal Criminal de Palermo, presidida por Alfonso Giordano, começa o processo de julgamento contra Giovanni Abbate + 474, que passará à história como o 'maxiprocesso' contra a Máfia.[133]

A denúncia do "maxiprocesso" contava com mais de oito mil páginas e incluía, além do depoimento de Tommaso Buscetta e farta documentação, "o depoimento de vários *pentiti*, entre eles um aliado e amigo íntimo de Tommaso Buscetta".[134] O "maxiprocesso" tornou usual, assim, a expressão "*pentitismo*", já existente desde a década de 1970, em razão dos dissociados do terrorismo, para definir o comportamento dos ex-mafiosos que decidiam por colaborar com as investigações, quebrando o pacto de silêncio e lealdade firmado com a entidade criminosa.

Salvatore Lupo afirma que:

> A novidade do maxiprocesso é que os mafiosos falam no tribunal: portanto estamos diante não de um progressivo embrutecimento do direito, como se vem afirmando, mas diante do ingresso no mecanismo da garantia processual de um fenômeno anteriormente deixado à relação pessoal e necessariamente ambígua entre mafioso e policial.[135]

Ou seja, mafiosos já falavam informalmente com a polícia, ainda que pela via de cartas anônimas ou em conversas *in off*, visando a prejudicar inimigos, mas o rompimento oficial da *omertà* ocorreu, de fato, com o depoimento de Tommaso Buscetta e outros *pentiti* no "maxiprocesso".

Pois bem. As posteriores condenações, nesse caso, somente foram possíveis em razão, principalmente, dos depoimentos dos colaboradores de justiça, cujos testemunhos foram confirmados pelas provas de corroboração (*corroborative evidence)*. Novamente Alessandra Dino esclarece:

> A reconstrução do organograma mafioso e a identificação dos papéis e funções atribuídos aos diversos níveis de comando de sua pirâmide

---

[133] DINO, Alessandra. Op. cit., p. 68.

[134] SMITH, Jo Durden. Op. cit., p. 168.

[135] LUPO, Salvatore. **História da Máfia: das origens aos nossos dias.** Tradução: Álvaro Lorencini. São Paulo: Unesp, 2002. p. 390/391.

> hierárquica foram possíveis graças à contribuição dos colaboradores de justiça e alicerçadas pela abundante quantidade de investigações patrimoniais e bancárias. Surge naqueles dias aquilo que, na simplificação jornalística, será conhecido como o teorema Buscetta.[136]

Segundo Walter Barbosa Bittar,

> o resultado de alguns processos, entre eles o "maxiprocesso" e a repetição de gravíssimos fatos sangrentos começam a fazer com que políticos acreditem que uma normatividade premial possa trazer benefícios, também, na luta contra o fenômeno mafioso.[137]

Desse modo, novas leis surgiram ampliando benefícios aos réus colaboradores, além das já existentes. Nesse contexto surgiu o *"Testo Unico sulla droga"*, a Lei Antitóxicos italiana (DPR[138]n. 309/1990), que trouxe a previsão expressa de atenuantes para colaboradores envolvidos na produção e no tráfico ilícito de entorpecentes (parágrafo 7 do artigo 73) e no crime de associação para o tráfico ilícito de drogas (parágrafo 7 do artigo 74).

Após o assassinato do juiz Rosário Livatino[139] pela Máfia e a pressão dos magistrados sicilianos, adveio a Lei de Proteção a colaboradores e testemunhas (Decreto-Lei n. 8/1991, convertido na Lei n. 82, de 15 de março do mesmo ano), em muito influenciada por Giovanni Falcone, que sempre argumentava em favor da total proteção aos réus colaboradores, como ocorre nos Estados Unidos.

Referida lei, pela primeira vez utilizou a expressão *"collaboratore di Giustizia"* (colaborador de Justiça), enquanto as normas anteriores

---

[136] DINO, Alessandra. Op. cit., p. 58.

[137] BITTAR, Walter Barbosa. BITTAR, Walter Barbosa. Delação Premiada no Brasil e na Itália: Uma análise comparativa. **Revista Brasileira de Ciências Criminais.** Vol. 88/2011. p. 225-269. Jan-Fev/2011. DTR/2011/1098. p. 230.

[138] Decreto Del Presidente Della Repubblica.

[139] A Igreja Católica, através do Papa Francisco, beatificou, em 09 de junho de 2021, o juiz italiano Rosário Livatino, considerado "Mártir da Justiça e da Fé", a ser lembrado todo dia 29 de outubro (https://www.vaticannews.va/pt/papa/news/2021-05/livatino-beato-o-papa-martir-justica.html. Acesso em 15 de junho de 2021).

falavam apenas em "*collaboratore*". Na mesma época foi publicado o Decreto-Lei n. 152/1991, convertido na Lei n. 203/1991, que estabeleceu no artigo 8º mais benefícios para os réus colaboradores, além de prever aumento de pena para quem facilita a associação mafiosa ou se vale de sua condição intimidativa (art. 7º).[140]

Tudo isso aumentou o número de réus colaboradores protegidos pelo Programa de Proteção a vítimas e testemunhas, principalmente após a posterior Operação Mãos Limpas (*Mani Pulite*): "Os casos de admissão ao programa e às medidas especiais de proteção passam de 17 unidades, em 1992, a 98 unidades em 1993, aumentando ainda em 1994 (282 unidades) e em 1995 (397 unidades)".[141]

Os acordos de colaboração premiada incluíam também, ao menos em parte, a recuperação do produto do crime, como no caso do tesouro do *Capo* Salvatore Totó Riina, que foi encontrado graças à colaboração de seu joalheiro e ex-homem de honra, o *pentito* Francesco Geraci, tendo sido apreendidos, em 27 de setembro de 1996:

> Colares, brincos, uma dezena de relógios *Cartier* de ouro (um deles cravejado de diamantes, no valor de 80 milhões de liras), 1.500 dólares, 400 libras esterlinas de ouro, quatro medalhas comemorativas dos Mundiais de futebol de 1990, também de ouro, com gravações dos nomes dos quatro filhos, um grande crucifixo de ouro com mais de quinze incrustações de diamantes, libras, 5 quilos de ouro em lingotes e outros objetos preciosos, num valor total de mais de 2 bilhões de liras, à época.[142]

No final de 1991 e início de 1992 duas normas fortaleceram os órgãos de investigação e acusação contra o crime organizado na Itália: o Decreto-Lei n. 345/1991, convertido na Lei n. 410/1991, que tratou da coordenação de atividades informativas e investigativas,

---

[140] BITTAR, Walter Barbosa. Op. cit., p. 230.

[141] DINO, Alessandra. **Os últimos chefões: investigação sobre o governo da Cosa Nostra**. São Paulo: Editora Unesp, 2013. p. 79.

[142] DINO, Alessandra. Op. cit., p. 58.

criando o Conselho Geral para a luta contra o crime organizado; e o Decreto-Lei n. 367/1991, convertido na Lei n. 08/1992, que instituiu a chamada "Super Procuradoria" para a coordenação das investigações nos casos envolvendo crime organizado e a figura do "Procurador Nacional Anti-Máfia".[143]

Enquanto isso, a reprimenda aos que romperam a *omertà*, quando não foi executada de fato, foi tentada e planejada em diversos níveis. O caso mais famoso, como já dito, foi o seqüestro e assassinato da criança Giuseppe Di Matteo, filho de 11 (onze) anos do réu colaborador Mario Santo "Santino" Di Matteo, que, após quase 03 (três) anos em cativeiro, sem que o pai desse sinais de que iria se retratar do que disse em seu acordo de colaboração premiada, foi cruelmente assassinado.

No "maxiprocesso" foram idealizadas, pelos mafiosos, procrastinações processuais que visavam, de alguma forma, soltar os réus presos e atrasar suas condenações. Quando os advogados não obtiveram êxito, os mafiosos iniciaram um plano de assassinar um dos advogados como forma de recado:

> Da cúpula da *Cosa Nostra*, portanto, parte a proposta de assassinar um ou dois entre aqueles mais destacadamente envolvidos no processo, para dar uma advertência clara e inequívoca ao foro de Palermo como um todo. O projeto, no entanto, é abandonado, pois – como contam os colaboradores – não se estabeleceu um acordo quanto ao profissional a ser assassinado, já que cada um se opunha à supressão de seu próprio advogado por temer prejudicar ainda mais sua posição no processo, acabando por propor a eliminação do defensor de outros, suscitando assim análogas reações em cadeia.[144]

Enfim, em 16 de setembro de 1987 foi proferida pelo Tribunal Criminal de Palermo, presidida pelo juiz Alfonso Giordano, a histórica

---

[143] GRINOVER, Ada Pellegrini. GRINOVER, Ada Pellegrini. O crime organizado no sistema italiano. **Revista Brasileira de Ciências Criminais.** Vol. 12/1995. p. 76/86. Out - Dez /1995. p. 82.

[144] DINO, Alessandra. Op. cit., p. 69/70.

sentença do "maxiprocesso", por meio da qual o Poder Judiciário reconheceu oficialmente, pela primeira vez, a organização criminosa *Cosa Nostra* na Sicília, com toda a sua estrutura hierárquica.

Os acordos de colaboração premiada foram considerados legítimos, como bem lembra Alessandra Dino:

> É plenamente confirmada a contribuição fornecida pelos colaboradores de justiça e é sancionada a plena aplicabilidade da Lei Rognoni-La Torre e do artigo 416-bis. Um substancial equilíbrio das penas impostas (338 condenações, 19 prisões pertétuas, 2.665 anos e 6 meses de reclusão, 114 absolvições) confirma também que as declarações dos colaboradores foram utilizadas apenas quando plenamente confirmadas pelos resultados das investigações judiciárias.[145]

O maior recado dado pela Máfia Siciliana às autoridades, em reprimenda ao "maxiprocesso", foram os assassinatos, por meio de explosão de bombas, de Giovanni Falcone, em 23 de maio de 1992, e de Paolo Borselino, em 19 de julho do mesmo ano, ambos em Palermo. Não morreram, porém, sem antes ver a semente plantada: o início da Operação Mãos Limpas (*Mani Pulite*).[146]

Em 17 de fevereiro de 1992 teve início, na Itália, a chamada Operação Mãos Limpas, com a prisão em flagrante por crime de corrupção de Mario Chiesa, político do Partido Socialista Italiano e Presidente do

---

[145] DINO, Alessandra. Op. cit., p. 75.

[146] Em verdade, Giovanni Falcone, já trabalhando no Ministério da Justiça em Roma, chegou a auxiliar os colegas da Mãos Limpas, poucos dias antes de ser assassinado: "Para reconstruir o percurso das propinas no exterior, em 15 de maio o *pool* de Milão envia à procuradora de Canton Ticino, Carla Del Ponte, uma lista de 42 nomes para verificar se existem contas deles nos bancos suíços (...). É a primeira carta rogatória da Mãos Limpas ao exterior. E está incompleta: Giovanni Falcone, que se uniu ao Ministério da Justiça como diretor geral de Assuntos Criminais, ajudará os colegas de Milão a aperfeiçoar a técnica. Falcone e Di Pietro falam-se e encontram-se." E, ainda: "Na verdade, os magistrados da Mãos Limpas tinham boas relações com Falcone. Colombo era seu amigo de longa data. Di Pietro o havia encontrado poucas semanas antes de sua morte para trocar informações sobre o sistema de propinas da Sicília (...)". BARBACETTO, Gianni; GOMEZ, Peter; TRAVAGLIO, Marco. **Operação Mãos Limpas: a verdade sobre a Operação italiana que inspirou a Lava Jato.** Porto Alegre: CDG, 2016. p. 51 e 69.

Asilo Pio Alberto Trivulzio, em Milão. Ele havia cobrado 10% (dez por cento) do valor do contrato de renovação de prestação de serviços de uma pequena empresa de limpeza industrial, cujo proprietário se chamava Luca Magni.

Tal empresário, cansado da extorsão, procurou o então Procurador da República Antonio Di Pietro. Conseguiu-se, assim, prender Mario Chiesa em flagrante na ocasião em que recebia o dinheiro. Ele pediu para ir ao banheiro tentando livrar-se de mais cédulas que portava, fruto da propina cobrada momentos antes de outro empresário, entupindo o vaso e reforçando o forte acervo probatório contra si.[147]

Abandonado pelo Partido Socialista, uma vez que seu líder, Bettino Craxi, concedeu entrevista chamando-o de "*mariuolo*" (expressão que significa algo como "ladrãozinho sem importância"), Mario Chiesa decidiu, com o apoio de seu advogado, Nerio Diodá, entrar em contato com o Procurador da República Antonio Di Pietro com a proposta de *pattegiamento* (acordo de colaboração premiada). Foram tantas informações fornecidas que a imprensa chamou Chiesa de *"il Pavarotti dei pentiti"* (o "Pavarotti dos arrependidos").[148]

Nesse ponto, fundamental perceber que foram os investigados Tommaso Buscetta e Mario Chiesa que procuraram, respectivamente, Falcone e Di Pietro, e não o contrário. Em nenhum momento as autoridades forçaram os acordos, que partiram das defesas, após a ponderação dos custos e benefícios de tal atitude.

Essa colaboração de Mario Chiesa desatou um novelo de fatos e, em consequência, novos atingidos e novas colaborações, de maneira que o que parecia de início ser um pequeno caso isolado de corrupção

---

147 GUIMARÃES, Rodrigo Régnier Chemim. **Déjà vu: diálogos possíveis entre a Operação "Mãos Limpas" italiana e a realidade brasileira**. Disponível em http://www.mpf.mp.br/regiao3/sala-de-imprensa/docs/2016/artigo-rodrigochemim-maoslimpaserealidadebrasileira.pdf Acesso em 05/07/2016.

148 GUIMARÃES, Rodrigo Régnier Chemim. Op. cit. Acesso em 05/07/2016.

num abrigo de idosos revelou-se um enorme esquema de corrupção envolvendo os dois maiores partidos da Itália: Democrata-Cristão e Socialista, espraiando-se ainda pelos demais partidos (Sociais Democratas, Liberais e Republicanos).

Como ensina José Luiz Del Roio,

> As confissões de Chiesa se revelam um fio que, sendo puxado, desmonta todo um tecido. Um encarceramento leva a outros. A cidade[149] vive dias surrealistas, quando pelas manhãs, bem cedo, ouvem-se sirenes dos carros policiais que se dirigem aos melhores quarteirões, e toda a população fica diante da televisão ou escuta nos radinhos os boletins da guerra.[150]

Formada a Força-Tarefa *Mani Pulite*[151], o *pool* de Procuradores integrado pelo Procurador-Geral Francesco Saverio Borrelli, seu vice, Gerardo D´Ambrosio e os Procuradores da República Antonio Di Pietro, Gherardo Colombo e Piercamillo Davigo, atuou firmemente, com maciço apoio da população, no combate ao crime organizado ligado à corrupção na Itália.

O sucesso inicial da Operação Mãos Limpas se deve, sem sombra de dúvidas, aos inúmeros acordos de colaboração premiada ali firmados:

> Seguem-se vereadores, secretários municipais e regionais: médios, grandes e enormes empresários privados, dirigentes de empresas municipais e estatais. (...) E todos falam, alguns imediatamente, outros depois de semanas, mas falam.[152]

As colaborações, corroboradas por provas documentais e testemunhais, fazem com que a Operação atinja muitas outras cidades italianas:

---

149 Milão.

150 DEL ROIO, José Luiz. DEL ROIO, José Luiz. **Itália: Operação Mãos Limpas. E no Brasil: quando?** São Paulo: Ícone, 1993. p. 80/81.

151 "A expressão "mãos limpas" (*mani pulite*), por sua vez, nasce no escritório de Di Pietro a partir das iniciais M e P (Mike e Papa), do alfabeto internacional (também usado pelos militares) com as quais o promotor (Papa) e o Capitão Zuliani (Mike) comunicam-se em código via rádio durante as primeiras operações, da prisão de Chiesa em diante." *In* BARBACETTO, Gianni; GOMEZ, Peter; TRAVAGLIO, Marco. **Operação Mãos Limpas: a verdade sobre a Operação italiana que inspirou a Lava Jato.** Porto Alegre: CDG, 2016. p. 39.

152 DEL ROIO, José Luiz. Op. cit., p. 81.

> A tempestade transborda os limites milaneses e devasta toda a Lombardia. Investe as médias e pequenas cidades; governos municipais são encarcerados em bloco. O sistema de *tangentopoli* demonstra-se um fenômeno muito mais enraizado e capilar do que poderia imaginar o mais ardoroso opositor.[153]

As novas provas decorrentes das colaborações alcançam finalmente toda a Itália: "A tempestade se transforma em vendaval e castiga dos Alpes à Sicília. As comunicações judiciais passam de centenas a milhares".[154] Tanto políticos como empresários foram tendo suas prisões preventivas decretadas e, diante do enorme número de provas, decidiram colaborar com a Justiça, como o maior construtor da Itália, Salvatore Ligreste, ou Silvano Larini, homem de confiança do Primeiro-Ministro Bettino Craxi.

Quanto a Craxi, investigado, após confessar nacionalmente que o esquema de financiamento ilícito de partidos de fato existia e que todos estavam envolvidos (*"se così fan tutti, salviamo tutti"*, ou seja, "se assim fazem todos, salvemo-nos todos"), fugiu para a Tunísia onde faleceu em 19 de janeiro de 2000, não antes de ser condenado, à revelia, a 25 (vinte e cinco) anos de reclusão, pela prática de corrupção[155].

Inobstante o imenso apoio popular, as reações de alguns setores contra a Operação Mãos Limpas foram imediatas. Poucas não foram as críticas de advogados e investigados à intensidade com que trabalhavam os Procuradores, que logo sofreram insinuações de que atuavam com motivações políticas, tendo sido alvo de inúmeras ofensas pessoais[156] e

---

153 DEL ROIO, José Luiz. Op. cit., p. 82.

154 DEL ROIO, José Luiz. Op. cit., p. 83.

155 SMITH, Jo Durden. SMITH, Jo Durden. **A História da Máfia**. Tradução: Beatriz Medina. São Paulo: M. Books do Brasil Editora, 2015. p. 186.

156 Para o Ministro Luís Roberto Barroso, algo similar parece ocorrer no Brasil após o auge da Operação Lava Jato: "Há em curso no Brasil um esforço imenso para capturar a narrativa do que aconteceu no país. Muita gente querendo transformar a imensa reação indignada da sociedade brasileira e de algumas de suas instituições no enfrentamento da corrupção numa trama para perseguir gente proba e honesta. E, para isso, não se hesita em lançar mão

até ameaças de morte. Foi essa, inclusive, a estratégia usada por Bettino Craxi em sua cruzada contra a *Mani Pulite:* "Começou a dizer que possuía um dossiê contra os Procuradores da República que o investigavam e informava que quando ele viesse a público 'contará horrores'".[157]

Advogados e investigados reclamavam de supostos excessos nas decretações de prisões preventivas, bem como que seu objetivo era forçar as confissões. Setores da imprensa e da política diziam que os réus eram presos para confessar. Tal afirmação era rebatida a partir da constatação de que muitos investigados soltos, "temerosos de que pudessem ser os próximos a sofrer mandados de prisão cautelar, acabaram se apresentando espontaneamente aos investigadores para depor e delatar outros casos".[158] Foi o que ocorreu com o já citado Silvano Larini, bem

---

de um conjunto sórdido de provas ilícitas, produzidas por criminosos, Deus sabe a soldo de quem. Esse processo de tentar reescrever a história, com tinturas stalinistas, produz as alianças mais esdrúxulas entre inimigos históricos. Só falta a criação de um Ministério da Verdade, como na obra 1984, de George Orwell, que vivia de reescrever a história de cada tempo, modificando os fatos. Nessa versão, tudo não passou de uma conspiração de policiais federais, procuradores e juízes, cooptados por um punitivismo insano, contra gente que conduzia a coisa pública com lisura e boas práticas. Para que não se perca a memória do país, gostaria de lembrar que: a) eu ouvi o áudio do Senador pedindo propina ao empresário e indicando quem iria recebê-la, bem como vi o vídeo do dinheiro sendo entregue; b) eu vi o inquérito em que altos dignitários recebiam propina por atos de ofício abriam *offshores* por interpostas pessoas e sem declarà-las à Receita. Subcontratavam empresas de fundo de quintal e tinham todas as despesas pagas por terceiros; c) eu vi o deputado correndo pela rua com uma mala de dinheiro com a propina recebida, numa cena que bem serve como símbolo de uma era; d) todos vimos o apartamento repleto com 51 milhões de reais, com as impressões digitais do ex-Secretário de Governo da Presidência da República no dinheiro; e) eu vi, ninguém me contou, o inquérito em que o Senador recebia propina para liberação dos pagamentos à empreiteira pela construção do estádio; f) todos vimos o diretor da empresa estatal que devolveu a bagatela de 182 milhões de reais; e g) todos vimos a usina que foi comprada por 1,2 bilhão de dólares e revendida por menos da metade do preço." BARROSO, Luís Roberto. **Sem Data Venia: um olhar sobre o Brasil e o mundo.** 1ª ed. Rio de Janeiro: História Real, 2021. Pp. 107-108.

157 GUIMARÃES, Rodrigo Régnier Chemim. Op. cit. Acesso em 05/07/2016.

158 GUIMARÃES, Rodrigo Régnier Chemim. **Déjà vu: diálogos possíveis entre a Operação "Mãos Limpas" italiana e a realidade brasileira**. Disponível em http://www.mpf.mp.br/regiao3/sala-de-imprensa/docs/2016/artigo-rodrigochemim-maoslimpaserealidadebrasileira.pdf. Acesso em 05/07/2016.

como dos empresários Cesare Romitti (da Fiat), Calisto Tanzi (da Parmalat), De Benedetti (da Olivetti), dentre inúmeros outros.

Como disse o Procurador Gherardo Colombo:

> As confissões ocorriam ou porque a pessoa submetida à investigação já havia se decidido por sua conta de fazê-las, ou por respeito ao princípio de não contradição, por exigência de respeitar a lógica: diante de tantas evidências não poderiam fazer outra coisa senão confessar.[159]

O apoio da população, com o tempo, foi diminuindo, em razão, certamente, dos 31 (trinta e um) suicídios, dentro de dois anos, ocorridos entre os investigados. Apesar de apenas um investigado ter cometido suicídio na prisão, estando os demais soltos quando ceifaram suas vidas, a tese de que as prisões eram usadas para obter confissões, reforçada por setores da imprensa, ganhou campo. O fato é que as mortes chocaram a população e, de alguma forma, diminuíram o entusiasmo dos cidadãos a favor da ação dos Procuradores.

A esse respeito ensina a professora Ada Pellegrini Grinover que:

> A *Operazione Mani Pulite*, encabeçada pelo Ministério Público, foi, de início, incondicionalmente aplaudida pela população italiana, ansiosa por ver presos e punidos os corruptos. Com o tempo, porém, o entusiasmo da sociedade foi abrindo espaço para as críticas aos métodos do Ministério Público e dos juízes das *indagini preliminari*, sobretudo pelos exageros apontados nos encarceramentos preventivos, tanto que a operação passou a ser apelidada pela imprensa de "operação algemas fáceis", sobretudo após a ocorrência de diversos suicídios de pessoas objeto de investigação, na prisão ou fora dela.[160]

A reação mais concreta contra a Operação Mãos Limpas veio com as leis. A propósito, ensina o Ministro Luís Roberto Barroso:

> Na Itália, a reação oligárquica da corrupção contra a Operação Mani Pulite (Mãos Limpas), levada a efeito entre 1992 e 1996, teve sucesso. A classe política, para resguardar a si e aos corruptos, mudou a legislação

---

[159] GUIMARÃES, Rodrigo Régnier Chemim. Op. cit. Acesso em 05/07/2016.

[160] GRINOVER, Ada Pellegrini. GRINOVER, Ada Pellegrini. O crime organizado no sistema italiano. **Revista Brasileira de Ciências Criminais.** Vol. 12/1995. p. 76/86. Out - Dez /1995. P. 84.

> para proteger os acusados de corrupção, inclusive para impedir a prisão preventiva; reduziu os prazos de prescrição; aliciou uma imprensa pouco independente e procurou demonizar o Judiciário. E tudo acabou na ascensão de Silvio Berlusconi. Não foi o combate à corrupção, mas o não saneamento verdadeiro das instituições, que impediu que a Itália se livrasse do problema.[161]

De fato, em 05 de março de 1993 foi publicado na Itália mao "*Decreto Conso*"[162], que despenalizava o crime de financiamento ilícito dos partidos, bem como introduzia novamente a exigência de sigilo das investigações, que havia sido abolida pelo Código de Processo Penal de 1988.

Em 13 de julho de 1994 – dia da semifinal da Copa do Mundo, com Itália e Bulgária na disputa, ou seja, pouca ou nenhuma atenção por parte dos cidadãos ao que ocorria no Executivo – foi aprovado o "*Decreto Biondi*"[163], conhecido como "*Salvaladri*" ("salva ladrões"), por proibir a prisão preventiva para crimes contra a Administração Pública e Sistema Financeiro, admitindo-se apenas a prisão domiciliar. A reação contrária da população foi tanta que o Parlamento não aprovou o Decreto.[164]

Outras leis vieram: a Lei n. 267/1997 ocasionou a nulidade de provas colhidas unilateralmente nas investigações Ministeriais, gerando a prescrição em vários processos da Operação Mãos Limpas; a Lei n. 234/1997 atenuou o crime de abuso de ofício, exigindo a comprovação de um elemento subjetivo específico.

O ano de 2001 trouxe muitas reformas legislativas que repercutiram no êxito dos resultados da Operação Mãos Limpas, bem como no tema

---

[161] BARROSO, Luís Roberto. **Sem Data Venia: um olhar sobre o Brasil e o mundo.** 1ª ed. Rio de Janeiro: História Real, 2020. Pp. 104-105.

[162] Levou esse nome por ter sido proposto pelo então Ministro da Justiça Giovanni Conso.

[163] De autoria do Ministro da Justiça Alfredo Biondi.

[164] Veja-se, a propósito, o excelente relato da reação legislativa à Operação Mãos Limpas no artigo de GUIMARÃES, Rodrigo Régnier Chemim. ***Déjà vu*: diálogos possíveis entre a Operação "Mãos Limpas" italiana e a realidade brasileira.** Disponível emhttp://www.mpf.mp.br/regiao3/sala-de-imprensa/docs/2016/artigo-rodrigochemim-maoslimpaserealidadebrasileira.pdf Acesso em 05/07/2016.

da colaboração premiada. A Lei n. 367/2001 previu a anulação de todas as provas obtidas mediante rogatórias, exigindo a intermediação do Ministério da Justiça. Foi ainda revogada, em 2001, a norma que tipificava o crime de contabilidade falsa (*falso in bilancio*).

Além disso, a Lei n. 45/2001 impôs um prazo de 180 (cento e oitenta) dias para a finalização do acordo de colaboração premiada, contado a partir do instante em que o investigado/réu manifestasse a vontade de colaborar, proibindo tal lei, ainda, que dois colaboradores de justiça que acusassem uma mesma pessoa tivessem o mesmo advogado.

A Lei n. 63/2001 previu a utilização apenas indireta da declaração prestada pelo colaborador antes da instrução processual, sendo ele obrigado a responder a todas as perguntas, sem o direito ao silêncio, para que se confirmasse a prova colhida sem contraditório, anteriormente, no chamado *verballe ilustrativo.*[165]

A atuação legislativa não parou por aí: a Lei n. 140, de 2003, determinou a suspensão de todos os processos contra Presidentes da República e outras autoridades. Em 2005 veio a previsão de prescrição etária e prisão domiciliar para maiores de 70 anos, norma que ficou conhecida como "*Legge salvacorrotti*" (Lei "salva corruptos"). A Lei n. 46/2006 ("*Lei Pecorella*")[166] proibiu a interposição de recursos do Ministério Público contra decisões de primeiro grau que absolvessem ou decretassem a prescrição. No mesmo ano de 2006 veio o "*Indulto Mastella*", prevendo o desconto de 03 (três) anos na pena de quem houvesse praticado crimes (inclusive contra a Administração Pública) antes de 02 de maio de 2006.

---

165 Além disso, conforme Rodrigo Régnier Chemim Guimarães, em 2001 a Itália foi o único país a votar contra o Mandado de Prisão Europeu (*mandatto de cattura europeo*), que somente foi acatado pelo país em 2005. Ver GUIMARÃES, Rodrigo Régnier Chemim. Op. cit. Acesso em 05/07/2016.

166 Em alusão ao advogado de Silvio Berlusconi, Gaetano Pecorella.

Em 2008 foi aprovada a Lei n. 124, mais uma vez suspendendo todos os processos contra o Presidente da República e outras autoridades. Foi aprovada, ainda, a Lei n. 51, de 10 de março de 2010, que dispensava o comparecimento a atos processuais, o que gerou atrasos em processos criminais. Por fim, em 2014 adveio a Lei n. 67, de 24 de dezembro de 2014, que despenalizou os crimes de sonegação fiscal.[167]

O saldo da Operação *Mani Pulite*, além da investigação de mais de 6.000 (seis mil) pessoas, com a prisão de 2.993 (duas mil, novecentos e noventa e três), foi a constatação da corrupção endêmica em toda a Itália. Nas palavras do Procurador Gerardo D'Ambrosio:

> A magistratura fez o seu dever tirando a coberta da ilegalidade que sufocava o país. O cenário é nítido, D.C e P.S.I, os dois partidos da maioria de governo, financiavam-se através de mecanismos ilícitos, baseados na corrupção. Para ativar estes mecanismos tinham ocupado os postos-chave do poder, as estatais, os organismos públicos, aparatos burocráticos etc. Este sistema envolveu, por motivos diversos, também outros partidos, inclusive oposições. Os resultados são visíveis a todos; a economia e a democracia foram poluídas e colocadas em perigo.[168]

A colaboração premiada ainda é assunto que gera polêmica na Itália, conforme ensina Ada Pellegrini Grinover:

> Quanto à luta contra o terrorismo, certamente o estabelecimento de um direito premial, favorecendo os "arrependidos", os "dissociados" e os "colaboradores" foi extremamente útil para debelar o gravíssimo fenômeno da atividade terrorista e subversiva, que tantas vítimas fez na Itália. Houve, é certo, muitas críticas ao sistema que instituiu a delação premiada. Mas acabou estabelecendo-se o consenso em torno da necessidade de medidas extremas, que representavam a resposta a um estado de verdadeira guerra contra as instituições democráticas e à segurança dos cidadãos.[169]

Essas são as linhas gerais da colaboração premiada na Itália. Impende, em seguida, tratar do instituto no direito brasileiro.

---

[167] GUIMARÃES, Rodrigo Régnier Chemim. Op. cit. Acesso em 05/07/2016.

[168] DEL ROIO, José Luiz. **Itália: Operação Mãos Limpas. E no Brasil: quando?** São Paulo: Ícone, 1993. p. 89.

[169] GRINOVER, Ada Pellegrini. O crime organizado no sistema italiano. **Revista Brasileira de Ciências Criminais.** Vol. 12/1995. p. 76/86. Out - Dez /1995. p. 84.

2
COLABORAÇÃO PREMIADA NO BRASIL

2.1 EVOLUÇÃO HISTÓRICA

Desde as Ordenações Filipinas[170] há notícia de institutos de natureza premial no Brasil, como se vê do caso do Coronel Joaquim Silvério dos Reis, que recebeu da Coroa Portuguesa a anistia de suas dívidas por ter delatado seus companheiros na Inconfidência Mineira. Assim também, na época da ditadura militar, entre as décadas de setenta e oitenta, sabe-se que a delação dos opositores ao governo era estimulada. Todavia, a colaboração premiada objeto do presente trabalho somente se faz possível em países democráticos, nos quais há mecanismos eficientes de controle judicial e, sob esse ponto de vista, é possível dizer que é instituto recente no Brasil.

Incentivos legais ao arrependimento do agente sempre houve na nossa legislação penal, como por exemplo a atenuante da confissão espontânea, prevista no artigo 65, III, d, do Código Penal, bem

---

170 Conforme lembra Andrey Borges de Mendonça, "A colaboração já era prevista: Ordenações Filipinas, Título CXVI do Livro V – 'como se perdoará aos malfeitores que derem outros à prisão' (1603-1830). MENDONÇA, Andrey Borges de. Os benefícios possíveis na colaboração premiada: entre a legalidade e a autonomia da vontade. BOTTINO, Pierpaolo Cruz; MOURA, Maria Thereza de Assis. **Colaboração Premiada.** 1. ed., 2ª tiragem. São Paulo: Editora Revista dos Tribunais, 2018. p. 75.

como as figuras da desistência voluntária e arrependimento eficaz, conforme artigo 15 do mesmo diploma, além da causa geral de diminuição da pena prevista no artigo 16 também do Código Penal (arrependimento posterior).

Ocorre que, com o aumento da criminalidade praticada por organizações criminosas, a legislação brasileira, em compasso com os demais países democráticos, evoluiu da previsão da mera atenuante de pena decorrente da confissão espontânea, passando a premiar o coautor que colabore com as investigações.

Desse modo, há previsão de prêmios aos colaboradores nas Leis n. 7.492/1986 (Lei do Colarinho Branco ou dos crimes contra o Sistema Financeiro, art. 25), 8.072/1990 (Lei dos Crimes Hediondos, art. 8º[171]), 8.137/1990 (Lei dos Crimes contra a Ordem Tributária, art. 16), 9.034/1995 (Primeira Lei do combate ao Crime Organizado, art. 6º), 9.613/1998 (Lei dos crimes de Lavagem de dinheiro, art. 1º, § 5º), 9.807/1999 (Lei de Proteção a Vítimas e Testemunhas, art. 13), 10.409/2002 (revogada Lei de Tóxicos, art. 32, § 2º), 11.343/2006 (atual Lei de Tóxicos, art. 41), 12.529/2011 (nova Lei Antitruste, art. 86), 12.846/2013 (Lei Anticorrupção, art. 16[172]) e, agora, na Lei n. 12.850/2013

---

[171] A Lei dos Crimes Hediondos também inseriu o § 4º ao artigo 159 do Código Penal, prevendo que se o crime de extorsão mediante sequestro fosse cometido por quadrilha ou bando, o coautor o denunciasse à autoridade, facilitando a libertação do sequestrado, teria sua pena reduzida de um a dois terços.

[172] Tanto a Lei Antitruste (Lei no 12.529/2011) como a Lei Anticorrupção (Lei no 12.846/2013) fizeram previsão de Acordos de Leniência, de natureza cível e pactuados entre Estado e pessoa jurídica (no caso da Lei Antitruste permite-se o acordo também com pessoa física). Para maior aprofundamento, recomenda-se a leitura de VASCO NCELOS, Beto Ferreira Martins; SILVA, Marina Lacerda e Silva. Acordo de Leniência: a prática de um jogo ainda em andamento. p. 275/301; TOJAL, Sebastião Botto de Barros; TAMASAUSKAS, Igor Sant 'Anna. A leniência anticorrupção: primeiras aplicações, suas dificuldades e alguns horizontes para o instituto. p. 238/253; MARTINEZ, Ana Paula. Parâmetros de negociação de acordo de leniência com o MPF à luz da experiência do CADE. p. 31/52., todos publicados em BOTTINI, Pierpaolo Cruz; MOURA, Maria Thereza de Assis (Coordenadores). Colaboração Premiada. 1a edição, 2a tiragem. São Paulo: Editora Revista dos Tribunais, 2018.

(nova Lei de combate ao Crime Organizado), com as posteriores alterações advindas da Lei n. 13.964/2019 (Lei Anticrime).[173]

---

[173] O Art. 14 da Lei Anticrime dispõe que: "A Lei nº 12.850, de 2 de agosto de 2013, passa a vigorar com as seguintes alterações: (...) Da Colaboração Premiada:
'Art. 3º-A. O acordo de colaboração premiada é negócio jurídico processual e meio de obtenção de prova, que pressupõe utilidade e interesse públicos.'
'Art. 3º-B. O recebimento da proposta para formalização de acordo de colaboração demarca o início das negociações e constitui também marco de confidencialidade, configurando violação de sigilo e quebra da confiança e da boa-fé a divulgação de tais tratativas iniciais ou de documento que as formalize, até o levantamento de sigilo por decisão judicial.
§ 1º A proposta de acordo de colaboração premiada poderá ser sumariamente indeferida, com a devida justificativa, cientificando-se o interessado.
§ 2º Caso não haja indeferimento sumário, as partes deverão firmar Termo de Confidencialidade para prosseguimento das tratativas, o que vinculará os órgãos envolvidos na negociação e impedirá o indeferimento posterior sem justa causa.
§ 3º O recebimento de proposta de colaboração para análise ou o Termo de Confidencialidade não implica, por si só, a suspensão da investigação, ressalvado acordo em contrário quanto à propositura de medidas processuais penais cautelares e assecuratórias, bem como medidas processuais cíveis admitidas pela legislação processual civil em vigor.
§ 4º O acordo de colaboração premiada poderá ser precedido de instrução, quando houver necessidade de identificação ou complementação de seu objeto, dos fatos narrados, sua definição jurídica, relevância, utilidade e interesse público.
§ 5º Os termos de recebimento de proposta de colaboração e de confidencialidade serão elaborados pelo celebrante e assinados por ele, pelo colaborador e pelo advogado ou defensor público com poderes específicos.
§ 6º Na hipótese de não ser celebrado o acordo por iniciativa do celebrante, esse não poderá se valer de nenhuma das informações ou provas apresentadas pelo colaborador, de boa-fé, para qualquer outra finalidade.'
'Art. 3º-C. A proposta de colaboração premiada deve estar instruída com procuração do interessado com poderes específicos para iniciar o procedimento de colaboração e suas tratativas, ou firmada pessoalmente pela parte que pretende a colaboração e seu advogado ou defensor público.
§ 1º Nenhuma tratativa sobre colaboração premiada deve ser realizada sem a presença de advogado constituído ou defensor público.
§ 2º Em caso de eventual conflito de interesses, ou de colaborador hipossuficiente, o celebrante deverá solicitar a presença de outro advogado ou a participação de defensor público.
§ 3º No acordo de colaboração premiada, o colaborador deve narrar todos os fatos ilícitos para os quais concorreu e que tenham relação direta com os fatos investigados.
§ 4º Incumbe à defesa instruir a proposta de colaboração e os anexos com os fatos adequadamente descritos, com todas as suas circunstâncias, indicando as provas e os elementos de corroboração.'
'Art. 4º ....

---

§ 4º Nas mesmas hipóteses do caput deste artigo, o Ministério Público poderá deixar de oferecer denúncia se a proposta de acordo de colaboração referir-se a infração de cuja existência não tenha prévio conhecimento e o colaborador:

....

§ 4º-A. Considera-se existente o conhecimento prévio da infração quando o Ministério Público ou a autoridade policial competente tenha instaurado inquérito ou procedimento investigatório para apuração dos fatos apresentados pelo colaborador.

....

§ 7º Realizado o acordo na forma do § 6º deste artigo, serão remetidos ao juiz, para análise, o respectivo termo, as declarações do colaborador e cópia da investigação, devendo o juiz ouvir sigilosamente o colaborador, acompanhado de seu defensor, oportunidade em que analisará os seguintes aspectos na homologação:
I - regularidade e legalidade;
II - adequação dos benefícios pactuados àqueles previstos no caput e nos §§ 4º e 5º deste artigo, sendo nulas as cláusulas que violem o critério de definição do regime inicial de cumprimento de pena do art. 33 do Decreto-Lei nº 2.848, de 7 de dezembro de 1940 (Código Penal), as regras de cada um dos regimes previstos no Código Penal e na Lei nº 7.210, de 11 de julho de 1984 (Lei de Execução Penal) e os requisitos de progressão de regime não abrangidos pelo § 5º deste artigo;
III - adequação dos resultados da colaboração aos resultados mínimos exigidos nos incisos I, II, III, IV e V do caput deste artigo;
IV - voluntariedade da manifestação de vontade, especialmente nos casos em que o colaborador está ou esteve sob efeito de medidas cautelares.
§ 7º-A O juiz ou o tribunal deve proceder à análise fundamentada do mérito da denúncia, do perdão judicial e das primeiras etapas de aplicação da pena, nos termos do Decreto-Lei nº 2.848, de 7 de dezembro de 1940 (Código Penal) e do Decreto-Lei nº 3.689, de 3 de outubro de 1941 (Código de Processo Penal), antes de conceder os benefícios pactuados, exceto quando o acordo prever o não oferecimento da denúncia na forma dos §§ 4º e 4º-A deste artigo ou já tiver sido proferida sentença.
§ 7º-B. São nulas de pleno direito as previsões de renúncia ao direito de impugnar a decisão homologatória.
§ 8º O juiz poderá recusar a homologação da proposta que não atender aos requisitos legais, devolvendo-a às partes para as adequações necessárias.

....

§ 10-A Em todas as fases do processo, deve-se garantir ao réu delatado a oportunidade de manifestar-se após o decurso do prazo concedido ao réu que o delatou.

....

§ 13. O registro das tratativas e dos atos de colaboração deverá ser feito pelos meios ou recursos de gravação magnética, estenotipia, digital ou técnica similar, inclusive audiovisual, destinados a obter maior fidelidade das informações, garantindo-se a disponibilização de cópia do material ao colaborador.

....

§ 16. Nenhuma das seguintes medidas será decretada ou proferida com fundamento apenas nas declarações do colaborador:

De acordo com o artigo 3º da Lei n. 12.850, a colaboração premiada é um dos meios de obtenção de prova admitidos no combate ao crime organizado, permitindo ao juiz, a partir de requerimento das partes, conceder o perdão judicial, reduzir em até 2/3 (dois terços) a pena privativa de liberdade ou substituí-la por pena restritiva de direitos daquele que tenha colaborado efetiva e voluntariamente com a investigação e com o processo criminal, desde que dessa colaboração advenha um ou mais dos seguintes resultados: a identificação dos demais coautores e partícipes da organização criminosa e das infrações penais por eles praticadas; a revelação da estrutura hierárquica e da divisão de tarefas da organização criminosa; a prevenção de infrações penais decorrentes das atividades da organização criminosa; a recuperação total ou parcial do produto ou do proveito das infrações penais praticadas pela organização criminosa; e a localização de eventual vítima com a sua integridade física preservada.

Em qualquer caso, conforme a previsão legal, a concessão do benefício levará em conta a personalidade do colaborador, a natureza, as circunstâncias, a gravidade e a repercussão social do fato criminoso e a eficácia da colaboração. Ademais, a depender da relevância da colaboração prestada, o Ministério Público poderá deixar de denunciar

---

I - medidas cautelares reais ou pessoais;
II - recebimento de denúncia ou queixa-crime;
III - sentença condenatória.
§ 17. O acordo homologado poderá ser rescindido em caso de omissão dolosa sobre os fatos objeto da colaboração.
§ 18. O acordo de colaboração premiada pressupõe que o colaborador cesse o envolvimento em conduta ilícita relacionada ao objeto da colaboração, sob pena de rescisão.' (NR)
'Art. 5º ....
VI - cumprir pena ou prisão cautelar em estabelecimento penal diverso dos demais corréus ou condenados.' (NR)
'Art. 7º ....
§ 3º O acordo de colaboração premiada e os depoimentos do colaborador serão mantidos em sigilo até o recebimento da denúncia ou da queixa-crime, sendo vedado ao magistrado decidir por sua publicidade em qualquer hipótese.' (NR)"

o colaborador, solicitando o arquivamento do Inquérito Policial com pedido de perdão judicial, ou mesmo requerer a aplicação do perdão ainda que não tenha sido objeto da proposta inicial de acordo.

A lei permite, ainda, que o Ministério Público deixe de oferecer denúncia se o colaborador não for o líder da organização criminosa ou se for o primeiro a prestar efetiva colaboração. Essa é, inclusive, uma inovação da lei de combate ao crime organizado: a imunidade ao primeiro que falar. Se a colaboração for posterior à sentença, a pena poderá ser reduzida até a metade ou será admitida a progressão do regime, ainda que ausentes os requisitos objetivos.

Dessa maneira, no Direito brasileiro, é possível que o coautor ou partícipe de crime, ao fornecer informações relevantes à Polícia e ao Ministério Público, mediante acordo escrito, com assessoria de advogado, obtenha benefícios que variam do perdão judicial à redução de pena ou cumprimento de pena em regime mais benéfico, desde que tudo seja homologado judicialmente.

Foi no caso conhecido como "Banestado"[174] que a técnica de realização de acordos de colaboração premiada por escrito e com cunho reparatório foi utilizada pela primeira vez no Brasil, no ano de 2003, a partir de iniciativa do Ministério Público Federal no Estado do Paraná. Pelo êxito da experiência, a Estratégia Nacional de Combate à Corrupção e à Lavagem de Ativos (ENCCLA), do Ministério da Justiça, encampou a ideia de "réu colaborador", tendo sido, por fim, promulgada a referida Lei n. 12.850/2013 (nova Lei do Crime Organizado), que disciplina o instituto utilizando-se dos parâmetros que guiaram o citado caso.

Também na denominada "Operação Lava Jato", em trâmite na Justiça Federal do Estado do Paraná, no Supremo Tribunal Federal (com relação a réus com prerrogativa de foro), e atualmente já expandida para

---

[174] Ação Penal n. 2003.70.00.056661-8, proposta pelo Ministério Público Federal perante a 2ª Vara Federal Criminal de Curitiba/PR, em face do doleiro Alberto Youssef.

outros Estados, o modelo de acordo de colaboração escrito tem sido utilizado pelo Ministério Público Federal e aceito pelo Poder Judiciário. Há notícias, ainda, de tal prática nos Estados do Rio Grande do Norte[175] e do Mato Grosso[176], com avenças firmadas entre Ministério Público e investigado, mediante cláusulas claras e benefícios expressos, tudo sujeito à homologação judicial, seguindo o modelo instituído na lei.

Analisada a evolução histórica do instituto da colaboração premiada no Brasil, há que se formular o seu conceito. É o que se fará a seguir.

2.2 CONCEITO DE COLABORAÇÃO PREMIADA

A colaboração premiada é uma técnica especial de investigação que estimula a contribuição feita por um coautor ou partícipe de crime em relação aos demais, mediante o benefício, em regra, de imunidade ou garantia de redução da pena. Esse tipo de colaboração é por demais importante na investigação de algumas espécies de crimes, como os praticados por organizações criminosas, lavagem de dinheiro e corrupção, sempre cometidos sob pacto de silêncio (*omertà*).

Há grande discussão sobre a natureza da colaboração, ou seja, se constitui meio de prova por si só, independentemente de outras provas de corroboração do depoimento do colaborador. Tanto na Inglaterra como nos Estados Unidos da América, em razão do reconhecimento de que a valoração das provas é matéria de competência exclusiva dos jurados, é possível a condenação com base apenas na palavra do colaborador, malgrado haja, em praticamente todos os julgamentos, a

---

[175] Processo n. 0133513-15.2012.8.20.0001, em trâmite perante a 4ª Vara Criminal da Comarca de Natal e Processon. 0007296-34.2011.4.05.8400, que tramita na 2ª Vara Federal da Seção Judiciária do Rio Grande do Norte.

[176] Caso que ficou conhecido como Operação "Ararath".

advertência feita pelo juiz (*warning*) dos perigos de uma condenação baseada apenas na fala do corréu.[177]

Já na Itália, o Código de Processo Penal de 1988 previu a *chiamata de correo vestita (chamada de corréu* "vestida"), ou seja, o depoimento do réu colaborador é admitido como:

> Elemento probatório, no entanto não é suficiente por si só para superar a presunção de não-culpabilidade do acusado pelo reconhecimento da sua natureza suspeitosa; exigindo o legislador a corroboração por outros elementos externos que atribuam credibilidade às informações dos arrependidos.[178]

No Brasil a colaboração premiada é considerada *meio de obtenção de prova*, e não *meio de prova*. Esse é o entendimento do Supremo Tribunal Federal externado no Acórdão do *Habeas Corpus n.* 127.483/PR. Em seu voto, o Relator Ministro Dias Toffoli foi enfático ao dizer que:

> A colaboração premiada, por expressa determinação legal (art. 3º, I, da Lei n. 12.850/2013), é um meio de obtenção de prova, assim como o são a captação ambiental de sinais eletromagnéticos, ópticos ou acústicos, a interceptação de comunicações telefônicas e telemáticas ou o afastamento dos sigilos financeiro, bancário e fiscal (incisos IV a VI do referido dispositivo legal).[179]

Do mesmo modo o Ministro Celso de Mello, que durante o referido julgamento expressamente externou que:

> O instituto da colaboração premiada, especialmente nos termos em que disciplinado pela Lei n. 12.850/2013 (arts. 4º a 7º), vem sendo reconhecido, por esta Suprema Corte, com apoio no magistério doutrinário (...) como importante instrumento de obtenção de prova, e não como meio de prova, refletindo, em seu tratamento normativo, o que se delineou, no plano das relações internacionais, na Convenção de Palermo (Artigo 26) e na Convenção de Mérida (Artigo 37), ambas subscritas pelo Brasil

---

[177] TROTT, Stephen. Op. cit., p. 80.

[178] PEREIRA, Frederido Valdez. Valor Probatório da Colaboração Processual (Delação Premiada). **Revista Brasileira de Ciências Criminais.** Vol. 77/2009. p. 175-201. Mar - Abr/2009. p. 06.

[179] STF, Tribunal Pleno, HC 127.483/PR, Rel. Min. DIAS TOFFOLI. Julgamento: 27/08/2015. Publicação: DJe- 021 DIVULG. 03/02/2016 PUBLIC 04/02/2016.

> e formalmente já incorporadas ao sistema de direito positivo interno de nosso País em virtude da promulgação, respectivamente, do Decreto n. 5.015/2004 e do Decreto n. 5.687/2006.[180]

O novo artigo 3º-A da Lei n. 12.850/2013, introduzido pela Lei Anticrime (Lei n. 13.964, de 24 de dezembro de 2019) veio consolidar o entendimento do Supremo Tribunal Federal, no sentido de que o acordo de colaboração premiada possui natureza jurídica de meio de obtenção de prova e de negócio jurídico processual:[181]

Art. 3º-A. O acordo de colaboração premiada é negócio jurídico processual e meio de obtenção de prova, que pressupõe utilidade e interesse públicos.

A Lei Anticrime reforçou então essa natureza da colaboração premiada, de meio de obtenção de prova, e não meio isolado de prova,[182] mas antes da Lei n. 13.964/2019 já era expressamente vedada a prolação de sentença condenatória com fundamento apenas nas declarações do colaborador[183]. Com efeito, de acordo com a dicção original do artigo 4º, § 16 da Lei nº 12.850/2013, nunca foi possível uma condenação com base apenas na palavra de quem acusa: "Nenhuma sentença condenatória será proferida com fundamento apenas nas declarações do agente colaborador".

A nova dicção do artigo 4º, § 16 da Lei 12.850/2013 inovou, proibindo não só a prolação de sentença condenatória baseada apenas na palavra do colaborador, mas também a concessão de medidas cautelares reais ou pessoais e o recebimento de denúncia ou queixa-crime. Assim,

---

180 STF, Tribunal Pleno, HC 127.483/PR, Rel. Min. DIAS TOFFOLI. Julgamento: 27/08/2015. Publicação: DJe-021 DIVULG. 03/02/2016 PUBLIC 04/02/2016.

181 STF, Tribunal Pleno, HC 127.483/PR, Rel. Min. DIAS TOFFOLI. Julgamento: 27/08/2015. Publicação: DJe021 DIVULG. 03/02/2016 PUBLIC 04/02/2016.

182 Art. 3º, I, da Lei nº 12.850/2013.

183 O art. 4º, § 16 da Lei 12.850/2013 dispunha que "Nenhuma sentença condenatória será proferida com fundamento apenas nas declarações do agente colaborador."

é imprescindível que o Ministério Público corrobore as afirmações do colaborador por meio de outros elementos de prova, como documentos, testemunhas, perícias etc. Reforça-se a indispensabilidade da *corroborative evidence*, isto é, da prova de corroboração.

Para Tiago Cintra Essado, considerar a colaboração premiada como meio de obtenção de prova "parece ser o enquadramento que melhor coaduna com os fins a que ela se destina, vale dizer, instrumento de repressão à criminalidade organizada".[184] Além de ser meio de obtenção de prova, pode-se dizer que a colaboração premiada é um modo de ampliar as opções de defesa do acusado, coadunando-se perfeitamente com o princípio constitucional da ampla defesa.

De fato, da forma como regulamentada, é certo dizer que a colaboração premiada é mais uma possibilidade de exercício da ampla defesa do acusado. Nesse sentido é a lição de Walter Nunes da Silva Junior, quando argumenta que os incentivos legais à confissão são "instrumentos hábeis à expansão do direito à ampla defesa no ambiente criminal".[185] Para ele, "a delação ou colaboração premiada confere ao agente colaborador benefícios legais, forma de premiação que, por via reflexa, serve, ainda que mediatamente, para o exercício efetivo do direito à ampla defesa".[186]

Importante reforçar o aspecto de Justiça Negociada, através do qual acusação e defesa barganham ganhos e perdas em prol de um ponto ótimo consistente no acordo escrito de colaboração. É conduta tradicional do direito americano, por meio do *plea bargaining*, mas com alguma resistência nos países de tradição jurídica romano-germânica, especialmente em virtude do princípio da obrigatoriedade da ação

---

[184] ESSADO, Tiago Cintra. Delação Premiada e idoneidade probatória. **Revista Brasileira de Ciências Criminais**. Vol. 101/2013. p. 203-227. mar - Abr/2013. DTR/2013/2653. p. 6.

[185] SILVA JÚNIOR, Walter Nunes da. **Curso de direito processual penal: teoria (constitucional) do processo penal.** 2 ed. Natal: OWL Editora Jurídica, 2015. p. 537.

[186] SILVA JÚNIOR, Walter Nunes da. Op. cit., p. 537.

penal. Aos poucos, especialmente nos casos de combate à criminalidade organizada, a técnica de negociação vem sendo adotada pelos países do *civil law*, como Itália, Espanha e Brasil.

Como bem ensina Nicolao Dino:

> A colaboração premiada consiste, basicamente, na negociação entre agentes do Estado, em especial o acusador público, de um lado, e o infrator, de outro, com vistas à obtenção de elementos úteis para a plena elucidação de fatos criminosos e a participação de outros indivíduos. Na colaboração premiada, de um modo geral, negocia-se a assunção de culpa mediante compensação, a qual, a seu turno, consiste na mitigação da resposta estatal à conduta infracional objeto da persecução.[187]

Como já dito, a Lei Anticrime reforça o caráter de negócio jurídico processual da colaboração premiada, como já referido no *Habeas Corpus n.* 127.483/PR, em que o Relator, Ministro Dias Toffoli, enfatizou que: "Além de meio de obtenção de prova, o acordo de colaboração premiada enquadra-se na categoria negócio jurídico processual", afirmando que:

> seu objeto é a cooperação do imputado para a investigação e para o processo criminal, atividade de natureza processual, ainda que se agregue a esse negócio jurídico o efeito substancial (de direito material) concernente à sanção premial a ser atribuída a essa colaboração.[188]

Alguns autores distinguem "colaboração premiada" de "delação premiada", como Luiz Flávio Gomes, que enfatiza que a colaboração por vezes se dá sem que se delatem terceiros, enquanto a delação pressupõe que se apontem os comparsas do crime.[189] Também Tiago Cintra Essado diferencia as figuras do "chamamento de corréu, delação, delação

---

[187] DINO, Nicolao. A Colaboração Premiada na Improbidade Administrativa: Possibilidade e Repercussão Probatória. **A Prova no Enfrentamento à Macrocriminalidade**. SALGADO, Daniel de Resende; QUEIROZ, Ronaldo Pinheiro de (Organizadores). Salvador: Juspodium, 2015. p. 440.

[188] STF, Tribunal Pleno, HC 127.483/PR, Rel. Min. DIAS TOFFOLI. Julgamento: 27/08/2015. Publicação: DJe-021 DIVULG. 03/02/2016 PUBLIC 04/02/2016.

[189] GOMES, Luiz Flávio. Corrupção Política e Delação Premiada. **Revista Síntese de Direito Penal e Processual Penal**, v. 6, n. 34, nov/2005. p. 18.

premiada e a colaboração premiada *stricto sensu*".[190] Para Walter Barbosa Bittar, a figura dos colaboradores ou, no direito italiano, dos arrependidos (*pentiti*), estaria ligada à conduta de efetuar "a admissão da própria responsabilidade por um ou mais delitos, acompanhada da ajuda proporcionada aos investigadores para o conhecimento do mundo criminal a que pertencia".[191]

Tal distinção perdeu um pouco do sentido após o advento da Lei n. 12.850/2013, que expressamente denominou de colaboração premiada a conduta do réu que auxilia as autoridades nos casos de crimes praticados por organizações criminosas, regulamentando todo o procedimento de colaboração.

Firmado o conceito do instituto da colaboração premiada, cumpre abordar se sua adoção no ordenamento jurídico representa, de alguma forma, uma atuação antiética por parte do Estado. É o que se fará no item seguinte.

2.3 A DISCUSSÃO SOBRE O ASPECTO ÉTICO OU NÃO DA COLABORAÇÃO PREMIADA

Com o advento da Lei n. 12.850/2013 o legislador modificou a nomenclatura do instituto, que sempre foi chamado de "delação premiada", às vezes utilizado de forma crítica para reforçar um caráter de traição e deslealdade, para denominá-lo "colaboração premiada". Ressaltou, assim, o fato positivo de que o réu, neste caso, se arrependeu e decidiu ajudar as autoridades, não importando que motivos o levaram a tanto, se reaproximando, assim, do Estado e da sociedade, com ela colaborando para a preservação das leis.

---

[190] ESSADO, Tiago Cintra. Op. cit., p. 5.

[191] BITTAR, Water Barbosa. Delação Premiada no Brasil e na Itália: Uma análise comparativa. **Revista Brasileira de Ciências Criminais.** Vol. 88/2011. p. 225-269. Jan-Fev/2011. DTR/2011/1098. p. 2.

Para Walter Nunes da Silva Júnior:

> Ao preferir a expressão colaboração, o legislador expressa preocupação ética, pois dá destaque aos benefícios que o agente traz para a sociedade com a sua ajuda na persecução criminal, não à traição aos companheiros da empresa ilícita. Em outras palavras, incentiva, por meio da premiação, a consciência da pessoa quanto a sua responsabilidade pela preservação da segurança pública, nos termos do art. 144, caput, da Constituição.[192]

A nova nomenclatura, portanto, consiste em resposta do legislador à parcela da doutrina que critica a colaboração do ponto de vista ético. Ensina ainda Walter Nunes da Silva Júnior que:

> O prêmio à colaboração é assunto de ordem ética que enseja contundente divergência entre colaboradores. (...) Note-se que a palavra delação, no seu sentido técnico, refere-se às afirmações feitas por um dos envolvidos no crime, com a propriedade de identificar a participação de outras pessoas, fornecendo detalhes sobre o ilícito, de modo que, na arena das relações pessoais, a delação pode ser vista como uma traição, o que, em rigor, seria reprovável mesmo quanto a companheiros da empresa criminosa.[193]

A discussão não é de hoje. Já no século XVIII Cesare Bonesana, o Marquês de Beccaria, em seu *Dos delitos e das Penas*, ponderava sobre o aspecto ético da colaboração premiada, nos seguintes termos:

> Alguns tribunais oferecem a impunidade ao cúmplice de grave delito que delatasse os companheiros. Tal expediente tem inconvenientes e vantagens. Os inconvenientes são que a nação estaria autorizando a delação, detestável mesmo entre criminosos, porque são menos fatais a uma nação os delitos de coragem que os de vilania: porque o primeiro não é frequente, já que só espera uma força benéfica e motriz que o faça conspirar contra o bem público, enquanto que a segunda é mais comum e contagiosa, e sempre se concentra mais em si mesma. Além disso, o tribunal mostra a própria incerteza, a fraqueza da lei, que implora ajuda de quem a infringe.[194]

---

192 SILVA JÚNIOR, Walter Nunes da. **Curso de direito processual penal: teoria (constitucional) do processo penal.** 2 ed. Natal: OWL Editora Jurídica, 2015. p. 541.

193 SILVA JÚNIOR, Walter Nunes da. Op. cit., p. 538.

194 BECCARIA, Cesare. **Dos delitos e das penas**. Tradução de J. Cretella Jr. e Agnes Cretella. 4 ed. São Paulo: Revista dos Tribunais, 2010. p. 128/129.

Ressonando as mesmas iniciais preocupações do Marquês de Beccaria, alguns doutrinadores se opõem, ainda nos dias atuais, ao instituto da colaboração premiada[195]. Todavia, Beccaria concluiu que há mais vantagens que desvantagens, para a sociedade, ao prever a colaboração premiada em suas leis, sobretudo no que diz respeito ao caráter preventivo de delitos de base associativa:

> As vantagens consistem na prevenção dos delitos relevantes, que, por terem efeitos evidentes e autores ocultos, atemorizam o povo. Além disso, contribui para mostrar que quem não tem fé nas leis, isto é, no poder público, é provável que também não confie no particular. Parece-me que lei geral, que prometesse impunidade ao cúmplice delator de qualquer delito, seria preferível a uma declaração especial em caso particular, porque assim preveniria as uniões pelo temor recíproco que cada cúmplice teria de expor-se e o tribunal não tornaria audaciosos os criminosos chamados a prestar socorro num caso particular.[196]

Explicitamente contrária ao instituto, Natália Oliveira de Carvalho considera a colaboração premiada, que chama de "delação", um "instrumento de desintegração social", "um desvalor que se choca com a concepção de Estado fundado na dignidade da pessoa humana"[197] e, para tanto, parte da premissa de que a traição, ainda que entre criminosos, é tida, desde os tempos mais remotos, como ato moralmente abominável, citando os casos de "Judas Iscariotes, que vendeu Cristo pelas célebres trinta moedas; Joaquim Silvério dos Reis, que denunciou Tiradentes, levando-o à forca; Calabar, que delatou os brasileiros, entregando-os aos holandeses".[198] A autora alega que "o Código Penal pátrio, em

---

[195] Podem ser citados Natália Oliveira de Carvalho, Jacinto Nelson de Miranda Coutinho, Edward Carvalho Rocha, Salo de Carvalho e Camile Eltz de Lima, cujas obras constam das referências bibliográficas ao final do trabalho, além das menções pontuais feitas ao longo do texto.

[196] BECCARIA, Cesare. Op. cit., p. 129.

[197] CARVALHO, Natália Oliveira de. **A delação premiada no Brasil.** Rio de Janeiro: Lumen Juris, 2009. p. 128.

[198] CARVALHO, Natália Oliveira de. Op. cit., p. 123.

evidente repúdio à perfídia, expressamente a categorizou como uma circunstância agravante[199] ou qualificadora[200] de crime".[201]

Tal raciocínio não leva em consideração, porém, o fato de que quando o legislador brasileiro quis punir de forma mais grave o crime cometido mediante traição, previu a situação em que o agente se vale da "quebra de confiança depositada pela vítima no agente"[202], ou seja, trata-se da reprovabilidade da conduta de quem, valendo-se da boa-fé de pessoa inocente, a trai. Reprova-se a traição de pessoa de boa-fé, não a traição de pessoa de má-fé, como o comparsa.

Não é correto, desse modo, concluir-se que o Código Penal brasileiro repudia a conduta do réu que se arrepende e procura auxiliar o Estado no combate ao crime. Se assim fosse, não haveria nele a previsão de premiar o agente que desiste voluntariamente da prática delituosa ou do que eficazmente se arrepende[203]. Isso porque muitas vezes o arrependimento eficaz, no afã de evitar que o resultado do crime se produza, passa necessariamente por informar às autoridades os nomes dos coautores que não desistiram da execução do crime. Ou seja, desde o longínquo ano de 1940[204] há a previsão, ainda que não tão detalhada como na atual lei de combate às organizações criminosas, de prêmios ao réu colaborador.

Seguindo a mesma linha de raciocínio, qual a razão da previsão do artigo 188, inciso VI e do artigo 190, ambos do Código de Processo

---

[199] Art. 61. São circunstâncias que sempre agravam a pena, quando não constituem ou qualificam o crime: II – ter o agente cometido o crime: c) à traição (...).

[200] Art. 121. Matar alguém: § 2º Se o homicídio é cometido: IV – à traição (...).

[201] CARVALHO, Natália de. Op. cit., p. 123.

[202] MIRABETE, Julio Fabbrini; FABBRINI, Renato N. **Código Penal Interpretado**. 8ª ed. São Paulo: Atlas, 2013. p. 756.

[203] Artigo 15 do Código Penal brasileiro: O agente que, voluntariamente, desiste de prosseguir na execução ou impede que o resultado se produza, só responde pelos atos já praticados.

[204] Decreto-Lei n. 2.848/1940 (Código Penal brasileiro).

Penal, senão a de estimular a delação dos comparsas? De acordo com o primeiro dispositivo, no interrogatório do acusado o juiz deverá perguntar-lhe se ele "conhece a pessoa ou pessoas a que se deva ser imputada a prática do crime, e quais sejam, e se com elas esteve antes da prática da infração ou depois dela".

Já conforme o artigo 190 do Código de Processo Penal, "Se o réu confessar a autoria, será especialmente perguntado sobre os motivos e circunstâncias da ação e se outras pessoas concorreram para a infração e quais sejam". A confissão de corréu incriminando o outro, portanto, não é novidade na legislação brasileira.

Os contrários ao instituto defendem, ainda, que ao realizar acordo de colaboração premiada, o Estado está confessando a ineficiência de sua investigação. Nesse sentido, Jacinto Nelson de Miranda Coutinho e Edward Rocha de Carvalho, ao dizerem que o instituto se funda "na premissa de uma investigação deficiente".[205]

Ocorre que, nos casos de crimes praticados por organizações criminosas, vigorando a lei do silêncio (*omertà*), como sói ocorrer, a voz de alguém "de dentro" da organização por vezes é o único modo que o Estado tem de desbaratar a associação e impedir a prática de novos crimes.

Como ensina Alfredo Carlos Gonzaga Falcão Júnior, "é uma meia verdade dizer que, ao defender a delação, o Estado assume a sua incapacidade de investigar, pois a administração persecutória detém o monopólio da força".[206]

---

[205] COUTINHO, Jacinto Nelson de Miranda; CARVALHO, Edward Rocha. Acordos de delação premiada e o conteúdo ético mínimo do Estado. SCHMIDT, Andrei Zekner (organizador). **Novos rumos do Direito Penal contemporâneo**. Rio de Janeiro, Lumen Iuris: 2006. p. 304.

[206] FALCÃO JUNIOR, Alfredo Carlos Gonzaga. O perfil constitucional: material da delação premiada como meio de prova. Organizador: Robério Nunes dos Anjos Filho. **Capacitar**, VII Curso de Ingresso e Vitaliciamento para Procuradores da República. Brasília: ESMPU, 2011. p. 21.

José Braz da Silveira relata posição de Gerald Shur, uma das maiores autoridades em proteção à testemunha nos Estados Unidos, quando ressalta que "O grande crime organizado, que envolve tráfico e terrorismo, dificilmente pode ser desbaratado sem a colaboração de criminosos arrependidos que tragam informações de dentro da organização."[207] Também assim pensa o juiz norte-americano Stephen Trott: "De fato, uma das mais úteis, importantes e, de certo, indispensáveis armas na constante luta da civilização contra criminosos, foras-da-lei e terroristas é a informação que vem dos associados deles."[208]

No mesmo sentido pontua Nicolao Dino, sobre o tema:

> No universo do crime, a lógica do jogo é diferenciada, e o silêncio é um importante escudo de proteção. Além disso, a criminalidade organizada tem acompanhado de perto o desenvolvimento tecnológico-científico. Cada vez mais, sofisticam-se as práticas de corrupção e os mecanismos de ocultação da sonegação, da lavagem de dinheiro, de evasão de divisas, de fraudes em mercados de capitais, dentre outras práticas ilícitas. E quanto mais complexa for a empreitada criminosa, mais difícil será a obtenção da prova. Por tudo isso, é necessário incentivar o criminoso a contribuir com o Estado, ainda que em troca de um benefício proporcional à colaboração levada a cabo.[209]

Como bem lembra Stephen Trott, a própria Suprema Corte dos Estados Unidos da América, em *Kastigar v. United States,* deixou claro que as leis de imunidade aos colaboradores "refletem a importância da prova testemunhal e o fato de que muitos crimes são do tipo de que as únicas pessoas aptas a dar depoimentos úteis são aquelas neles implicadas".[210]

---

[207] SILVEIRA, José Braz da. **Proteção à testemunha e o crime organizado no Brasil.** Curitiba: Juruá, 2010. p. 144.

[208] TROTT, Stephen. O uso de um criminoso como testemunha: um problema especial. **Revista CEJ**. Centro de Estudos Judiciários do Conselho da Justiça Federal, tradução de Sérgio Fernando Moro, v. 11, n. 37, abr/jun 2007. p. 69.

[209] DINO, Nicolao. Op. cit., p. 444.

[210] TROTT. Stephen. Op. Cit., p. 69.

O próprio Stephen Trott reforça o argumento da Suprema Corte americana:

> É um fato singelo que, frequentemente, as únicas pessoas que se qualificam como testemunhas para crimes sérios são os próprios criminosos. Células de terroristas e de clãs são difíceis de penetrar. Líderes da Máfia usam subordinados para fazer seu trabalho sujo (...). É necessário fazer com que os subordinados se virem contra os do topo. Sem isso, o peixe grande permanece livre e só o que você consegue são bagrinhos.[211]

A natureza do crime, desse modo, impele o Estado a empregar novas técnicas de investigação, como ação controlada, infiltração de agentes, interceptações telefônicas e colaboração premiada, que longe de serem ilegais, estão respaldadas pela Constituição Federal, inúmeros Tratados Internacionais e albergadas em ordenamentos jurídicos de países de tradição democrática como Estados Unidos e Itália.

Socorrer-se o país de leis que admitem e regulam a colaboração premiada, ao contrário de revelar ineficiência investigativa, aponta para a modernização das suas técnicas de investigação. Não se trata, portanto, de uma confissão de incompetência, mas simplesmente da admissão de que os crimes complexos como os praticados pela criminalidade organizada não conseguem ser esclarecidos pelos meios probatórios tradicionais.

Interessante quadro é traçado por Frederico Valdez Pereira, ao tratar das "emergências investigativas" referidas na doutrina alemã. De acordo com tal autor, determinadas investigações são tão complexas que chegam a um determinado ponto e travam, denominando os alemães tal momento de *Ermittlungsnotstand*, algo que pode ser traduzido como "estado de necessidade da investigação" ou "emergência investigativa".

Ocorreria verdadeiro impasse na busca de provas apenas com base nos procedimentos penais clássicos, que seriam incompatíveis com a busca da verdade real no caso de organizações criminosas. Os

---

211 TROTT, Stephen. Op. cit., p. 74.

resultados positivos dependeriam da adoção de métodos especiais de inteligência investigativa.[212]

Para Pereira, a colaboração premiada é uma das únicas medidas eficazes de combate aos crimes de maior lesividade:

> Atualmente convive-se em uma sociedade pós-industrial, de ampla produção econômica empresarial e financeira, com técnicas avançadas de comunicação e de informação, que de algum modo trouxe também repercussão sobre os fenômenos delituosos, seu aperfeiçoamento, e a forma de enfrentá-los. Trata-se de reconhecer as consequências de novo fenômeno, assentindo com a existência de prejuízos no âmbito das relações privadas e públicas, dentre os quais a necessidade de lidar com recentes instrumentos apuratórios como resposta a modernas manifestações da criminalidade.[213]

É como pensa Walter Nunes da Silva Júnior:

> Ao contrário de revelar fraqueza perante aquele que pratica o crime, a colaboração premiada se manifesta como importante instrumento de política criminal não apenas para fins punitivos, mas, igualmente, para a prevenção à prática de crimes por meio da associação de pessoas, sem falar que, conforme acentuado, trata-se de incentivo para que o agente, em sinal de arrependimento pelo seu comportamento, colabore com a sociedade na responsabilização de todos os que tiveram participação no crime.[214]

E conclui o citado autor:

> Por isso mesmo, em que pese a crítica de parte da doutrina, nada obsta, pelo contrário, tudo recomenda que o Estado, por meio de lei, ofereça vantagens para quem queira colaborar com a justiça, até porque, para todos os efeitos, a disciplina legal, ao tempo em que fortalece o combate à criminalidade, oferece mais uma alternativa de defesa, a par de fomentar o arrependimento por parte do agente e, de outra banda, desestimular a atuação criminosa em parceria. Sem falar que, consoante asseverado acima, essa colaboração encontra esteio no caput do art. 144 da Constituição.[215]

---

[212] PEREIRA, Frederico Valdez. Compatibilização constitucional da colaboração premiada. **Revista dos Tribunais**. Vol. 929/2013. Mar/2013. DTR/2013/585. p. 14.

[213] PEREIRA, Frederico Valdez. Op. cit., p. 24.

[214] SILVA JÚNIOR, Walter Nunes da. **Curso de direito processual penal: teoria (constitucional) do processo penal.** 2 ed. Natal: OWL Editora Jurídica, 2015. p. 539.

[215] SILVA JÚNIOR, Walter Nunes da. Op. cit., p. 539.

Como diz Stephen Trott, "A sociedade não pode dar-se ao luxo de jogar fora a prova produzida pelos decaídos, ciumentos e dissidentes daqueles que vivem da violação da lei".[216] Assim, a crítica ao caráter supostamente antiético da colaboração premiada é inconsistente, na medida em que o Estado não pode renunciar o acesso à prova de crimes graves como os praticados por organizações criminosas apenas para preservar um pacto de lealdade entre criminosos.

Longe de reforçar um traço negativo de deslealdade, o comportamento colaborador enfatiza arrependimento da prática de erro e retorno à vida lícita. Walter Nunes da Silva Júnior novamente ilumina a questão quando diz que:

> A delação pode representar o comprometimento de lealdade que um dos envolvidos no crime tem para com o Estado e a sociedade em si, no sentido de dizer a verdade e esclarecer um fato que é de interesse de toda a comunidade, ademais de ser um instrumento que permite ao agente manifestar o seu arrependimento pelo agir ilícito. Pode-se dizer ainda que é uma forma de colaboração com a sociedade em si, na dimensão do art. 144, caput, da Constituição, que preceitua ser da responsabilidade de todos a preservação da ordem pública e da incolumidade das pessoas e do patrimônio.[217]

Do mesmo modo Davi Teixeira de Azevedo defende que:

> O agente que se dispõe a colaborar com as investigações assume uma diferenciada postura ética de marcado respeito aos valores sociais imperantes, pondo-se debaixo da constelação axiológica que ilumina o ordenamento jurídico e o meio social. Mostra o agente uma personalidade mais capaz de ser permeada pelos valores imantados das normas jurídicas e imperantes no meio social.[218]

---

[216] TROTT, Stephen. Op. cit., p. 74.

[217] SILVA JÚNIOR, Walter Nunes da. Op. cit., p. 538.

[218] AZEVEDO, David Teixeira de. Colaboração Premiada num Direito ético. **Revista dos Tribunais**. Vol. 771/2000. p. 448-453. Jan /2000. DTR/2000/120. Pág. 5 (452).

Sobre os aspectos éticos da colaboração premiada, José Alexandre Marson Guidi, ao tratar do tema, alega que:

> Visando afastar as considerações de que a delação premiada é anética basta a formulação de uma pergunta: existe ética no crime organizado? Certamente a resposta será negativa. Logo, é incorreto afirmar que se o criminoso se arrepender e delatar seus comparsas estará agindo contra a ética, pois ele assim estará agindo se não o fizer.[219]

Ainda que se insista no "péssimo caráter do delator", o fato é que, como bem observa Stephen Trott:

> Os criminosos normalmente não cometem seus crimes em vídeo e deixam cópias espalhadas para serem vistas por todo mundo. (...) não podemos ir a agência de empregos para selecionar nossas testemunhas. Temos de ir às pessoas que sabem algo sobre o crime e infelizmente algumas delas serão criminosas. Você não as escolheu, o acusado as escolheu, recrutando-as para dentro do esquema. Elas não são amigos da acusação, são amigos do acusado![220]

Bem resumiu Fausto Martin De Sanctis sobre ser a colaboração premiada ao mesmo tempo ética, útil e estratégica:

> Ética porque atende às finalidades político-criminais e à proteção do bem jurídico. Quando se ataca esse instituto, alegando-o não ético, na verdade se está invocando a 'ética' do criminoso, que não aceita ser apontado por um comparsa. Útil pelo fato de permitir a descoberta precoce de crimes e seus autores ou partícipes, facilitando o trabalho de todos. Por fim, estratégica para as partes, inclusive a defesa, já que o cliente se vê beneficiado com uma pena relativizada sem o custo do processo. O advogado que estimula o cliente à delação presta serviço útil e valioso para a Justiça (...).[221]

---

[219] GUIDI, José Alexandre Marson. **Delação premiada no combate ao crime organizado.** São Paulo: Lemos Cruz, 2006. p. 147/148.

[220] TROTT, Stephen. Op. cit., p. 90.

[221] DE SANCTIS, Fausto Martin. **Crime Organizado e Lavagem de Dinheiro: destinação de bens apreendidos, delação premiada e responsabilidade social.** 2ª ed. São Paulo: Saraiva, 2015. p. 182.

Analisando os aspectos éticos do direito premial em Portugal, Mafalda Matos traz a lume a lição de Marie-Aude Beernaert[222], que tenta equilibrar as perspectivas deontológica (cuja figura emblemática considera ser Emmanuel Kant) e teleológica (corrente representada por Jeremy Bentham).

Ensina Mafalda Matos, sobre Marie-Aude Beernaert:

> Para esta autora, nem o modelo absolutista, nem o modelo utilitarista permitem avaliar se o recurso a colaboradores da justiça é ou não um instituto ético, passando a solução por adoptar um modelo alternativo, que em vez de sacrificar o modelo utilitarista ou o modelo absolutista, crie um equilíbrio dialético entre eles. (...) O modelo absolutista defende a existência de um certo número de valores e deveres morais considerados como imperativos categóricos e que merecem respeito absoluto, independentemente de quaisquer considerações de eficácia, nomeadamente de política criminal. (...) O modelo utilitário, por sua vez, afirma que a moralidade de todas as decisões deve assentar na sua capacidade para maximizar o bem-estar (...).[223]

E conclui a referida autora:

> Marie-Aude Beernaert propõe que na resposta à questão da conformidade do recurso a colaboradores de justiça com a ética, não se pretenda avaliar a utilidade relativa dos objectivos que a medida permitirá alcançar e as finalidades a que esta poderão estar associadas, mas sim que se avalie a importância relativa dos valores que se pretende salvaguardar e daqueles que podem ficar sacrificados com a medida em questão.[224]

Não há dúvidas de que os valores que se pretende salvaguardar, ao se admitir no ordenamento jurídico a possibilidade de realização de acordo de colaboração premiada, são valores de alta relevância para a sociedade.

---

222 Professora da Universidade Católica de Louvain, França.

223 MATOS, Mafalda. **O Direito Premial no Combate ao Crime de Corrupção.** Trabalho fial de Mestrado na Faculdade de Direito da Universidade Católica Portuguesa, Lisboa. Disponível em <http://repositorio.ucp.pt/bitstream/10400.14/16884/1/Trabalho%20Final%20de%20Mestrado.pdf> p. 6. Acesso em 28/03/2016.

224 MATOS, Mafalda. Op. cit., p. 6. Acesso em 28/03/2016.

Para Rodrigo da Silva Brandalise, "ainda que haja uma valoração ética acerca de uma eventual traição, a vontade do acusado, apresentada de maneira livre e voluntária, voltada para o auxílio na persecução criminal, está adequada à liberdade de expressão que também compreende um direito fundamental, assim como reflete seu exercício de defesa em sua maior amplitude."[225]

Desse modo, no caso de combate às organizações criminosas, com vistas à preservação dos tantos valores por elas vilipendiados, parece ser absolutamente natural que, em um Estado Democrático de Direito, haja previsão legal de recompensas ao agente que deseja retornar às regras democráticas, auxiliando o *law enforcement* no combate a tal espécie de crimes.

Essa conclusão, por mais que pareça lógica, ainda encontra barreiras por parte de alguns doutrinadores que questionam a constitucionalidade do instituto da colaboração premiada no direito brasileiro. O tema será tratado a seguir.

2.4 A DISCUSSÃO SOBRE A CONSTITUCIONALIDADE DA COLABORAÇÃO PREMIADA

Para alguns autores o instituto da colaboração premiada seria inconstitucional por ofender o princípio da proporcionalidade. Natália Oliveira de Carvalho, por exemplo, argumenta que as vantagens potenciais a serem obtidas pelo Estado com o desbaratamento da associação criminosa geram um custo ao sistema normativo penal incompatível com o princípio da dignidade da pessoa humana.[226]

---

225 BRANDALISE, Rodrigo da Silva. **Justiça Penal Negociada: Negociação de Sentença Criminal e Princípios Processuais Relevantes.** Curitiba: Juruá, 2016. p. 154.

226 CARVALHO, Natália Oliveira de. **A delação premiada no Brasil.** Rio de Janeiro: Lumen Juris, 2009. p. 140.

Também Jacinto Nelson de Miranda Coutinho e Edward Rocha de Carvalho[227] questionam a constitucionalidade da colaboração, sob o argumento de que "a forma como tal prova é coletada, portanto, torna-a ilegal, incidindo a teoria dos frutos da árvore envenenada (...)".[228]

Não parecem lógicas tais conclusões. A colaboração premiada não fere o princípio da proporcionalidade. Pelo contrário, o consagra. Isso porque há grande diferença entre o réu que colabora com a Justiça e o réu chamado irredutível, de maneira que, em termos de individualização de condutas, resta claro que o primeiro merece sanções menos duras.

Nesse sentido é o posicionamento de Marcos Paulo Dutra Santos, ao lembrar que a individualização da pena está prevista no artigo 5º, inciso XLVI da Constituição Federal, não se podendo negar consideração à circunstância pessoal referente à colaboração com as autoridades. Ensina o autor:

> A constitucionalidade da delação premiada, ante o princípio da individualização da pena, justifica-se porque a dosimetria leva em conta não apenas a reprovabilidade do fato, mas também as circunstâncias pessoais do agente. O comportamento deste, buscando remediar as consequências do injusto, jamais foi um indiferente penal (...). Se a simples confissão enseja a minoração da reprimenda - art. 65, III, d, do CP -, o que se dirá quando o acusado decide colaborar com a persecução penal, trazendo um plus que não pode ser ignorado pelo Estado-juiz na quantificação da resposta penal.[229]

---

[227] Além desses autores, realizam fortes críticas aos aspectos éticos da colaboração premiada, ainda, Salo de Carvalho e Camile Eltz de Lima (Delação Premiada e confissão: filtros constitucionais e adequação sistemática. **Revista Jurídica**, v. 57, n. 385, nov/2009). Tais autores entendem que não deveria o ordenamento jurídico albergar o instituto, em razão da crítica ética que fazem. Contudo, admitindo não ser possível eliminá-lo, sugerem cuidados e providências que devem ser tomados na realização dos acordos, enfatizando sempre a necessidade de prova de corroboração, com a checagem minuciosa da veracidade do depoimento.

[228] COUTINHO, Jacinto Nelson de Miranda; CARVALHO, Edward Rocha. Acordos de delação premiada e o conteúdo ético mínimo do Estado. SCHMIDT, Andrei Zekner (organizador). **Novos rumos do Direito Penal contemporâneo**. Rio de Janeiro, Lumen Iuris: 2006. p. 310.

[229] SANTOS, Marcos Paulo Dutra. **Colaboração (Delação) Premiada**. Salvador: JusPodium, 2016. p. 71.

Seria inconstitucional, isso sim, negar ao réu colaborador um tratamento mais benéfico do que o conferido ao acusado irredutível, ferindo-se o artigo 5º, inciso XLVI da Constituição Federal. Afinal, "a individualização da reprimenda não seria completa, caso desconsiderasse as circunstâncias pessoais do acusado (...). Inexistiria razoabilidade, na espécie, proporcionalidade."[230]

De fato, a conduta de quem colabora não apenas é ética, mas constitucional, pois efetiva o artigo 144 da Carta Magna, quando diz que a segurança pública é "dever do Estado, direito e responsabilidade de todos". Nesse sentido é a lição de Walter Nunes da Silva Júnior, ao dizer que "essa colaboração encontra esteio no caput do art. 144 da Constituição"[231] e, ainda, defende que:

> é uma forma de colaboração com a sociedade em si, na dimensão do art. 144, caput, da Constituição, que preceitua ser da responsabilidade de todos a preservação da ordem pública e da incolumidade das pessoas e do patrimônio.[232]

Como bem alerta Rodrigo Telles de Souza, "Ao considerar todos como responsáveis pela segurança pública, o dispositivo em questão prevê um dever fundamental"[233] que poderia inclusive, como ocorre na Espanha, impor a obrigação de comunicação de crimes a todos os cidadãos, sob pena de multa.[234]

---

230 SANTOS, Marcos Paulo Dutra. Op. cit., p. 73.

231 SILVA JÚNIOR, Walter Nunes da. **Curso de direito processual penal: teoria (constitucional) do processo penal.** 2 ed. Natal: OWL Editora Jurídica, 2015. p. 539.

232 SILVA JÚNIOR, Walter Nunes da. Op. cit., p. 538.

233 SOUZA, Rodrigo Telles de. **Investigação criminal e vedação ao anonimato no Sistema Jurídico brasileiro**. Curitiba: Juruá Editora, 2013. p. 213.

234 Conforme art. 259 da Ley de Enjuiciamento Criminal. Ver, a propósito, SOUZA, Rodrigo Telles de. Op. cit., p. 214.

Por se tratar de dever fundamental, é certo que a obrigação de comunicação de crimes às autoridades somente poderia ser imposta por meio de lei em sentido estrito, e nunca ao investigado ou réu colaborador, sob pena de ofensa à garantia contra a autoincriminação. Novamente ensina Rodrigo Telles de Souza:

> A comunicação de ilícitos penais a autoridades investigantes pode ser feita pelo próprio agente do fato delituoso. Ele, contudo, não se submete ao dever fundamental de delação ao poder público, uma vez que se encontra protegido pelo privilégio contra a autoincriminação, decorrente do artigo 5º, inciso LXIII, da Constituição de 1988. Uma norma legal, portanto, não pode atribuir dever dessa espécie ao responsável pela prática de um ilícito penal. É admissível, todavia, que a lei estabeleça incentivos à colaboração dos autores de crimes (...).[235]

Assim, normas prevendo incentivos à colaboração do agente criminoso trazem de volta à responsabilidade para com a ordem pública a pessoa que estava a colocá-la em risco. Não há que se falar em ilegalidade da prova, eis que o acordo de colaboração premiada, como se verá adiante, depende da vontade do réu, tudo de acordo com os princípios e garantias constitucionais e o primado da dignidade da pessoa humana.

O Supremo Tribunal Federal já dissipou quaisquer dúvidas acerca da constitucionalidade do instituto. Como exemplo, cite-se o julgamento do *Habeas Corpus n.* 90.321/SP, em 2008, em que consta expressamente da ementa que:

> Devido ao incremento da criminalidade violenta e organizada, o legislador passou a instrumentalizar o juiz em medidas e providências tendentes a, simultaneamente, permitir a prática dos atos processuais e assegurar a integridade físico-mental e a vida das pessoas das testemunhas e de co-autores ou partícipes que se oferecem para fazer a delação premiada.[236]

---

[235] SOUZA, Rodrigo Telles de. Op. cit., p. 214.

[236] STF, 2ª Turma, HC 9032/SP, Rel. Min. ELLEN GRACIE. Julgamento: 02/09/2008 2ª Turma. Publicação: DJe-182 DIVULG 25-09-2008 PUBLIC 26/09/2008.

No julgamento do *Habeas Corpus n.* 90.688/PR[237], também no ano de 2008, o Relator Ministro Ricardo Lewandowski, em seu voto, considerou a então chamada delação premiada:

> Um meio de prova introduzido na legislação brasileira por inspiração do sistema anglo-saxão de justiça negociada. (...) é um instrumento útil, eficaz, internacionalmente reconhecido, utilizado em países civilizados, como a Itália, e temos aplicado aqui no Brasil, e nos Estados Unidos também, claro, é o *plea bargain*, conhecido esse instituto internacionalmente no direito comparado.

Durante os debates do citado julgamento, absolutamente todos os Ministros presentes admitiram a colaboração premiada como um instituto jurídico incorporado ao direito brasileiro, pontuando-se pequenas divergências de interpretação apenas na solução específica do caso concreto.

O Ministro Carlos Ayres Britto, por exemplo, enfatizou a constitucionalidade da colaboração premiada sob o prisma do artigo 144 da Carta Magna:

> E vejo sempre a *persecutio criminis* ou o combate à criminalidade num contexto da segurança pública, que é matéria expressamente regrada pela Constituição no artigo 144, em que diz que a segurança pública é dever do Estado e direito e responsabilidade de todos, visando à incolumidade das pessoas e do patrimônio. E o combate à criminalidade se dá exatamente nesse contexto. Como a segurança pública não é só dever do Estado, mas é direito e responsabilidade de todos, situo, nesse contexto, como constitucional a lei que trata da delação premiada. O delator, no findo, à luz da Constituição, é um colaborador da justiça.[238]

O Supremo Tribunal Federal tem homologado acordos de colaboração premiada nos casos envolvendo pessoas detentoras de foro por prerrogativa de função, como na Petição n. 5.244/DF, referente à chamada "Operação Lava Jato". Neste caso, advogados impetraram

---

[237] STF, 1ª Turma, HC 90.688/PR, Rel. Min. Ricardo Lewandowski, j. 12/02/2008.

[238] STF, 1ª Turma, HC 90.688/PR, Rel. Min. Ricardo Lewandowski, j. 12/02/2008.

o *Habeas Corpus n.* 127.483 em face do Ministro Relator Teori Zavascki, por ter homologado o acordo firmado entre o Ministério Público Federal e o acusado Alberto Youssef. A Corte, à unanimidade, seguindo o voto do Relator, Ministro Dias Toffoli, denegou a ordem, admitindo ser a colaboração premiada um meio de obtenção de prova constitucionalmente admitido no nosso direito.[239]

Em ambiente internacional essa também é a postura dos países democráticos. Como ensina Pedro Jorge do Nascimento Costa: "Decidiram pela constitucionalidade da colaboração premiada, entre outros, o Tribunal Constitucional espanhol e a Suprema Corte norte-americana".[240] Nesse sentido a lição de Geraldo Brindeiro:

> A Suprema Corte dos EUA tem repetidamente rejeitado argumentos sobre a inconstitucionalidade do *plea bargain agreement*, desde o *leading case Brady x United States* (397 U.S. 742, 1970). Só observa que os acordos devem ser voluntários e os acusados, saber de suas consequências (*McCarthy x United States*, 394 U.S. 459, 1969).[241]

Brindeiro lembra, também, que a colaboração premiada tem sua constitucionalidade reconhecida pela Corte Constitucional Alemã, que considera constitucional a regulamentação legal do tema, inadmitindo acordos informais; e que o Tribunal Europeu de Direitos Humanos "não só o julgou constitucional, mas o reconheceu, se aplicado corretamente, como instrumento eficaz de combate à corrupção e ao

---

239 STF, Tribunal Pleno, HC 127.483/PR, Rel. Min. DIAS TOFFOLI. Julgamento: 27/08/2015. Publicação: DJe-021 DIVULG. 03/02/2016 PUBLIC 04/02/2016.

240 COSTA, Pedro Jorge do Nascimento. Silêncio e Mentira como Prova: a Proteção às Organizações Criminosas. **A Prova no Enfrentamento à Macrocriminalidade**. SALGADO, Daniel de Resende; QUEIROZ, Ronaldo Pinheiro de (Organizadores). Salvador: Juspodium, 2015. Págs. 163/186. Pág. 181.

241 BRINDEIRO, Geraldo. **Delação premiada e "plea bargain agreement"**. 2016. Disponível em: <http://opiniao.estadao.com.br/noticias/geral,delacao-premiada-e-plea-bargain-agreement,10000015508>. Acesso em:16/02/2016.

crime organizado."[242] Do mesmo modo, lembra o referido autor que a Corte Constitucional italiana tem entendido pela constitucionalidade do *pattegiamento*.[243]

Assim, a colaboração premiada é instituto constitucionalmente reconhecido por nossa Suprema Corte e pelos tribunais superiores dos países democráticos. Como já dito, o comportamento do réu colaborador é, demais de um retorno à ética para com a sociedade, uma efetiva concretização dos termos do artigo 144 da Constituição Federal brasileira.

Firmadas essas premissas - a colaboração premiada é ética e constitucional - segue-se à análise dos aspectos procedimentais do instituto no Brasil.

---

242 BRINDEIRO, Geraldo. Op. cit. Acesso em:16/02/2016.

243 BRINDEIRO, Geraldo. Op. cit. Acesso em:16/02/2016.

3

ASPECTOS PROCEDIMENTAIS

3.1 PROCEDIMENTO: TRATATIVAS PRÉVIAS, TERMO DE CONFIDENCIALIDADE E INÍCIO DAS NEGOCIAÇÕES

Como qualquer acordo, a colaboração premiada se inicia com a negociação entre as partes. Nos Estados Unidos a recomendação aos promotores e procuradores é que a iniciativa parta sempre da defesa, e nunca se trata do assunto sem o intermédio de advogado[244]. No Brasil, o artigo 4º, § 15 da Lei nº 12.850/2013, antes mesmo da Lei Anticrime, já determinava a absoluta impossibilidade de realização de acordo de colaboração premiada sem a presença efetiva de advogado: "Em todos os atos de negociação, confirmação e execução da colaboração, o colaborador deve estar assistido por advogado".

A Lei Anticrime estabeleceu que a atuação do advogado tem que estar respaldada por procuração com poderes específicos ou firmada pessoalmente pela parte, a fim de que qualquer acordo de colaboração somente possa advir da genuína vontade do investigado, e não apenas de seu advogado:

> Art. 3º-C. A proposta de colaboração premiada deve estar instruída com procuração do interessado com poderes específicos para iniciar o procedimento de colaboração e suas tratativas, ou firmada pessoalmente pela parte que pretende a colaboração e seu advogado ou defensor público.

---

[244] Ver, a propósito, TROTT, Stephen. Op. cit., p. 77.

> § 1º Nenhuma tratativa sobre colaboração premiada deve ser realizada sem a presença de advogado constituído ou defensor público.
>
> § 2º Em caso de eventual conflito de interesses, ou de colaborador hipossuficiente, o celebrante deverá solicitar a presença de outro advogado ou a participação de defensor público.

O § 5º do artigo 3º-B reforça que os termos de recebimento de proposta de colaboração e de confidencialidade serão elaborados pelo celebrante e assinados por ele, pelo colaborador e pelo advogado ou defensor público com poderes específicos.

A efetiva presença de advogado cuida-se, desse modo, de direito irrenunciável por parte do investigado que pretende colaborar. A nova lei confirma, ainda, que o membro do Ministério Público sequer pode iniciar as negociações, ainda que informalmente, sem a presença de advogado. A iniciativa, aliás, de acordo com os termos da Lei Anticrime, deve partir sempre da defesa.

A tradição do direito brasileiro não é de justiça penal negociada, de modo que a maioria dos advogados brasileiros tende a defender seu cliente pela via dos métodos tradicionais, como o uso de *Habeas Corpus* para trancar ações penais e inquéritos policiais, suscitando, via de regra, as teses de negativa dos fatos e de autoria. São poucos ainda os escritórios de advocacia especializados em acordos de colaboração premiada no Brasil.

Os advogados que anteveem na colaboração uma boa estratégia para o seu cliente - sempre com o consentimento deste - podem, em qualquer momento processual, ainda que após o trânsito em julgado, procurar, até informalmente, o representante do Ministério Público para indicar a intenção, por parte do investigado, de revelação de fatos, sondando se a acusação teria interesse na realização de acordo.

A Lei n. 13.964/2019 inovou ao tratar do procedimento do acordo, consolidando algumas práticas já existentes. Como ensina Marcelo Ribeiro de Oliveira, uma inovação relevante trazida deu-se no sentido de procedimentalizar as tratativas do acordo, em formato bastante similar ao que constava da já mencionada Orientação Conjunta nº 01/2018, o que acarreta um aspecto interessante de uniformizar o procedimento a ser observado pelo Ministério Público no país inteiro e não apenas o Ministério Público Federal.[245]

A nova Lei Anticrime estabeleceu que esse contato deve vir por escrito, através de uma proposta de formalização do acordo feita por advogado e cliente, da seguinte forma:

> Art. 3º-B. O recebimento da proposta para formalização de acordo de colaboração demarca o início das negociações e constitui também marco de confidencialidade, configurando violação de sigilo e quebra da confiança e da boa-fé a divulgação de tais tratativas iniciais ou de documento que as formalize, até o levantamento de sigilo por decisão judicial.

Feita a proposta de formalização do acordo, a Lei Anticrime previu que, se o membro do Ministério Público não demonstrar interesse em firmar o acordo, deve fundamentar as razões de seu indeferimento:

> Art. 3 º-B. (...)
>
> § 1º A proposta de acordo de colaboração premiada poderá ser sumariamente indeferida, com a devida justificativa, cientificando-se o interessado.

Como não se pode falar em direito subjetivo à realização de acordo[246], pode ser que o membro do Ministério Público não demonstre interesse em realizar a avença com o investigado/réu. Assim, se o membro do Ministério Público não tiver o interesse no acordo, pois pode considerar, num juízo de conveniência e oportunidade, que a prova já está satisfatória para a punição dos responsáveis, deverá fundamentar a negativa.

---

245 OLIVEIRA, Marcelo Ribeiro de. Sobre gravações das tratativas e dos atos de colaboração premiada. **Pacote "Anticrime" - Lei 13.964/2019, na visão de Procuradores da República**. Coordenador: João Paulo Lordelo G. Tavares - Salvador: Editora Juspodivm, 2020. Pág. 112.

246 Ver capítulo deste trabalho sobre direitos do réu colaborador.

Não custa reforçar que "o uso de um criminoso como testemunha", na expressão cunhada por Stephen Trott, deve ser excepcional, somente sendo uma opção para o Ministério Público se, "segundo sua avaliação mais cuidadosa, esse movimento signifique um avanço em sua habilidade de vencer o caso."[247] No Brasil, dir-se-ia, mais que vencer o caso, o importante é analisar se a utilização da colaboração premiada amplia o espectro probatório, aumentando a possibilidade de descobrir a verdade real em toda a sua dimensão. Como diz, mais à frente, o próprio Stephen Trott, "O objetivo é obter a verdade e não pegar o suspeito".[248]

Pois bem, em se negando o membro do Ministério Público a realizar acordo, ao acusado nada restará senão apenas avaliar as demais estratégias: confessar, negar tudo, negar parte dos fatos, calar etc. Pode, é certo, revelar em juízo o que sabe além de apenas confessar e tentar obter benefícios de diminuição de pena diretamente do juiz, *ex officio*, na sentença. Todavia, corre todos os riscos daí decorrentes: como a lei não fala que o juiz pode aplicar os benefícios de ofício, o colaborador sem acordo formal com o Ministério Público pode simplesmente não obter nenhuma vantagem processual além da atenuante da confissão e da atenuante genérica do artigo 66 do Código Penal.

Nem na Operação Mãos Limpas da Itália nem na Operação Lava Jato brasileira os membros do *law enforcement* procuraram os investigados buscando um acordo. No Brasil, mesmo antes da previsão da Lei Anticrime no sentido de que o acordo deve partir da defesa, a *praxe* tem sido no sentido de que a acusação produza suas provas sem contar com depoimentos de réus colaboradores. Se aparecerem, a iniciativa sempre teve que vir da defesa, por meio de advogado constituído ou defensor público, no afã de evitar, inclusive, o discurso de que as colaborações foram resultado de pressão por parte das autoridades envolvidas.

---

[247] TROTT, Stephen. Op. cit., p. 76.

[248] TROTT, Stephen. Op. cit., p. 79.

Pois bem. Entendendo o cliente e o advogado que a colaboração com as autoridades públicas é uma boa estratégia, após sopesarem custos e benefícios, o advogado deve procurar o membro do Ministério Público ou a autoridade policial (que deverá reportar o fato para o titular da ação penal) para externar o desejo de negociar.

Stephen Trott trata do início das negociações e aborda o dilema chamado "*Catch 22*"[249], que consiste na situação em que o membro do Ministério Público pretende saber exatamente o que o pretenso colaborador tem a oferecer antes de firmar o acordo, enquanto o réu, apesar de querer cooperar, tem receio de falar com medo da autoincriminação sem que lhe seja dada alguma garantia. A solução, segundo o autor, é "pedir uma amostra":

> Prometa à testemunha por escrito que você não vai usar o que ela lhe disser nesse estágio do processo contra ela, mas deixe igualmente claro que a sua decisão de fazer ou não um acordo e do que o acordo irá ou não conter não será feita antes que você tenha oportunidade de verificar o valor e a credibilidade da informação. Diga-lhe: É uma oportunidade que você tem para se ajudar, aceite-a ou deixe-a.[250]

Ao membro do Ministério Público Stephen Trott recomenda ainda que "Não comece a inquirição até que o advogado assegure a você de que ele acredita que seu cliente está pronto para vir completamente aberto"[251], podendo inclusive exigir que o pretenso colaborador renuncie por escrito o direito ao sigilo entre cliente e advogado, a fim de que não haja colidência entre a versão oferecida ao advogado e a que será dada ao Ministério Público.[252]

---

249 "*Catch 22*" é o título da obra de ficção de Joseph Heller, publicada em 1961. A expressão significa uma situação "sem saída".

250 TROTT, Stephen. Op. cit., p. 78.

251 TROTT, Stephen. Op. cit., p. 79.

252 TROTT, Stephen. Op. cit., p. 79.

Se o membro do Ministério Público considerar plausível a realização do acordo, marcar-se-ão quantas reuniões forem necessárias para estabelecer as cláusulas do acordo final. No caso da Operação Lava Jato, apesar de a Lei n. 12.850/2013 não fazer previsão, os Procuradores da República costumavam firmar com os investigados e seus advogados um "Termo de Confidencialidade" antes do início das negociações, como uma forma de garantir que o for dito nessa etapa de tratativas prévias não será usado por nenhuma das partes antes da homologação judicial. Serve, ainda, para demarcar a data oficial do início das negociações.

A Lei Anticrime consolidou também essa prática: não havendo o indeferimento sumário da proposta feita pela defesa, deverá ser firmado o Termo de Confidencialidade, instrumento que antes não era previsto em lei, foi criado pelos Procuradores da República da Operação Lava Jato em Curitiba, Paraná e consolidado pela já mencionada Orientação Conjunta nº 01/2018, do Ministério Público Federal:

> § 2º Caso não haja indeferimento sumário, as partes deverão firmar Termo de Confidencialidade para prosseguimento das tratativas, o que vinculará os órgãos envolvidos na negociação e impedirá o indeferimento posterior sem justa causa.
>
> § 3º O recebimento de proposta de colaboração para análise ou o Termo de Confidencialidade não implica, por si só, a suspensão da investigação, ressalvado acordo em contrário quanto à propositura de medidas processuais penais cautelares e assecuratórias, bem como medidas processuais cíveis admitidas pela legislação processual civil em vigor.
>
> § 4º O acordo de colaboração premiada poderá ser precedido de instrução, quando houver necessidade de identificação ou complementação de seu objeto, dos fatos narrados, sua definição jurídica, relevância, utilidade e interesse público.
>
> § 5º Os termos de recebimento de proposta de colaboração e de confidencialidade serão elaborados pelo celebrante e assinados por ele, pelo colaborador e pelo advogado ou defensor público com poderes específicos.

O Termo de Confidencialidade foi criado e agora consolidado por lei como uma forma de garantir ao pretenso colaborador que o fosse dito nessa etapa de tratativas prévias não seria usado por nenhuma das partes antes da homologação judicial:

> § 6º Na hipótese de não ser celebrado o acordo por iniciativa do celebrante, esse não poderá se valer de nenhuma das informações ou provas apresentadas pelo colaborador, de boa-fé, para qualquer outra finalidade.

Além disso, o Termo de Confidencialidade tem a função de demarcar a data oficial do início das negociações, conforme o disposto no artigo 3º-B da Lei Anticrime.

Firmado o Termo de Confidencialidade, o investigado apresenta os anexos, um por fato, apontando o que pretende falar e que provas apresentará para corroborar suas alegações. A Lei Anticrime enfatizou que os fatos que o colaborador deve narrar se restringem àqueles com relação direta com a investigação:

> Art. 3º-C. (...)
>
> § 3º No acordo de colaboração premiada, o colaborador deve narrar todos os fatos ilícitos para os quais concorreu e que tenham relação direta com os fatos investigados.
>
> § 4º Incumbe à defesa instruir a proposta de colaboração e os anexos com os fatos adequadamente descritos, com todas as suas circunstâncias, indicando as provas e os elementos de corroboração.

As 2ª e 5ª Câmaras do Ministério Público Federal ofereceram ao Parlamento brasileiro muitas Notas Técnicas referentes aos projetos de lei referidos no Pacote Anticrime, e houve expressa manifestação sugerindo o veto da nova dicção do § 3º do art. 3º-C do então projeto de lei. O argumento foi no sentido de não restringir, como dever do colaborador, narrar apenas os fatos relacionados ao objeto da investigação.

Isso porque uma das principais razões dos expressivos resultados de grandes operações foi a possibilidade de realizar acordos de colaboração premiada que levaram à descoberta de vários crimes sem relação com os fatos inicialmente investigados, os quais foram, posteriormente, desmembrados e encaminhados aos juízos competentes. A previsão do § 3º restringe a eficácia do instituto e, por conseguinte, bons resultados decorrentes dele, pois, de antemão, não há como prever os desdobramentos de um processo investigativo oriundo da colaboração premiada.

O dispositivo, porém, não foi vetado, de modo que ao colaborador incumbe narrar todos os fatos objeto da investigação, o que não impede, contudo, que queira colaborar fornecendo informações sobre tudo o que saiba, inclusive fatos ainda não conhecidos, quando poderá receber o benefício da imunidade, conforme nova dicção do artigo 4º, § 4º da Lei de Combate ao Crime Organizado.[253]

A Lei Anticrime trouxe uma inovação com relação ao registro das tratativas, determinando no art. 4º, § 13 que seja feito pelos meios ou recursos de gravação magnética, estenotipia, digital ou técnica similar, inclusive audiovisual, destinados a obter maior fidelidade das informações, garantindo-se a disponibilização de cópia do material ao colaborador. Antes da lei, o dispositivo dizia que tal gravação deveria ocorrer "sempre que possível".

A grande questão que surge é se essa previsão restringirá as negociações, eis que indubitavelmente as pessoas se sentem mais à vontade para falar sem que estejam sendo filmadas. Normalmente, as tratativas não eram registradas, e após acordos já sedimentados entre as partes, gravava-se o depoimento do réu colaborador.

Outra questão: o que fazer se o colaborador não quiser gravar as tratativas? Corretamente ensina Marcelo Ribeiro de Oliveira que o réu colaborador pode pedir para não ser gravado, e esse direito merece ser respeitado. O doutrinador defende que a previsão de obrigatoriedade dos registros audiovisuais das tratativas não é inconstitucional, porém é inconstitucional "impedir que ele seja impedido de renunciar a tal direito, que, efetivamente, traz ônus como a exposição da sua imagem,

---

[253] Art. 4º (...) § 4º Nas mesmas hipóteses do caput deste artigo, o Ministério Público poderá deixar de oferecer denúncia se a proposta de acordo de colaboração referir-se a infração de cuja existência não tenha prévio conhecimento e o colaborador: § 4º-A. Considera-se existente o conhecimento prévio da infração quando o Ministério Público ou a autoridade policial competente tenha instaurado inquérito ou procedimento investigatório para apuração dos fatos apresentados pelo colaborador.

com o risco de acesso a terceiros, uma vez que a lei foi silente quanto ao acesso às tratativas por eventuais incriminados."[254]

O artigo 5º, incisos II e V, da Lei nº 12.850/13 protege a imagem do réu colaborador, dispondo que lhe é garantido "ter nome, qualificação, imagem e demais informações pessoais preservados" e "não ter sua identidade revelada pelos meios de comunicação, nem ser fotografado ou filmado sem sua prévia autorização por escrito". Desse modo, a gravação das tratativas não pode ser imposta ao colaborador, e cabe a ele e a seu advogado analisarem se deve ele renunciar ao seu direito de preservação da imagem.[255]

Além disso, há a situação de o réu colaborador ameaçado, hipótese em que incide o artigo 7º, inciso IV da Lei de Proteção a vítimas, testemunhas e réus colaboradores, que dispõe sobre a preservação da identidade, imagem e dados pessoais da pessoa ameaçada, introduzindo-se no processo penal brasileiro a figura da "testemunha sem rosto".[256]

E o direito ao sigilo entre advogado e cliente? Segundo Marcelo Ribeiro de Oliveira, as tratativas do acordo constituem ato prévio ao negócio jurídico, *working in progress,* e por tal razão, ainda que estejam sendo gravadas, poderá haver interrupções que garantam o direito de entrevista entre advogado e cliente.[257]

Vê-se, assim, que apesar de a lei falar em gravação das tratativas, essas não deveriam ser consideradas imprescindíveis, a depender do caso concreto. De mais a mais, como bem reforça Marcelo Ribeiro de Oliveira, tais declarações sequer são meio de prova, e a ausência

---

254 OLIVEIRA, Marcelo Ribeiro de. Op. Cit. Pág. 119.

255 OLIVEIRA, Marcelo Ribeiro de. Op. Cit. Pág. 120.

256 LEITE FILHO, José Raimundo. Testemunhas sem Rosto: Anotações ao Regime estabelecido na Lei 9.807/99. **A Prova no Enfrentamento à Macrocriminalidade**. SALGADO, Daniel de Resende; QUEIROZ, Ronaldo Pinheiro de (Org.). Salvador: Juspodium, 2015. P. 190.

257 OLIVEIRA, Marcelo Ribeiro de. Op. Cit. Págs. 116 e 121.

da gravação não viola nenhum dos requisitos de validade do negócio jurídico previstas no artigo 104 do Código Civil: agente capaz, objeto lícito, possível, determinado ou determinável e forma prescrita ou não defesa em lei. Como a gravação é prevista para um ato de tratativa, e não para a forma do acordo em si (deve ser escrita), devem incidir os artigos 107 e 112 do Código Civil: a validade da declaração de vontade não dependerá de forma especial, devendo-se atender mais à intenção da declaração do que ao sentido literal da linguagem.[258]

Mesmo que se enxergue vício na ausência de registro audiovisual das tratativas, não há que se falar em nulidade, eis que o alegado vício pode ser facilmente sanado por meio da readequação do acordo após recusa judicial de homologação.[259] Inclusive, esse é o entendimento do Supremo Tribunal Federal, para quem a previsão do §13 consiste em uma recomendação e não uma obrigação absoluta cujo desatendimento enseja nulidade.[260]

Assinado o Termo de Confidencialidade, o pretenso colaborador apresenta os anexos, um por fato, demonstrando o que vai dizer e indicando os meios de prova que possui ou apontando o caminho para a sua obtenção, como forma de corroborar suas alegações. Os anexos, segundo Vladimir Netto, são uma novidade criada na Operação Lava Jato:

> Os procuradores decidiram criar uma novidade: dividir os assuntos por anexos. A ideia foi de Deltan Dallagnol. A divisão resolvia um problema: se surgissem nomes de políticos, parte dos anexos poderia ser enviada ao Supremo Tribunal Federal sem prejudicar a investigação de outras pontas da história. Um anexo poderia ser divulgado, enquanto outro não.[261]

---

[258] OLIVEIRA, Marcelo Ribeiro de. Op. Cit. Pág. 121.

[259] OLIVEIRA, Marcelo Ribeiro de. Op. Cit. Pág. 123.

[260] STF. Tribunal Pleno. Inq. 4146/DF, Rel. Min. Teori Zavascki, julgado em 22/06/2016 (Divulgado no Informativo 831).

[261] NETTO, Vladimir. **Lava Jato: o Juiz Sergio Moro e os bastidores da Operação que abalou o Brasil**. Rio de Janeiro: Primeira Pessoa, 2016. p. 62.

A seguir uma minuta de Termo de Confidencialidade utilizado na Operação Lava Jato:

TERMO DE CONFIDENCIALIDADE

O **MINISTÉRIO PÚBLICO FEDERAL**, por meio dos Procuradores da República ________________ e ______________integrantes do Grupo de Trabalho instituído pela Procurador-Geral da República através da Portaria PGR/MPU nº __, de __/__/____, e ______________, (qualificação e endereço), em conjunto com seu advogado ______________, inscrito na OAB/__ sob o n. _____, resolvem subscrever o presente termo de confidencialidade, por meio do qual se comprometem a guardar sigilo sobre todas as informações, escritas ou orais, fornecidas durante a negociação, celebração e execução de acordo de colaboração premiada no âmbito da chamada "Operação Lava Jato", relacionadas às operações envolvendo ______________, devendo o segredo ser mantido até eventual recebimento de denúncia, nos termos do art. 6º, § 3º, da Lei n. 12.850/2013.

Brasília (DF), ____de ______ de _______.

____

Procurador da República (1)

____

Procurador da República (2)

____

(colaborador)

____

Advogado

Figura 1 – Termo de Confidencialidade
Fonte: Força-Tarefa Lava Jato/MPF

Se o Ministério Público checar ao menos parte dos fatos e verificar credibilidade nos depoimentos, então o caminho estará aberto para a negociação oficial dos benefícios e punições. É uma verdadeira barganha: cada parte negocia o que quer ganhar e analisa o custo que é perder o que a outra parte quer obter.

O ideal é que haja sempre, no mínimo, duas pessoas em cada lado da situação, a fim de que haja equilíbrio e ponderação[262]. Desse modo, de um lado estarão no mínimo o advogado e seu cliente e, do outro, dois membros do Ministério Público, para que, em ambos os casos, um possa aconselhar-se e discutir com o outro as propostas e contrapropostas feitas.

No caso da Operação Lava Jato, o primeiro acordo de colaboração premiada foi firmado com Paulo Roberto Costa, ex-diretor de Abastecimento da Petrobras. Quanto às negociações prévias, Vladimir Netto apresentou um panorama de como ocorreram:

> Começaram as negociações. Paulo Roberto Costa estava em uma situação ruim, preso e acusado de vários crimes, mas tinha sido um hábil negociador por décadas. Era uma das coisas que fazia melhor na vida. Durante as longas conversas com os procuradores, ele assumia a frente, mais do que a advogada. Reclamava que estavam pedindo muito, que já tinha entregado tudo, que precisava de um patrimônio para se manter e sustentar a família. 'Ele 'chorava' bastante, apresentava argumentos tipo: 'Ah, mas isso são meus bens, tem o meu salário de tanto tempo, vocês estão pegando demais, assim não dá, eu vou precisar sobreviver depois. Já estou devolvendo tudo, vocês estão chorando por migalhas, vocês querem 1 milhão, 2 milhões a mais aqui no Brasil quando eu estou entregando 70 milhões lá fora', conta um dos negociadores. Ao longo do processo, os dois lados tentaram fortalecer suas posições. Foram longas horas de detalhada negociação, e no final ficou acertado que Costa falaria tudo que sabia.[263]

Assim, não há fórmula mágica para a realização de um bom acordo de colaboração premiada: para o membro do Ministério Público, é imprescindível que conheça cada página das investigações, dominando todos os fatos e provas já constantes dos autos, para que possa argumentar com o investigado/réu; para este, é importante que saiba negociar, barganhar, apresentando novos fatos e provas, mostrando às autoridades a imprescindibilidade das informações que possui para o efetivo êxito do processo ao final.

---

[262] Por isso a minuta do Termo de Confidencialidade acima tem espaço para a assinatura de dois membros do Ministério Público.

[263] NETTO, Vladimir. Op. cit., p. 61.

3.2 MOMENTO

De acordo com o artigo 3º da Lei n. 12.850/2013, em qualquer fase da persecução penal será permitida a colaboração premiada, previsão reforçada pelo disposto no subsequente artigo 4º, § 2º, que dispõe, a depender da relevância da colaboração, que o Ministério Público ou a autoridade policial poderão requerer, "a qualquer tempo", o perdão judicial ao cooperante.

Outra norma a confirmar que a colaboração premiada pode ocorrer em qualquer fase da investigação ou do processo, incluindo-se aí a execução penal, é o próprio § 5º do referido artigo, que prevê que "Se a colaboração for posterior à sentença, a pena poderá ser reduzida até a metade ou será admitida a progressão de regime ainda que ausentes os requisitos objetivos". Tal dispositivo, como se vê, admite expressamente a colaboração feita em fase de execução, apenas limitando os benefícios do réu condenado com trânsito em julgado.

A doutrina não diverge quanto à possibilidade de realização de acordo de colaboração premiada na fase de execução penal. Nesse sentido, ensina Walter Nunes da Silva Júnior que:

> A colaboração premiada pode ser antes ou durante o processo. A primeira se dá na fase da investigação policial, antes de recebida a denúncia contra o acusado. A segunda, naturalmente, após o ajuizamento da ação penal e, até mesmo, após prolatada a sentença condenatória.[264]

Do mesmo modo Rogério Sanchez Cunha e Ronaldo Batista Pinto defendem que "não há prazo legal imposto para que a colaboração possa ser prestada, sendo ela cabível, assim, mesmo após a prolação da sentença".[265] Nesse caso, entendem os autores que o juiz competente para a homologação do acordo é o juízo da execução penal, nos termos do artigo 66, inciso I, da Lei n. 7.210/84.[266]

---

[264] SILVA JÚNIOR, Walter Nunes da. **Curso de direito processual penal: teoria (constitucional) do processo penal.** 2 ed. Natal: OWL Editora Jurídica, 2015. p. 537/538.

[265] CUNHA, Rogério Sanches; PINTO, Ronaldo Batista. **Crime Organizado. Comentários à nova lei sobre o Crime Organizado (Lei n. 12.850/13).** 3ª ed. Salvador: JusPodium, 2014. p. 66.

[266] CUNHA, Rogério Sanches; PINTO, Ronaldo Batista. Op. cit., p. 67.

3.3 FORMA

O artigo 6º e incisos I a V da Lei n. 12.850/2013 dispõe que o termo de acordo da colaboração premiada deverá ser feito por escrito e conter: I – o relato da colaboração e seus possíveis resultados; II – as condições da proposta do Ministério Público ou do delegado de polícia; III – a declaração de aceitação do colaborador e de seu defensor; IV – as assinaturas do representante do Ministério Público ou do delegado de polícia, do colaborador e de seu defensor; V – a especificação das medidas de proteção ao colaborador e à sua família, quando necessário.

Desse modo, até para que haja garantia de seu cumprimento, tanto para acusação quanto para defesa, o acordo de colaboração premiada deverá constar de um documento escrito assinado pelas partes. Isso garante inclusive o direito, ao agente cooperante, de buscar junto ao Poder Judiciário, pela via recursal, o cumprimento das cláusulas do acordo se estas vierem a ser desrespeitadas, por exemplo, na sentença condenatória.

Stephen Trott alerta para o fato de que o documento deverá ser bem redigido, com as cláusulas muito claras, sem qualquer obscuridade. Ao se dirigir a Promotores e Procuradores dos Estados Unidos, diz o referido juiz:

Lembre-se, o documento pode voltar para assombrá-lo se ele for mal redigido. Tenha certeza de examiná-lo como um documento de provável exibição na Corte e tente evitar redigi-lo de forma que possa ser utilizado contra você ou de forma que você não possa usá-lo. (...) Não se esqueça de que seu lado do acordo – imunidade ou o que quer que seja – será usado na Corte pela Defesa como 'o motivo pelo qual a testemunha está mentindo'. A Defesa irá caracterizá-lo como 'troca', 'propina' etc. Não cause a si mesmo problemas desnecessários abrindo mão de muito.[267]

---

[267] TROTT, Stephen. Op. cit., p. 78/79.

3.4 LEGITIMIDADE

A Lei n. 12.850/2013 fala que o acordo de colaboração premiada poderá ser negociado e firmado entre o investigado/acusado e seu defensor e o representante do Ministério Público ou a autoridade policial. De fato, o artigo 6º, inciso IV, por exemplo, dispõe que o termo de acordo da colaboração premiada deverá ser feito por escrito e conter as assinaturas do representante do Ministério Público ou do delegado de polícia, do colaborador e de seu defensor. O artigo 4º, § 2º, por seu turno, prevê que o delegado de polícia poderá, nos autos de inquérito policial, representar ao juiz pelo perdão judicial ao colaborador.

Não restam dúvidas quanto à legitimidade do membro do Ministério Público para a realização de acordo de colaboração premiada, eis que é titular da ação penal, nos termos do artigo 129, inciso I da Constituição Federal, sendo a única instituição cuja função é promover privativamente a ação penal pública, na forma da lei. Se o membro do Ministério Público é o único agente público que pode propor a ação penal, por óbvio é o único que pode dela dispor, negociando diminuição de penas e se comprometendo oficialmente, em nome do Estado, acerca do cumprimento das cláusulas acordadas.

Todavia, como a lei prevê que o delegado de polícia pode negociar e mesmo firmar acordo de colaboração premiada com o investigado, durante a investigação policial, resta a dúvida se ele teria, de fato, tal legitimidade. Isso porque tal previsão, além de ser de duvidosa constitucionalidade, por não ser a autoridade policial titular da ação penal, acarreta problemas mesmo de ordem prática: e se o membro do Ministério Público não concordar com os termos do acordo? Qual a garantia que o investigado tem de que as cláusulas negociadas com o delegado de polícia serão cumpridas pelo representante do Ministério Público?

Parece, portanto, que tais dispositivos ferem o artigo 129, inciso I da Constituição Federal, já que a negociação da persecução penal é função exclusiva do titular da ação penal: o Ministério Público. Nesse sentido Marcos Paulo Dutra Santos, ao defender que "O delegado, por sua vez, intervém como intermediário do acordo, pois os pactuantes são, na realidade, o imputado e o *Parquet*, na qualidade de titular da ação penal pública (art. 129, I, da CRFB/88)".[268]

Do mesmo modo pensam Rogério Filippetto e Luísa Rocha: "carece de legitimidade processual o Delegado de Polícia porque não compõe a relação processual e não tem poderes para ingressar em juízo."[269] Esse também é o entendimento de Vinicius Gomes de Vasconcellos, quando diz que a Lei 12.850/2013 não conferiu à autoridade policial legitimidade para realizar acordo de colaboração premiada, sendo o delegado apenas "ator legítimo para obter informações acerca da vontade do imputado em colaborar ou não, e, se necessário, iniciar as negociações de modo preliminar e provisório, sem aprofundamento na questão ou acertamento dos termos do acordo."[270]

A questão foi dirimida na Suprema Corte. O Procurador-Geral da República propôs Ação Direta de Inconstitucionalidade (ADI 5508[271]), perante o Supremo Tribunal Federal, questionando a constitucionalidade dos parágrafos 2º e 6º do artigo 4º da Lei n. 12.850/2013. Como fundamento, argumentou que a previsão legislativa atribuindo a delegados de polícia a realização de acordos de colaboração premiada contraria os princípios do devido processo legal, a titularidade da ação penal pública conferida apenas ao Ministério Público (art. 129,

---

[268] SANTOS, Marcos Paulo Dutra. Op. cit., p. 124.

[269] FILIPPETTO, Rogério; ROCHA, Luísa Carolina Vasconcelos Chagas. **Colaboração Premiada: contornos segundo o sistema acusatório.** Belo Horizonte: D'Plácido Editora, 2017. p. 146.

[270] VASCONCELLOS, Vinicius Gomes de. **Colaboração Premiada no Processo Penal.** 2. ed. revista, atualizada e ampliada. São Paulo: Editora Revista dos Tribunais, 2018. p. 103.

[271] STF, ADI 5508/DF (4000217-27.2016.1.00.0000). Relator: Ministro Marco Aurélio. Requerente: Procurador-Geral da República. Data do protocolo: 28/04/2016.

inciso I, CF/88), a exclusividade do exercício das funções do Ministério Público por membros legalmente investidos na carreira (art. 129, §2º, primeira parte, CF/88) e a função constitucional da polícia como órgão de segurança pública (art. 144, §§ 1º e 4º).

Em 29 de abril de 2016 o Relator, Ministro Marco Aurélio, proferiu decisão, com base no art. 12 da Lei n. 9.868/99, adotando o rito abreviado de modo que a ação fosse decidida pelo Plenário da Corte. Em 20 de junho de 2018, então, o Supremo Tribunal Federal, por maioria, afirmou a constitucionalidade do artigo 4º, § 6º, da Lei n. 12.850/2013, de maneira que é possível que delegados de polícia realizem acordos de colaboração premiada na fase do inquérito policial. Restou claro que o Ministério Público deve sempre se manifestar sobre o acordo, bem como que a autoridade policial não pode interferir na atribuição exclusiva do Ministério Público de oferecer denúncia.

Ainda sobre o tema, em Sessão Virtual finalizada em 28 de maio de 2021, o Supremo Tribunal Federal julgou o Agravo Regimental na Petição PET 8482, que tratou do acordo de colaboração premiada firmado pelo ex-governador do Estado do Rio de Janeiro, Sérgio Cabral, diretamente com a Polícia Federal. No caso, a maioria dos ministros acatou o argumento da Procuradoria-Geral da República no sentido de que o acordo não poderia ter sido homologado ou mesmo firmado sem a anuência do Ministério Público.[272]

No caso concreto, o Ministério Público Federal no Rio de Janeiro não aceitou realizar acordo de colaboração premiada com o ex-governador em razão de parte dos valores obtidos em razão da prática criminosa continuar com o paradeiro desconhecido, além de apresentar o colaborador anexos de colaboração extemporâneos, não inéditos

---

272 http://portal.stf.jus.br/noticias/verNoticiaDetalhe.asp?idConteudo=466783&ori=1 Acesso em: 16 de junho de 2021.

que colidem com depoimentos de outros colaboradores, esses com farta prova de corroboração. Assim, defendeu a Procuradoria-Geral da República que a autoridade policial, por não possuir capacidade postulatória, não teria legitimidade para se dirigir diretamente ao Relator em busca da homologação do acordo firmado com Polícia Federal, mas teria necessariamente que levar o acordo ao Ministério Público Federal para que anuísse ou não, e nesse caso a anuência inexistiu.[273]

Os ministros Marco Aurélio, Luís Roberto Barroso, Cármen Lúcia e Rosa Weber rejeitaram a preliminar suscitada pela Procuradoria-Geral da República de que o acordo não poderia ser firmado pela polícia sem a concordância do Ministério Público. No mérito, negaram provimento ao Agravo Regimental e mantiveram a validade do acordo de colaboração.

Em seu voto, o Ministro Luís Roberto Barroso relembrou que há menos de 03 (três) anos o Plenário do Supremo Tribunal Federal reconheceu, em ação direta de inconstitucionalidade, com eficácia *erga omnes* e efeito vinculante, que a autoridade policial possui legitimidade para a celebração do acordo de colaboração premiada, ressaltando que o conteúdo dos acordos que podem ser celebrados pelo Delegado de Polícia é bastante restrito, não podendo dispor sobre prerrogativas privativas do Ministério Público. Alertou que, no caso concreto, o acordo feito entre o ex-governador e a Polícia Federal não assegurou ao colaborador nenhum benefício em especial, limitando-se a enumerar os favores que, em tese, podem ser concedidos *ex officio* pelo juiz mesmo sem a formalização do acordo.[274]

A preliminar levantada pela Procuradoria-Geral da República foi acolhida pelo Relator, Ministro Edson Fachin, seguido dos Ministros Luiz Fux, Gilmar Mendes, Ricardo Lewandowski, Dias Toffoli, Alexandre de

273 https://www.conjur.com.br/dl/pgr-sergio-cabral.pdf Acesso em 16 de junho de 2021.

274 https://www.conjur.com.br/dl/voto-barroso-delacao-cabral.pdf Acesso em 16 de junho de 2021.

Morais e Nunes Marques. Segundo o Relator, a tese da legitimidade da polícia na feitura de acordos estaria sendo revisitada, e portanto reafirma que "sem a presença do Ministério Público, a Polícia não é parte que pode chancelar acordo e obter homologação judicial"[275], uma vez que o juízo acusatório é exclusividade ministerial, e somente pode ser formado por membro que integre a respectiva carreira do Ministério Público, nos termos do artigo 129, §2º da Constituição Federal. Assim, disse o Ministro Edson Fachin que "não é constitucionalmente admissível que a autoridade policial celebre acordo de colaboração previamente rejeitado pelo Ministério Público."[276]

Desse modo, firmou-se o entendimento de que deveria ser tornada sem efeito a decisão homologatória do acordo de colaboração premiada celebrado com a polícia diante da ausência de concordância do Ministério Público. Passou a ser imprescindível a anuência do órgão acusatório para que possam os julgadores homologar acordos firmados pela autoridade policial.

De fato, tudo recomenda – e isso dissemos desde a primeira edição –, que os órgãos do *law enforcement* atuem em harmonia, de modo que se a autoridade policial vislumbrar a possibilidade de um bom acordo de colaboração, útil ao interesse público, isso seja sugerido ao membro do Ministério Público. O acordo de colaboração premiada é um importante meio de obtenção de prova, e a polícia pode e deve analisar a conveniência e oportunidade de traçar esse caminho, submetendo a possibilidade ao *dominus litis*, a quem cabe a palavra final, conforme decidido pela Suprema Corte.

---

275 https://www.conjur.com.br/dl/voto-fachin-delacao-cabral.pdf Acesso em 16 de junho de 2021.

276 https://www.conjur.com.br/dl/voto-fachin-delacao-cabral.pdf Acesso em 16 de junho de 2021.

3.5 O PAPEL DO JUIZ: COMPETÊNCIA, A HOMOLOGAÇÃO JUDICIAL E A SENTENÇA

3.5.1 Competência

Depois de fechados todos os detalhes do acordo, com as partes satisfeitas com as concessões e benefícios advindos da negociação, assina-se o Termo de Colaboração Premiada, peticionando-se ao Juiz competente para que o homologue.

As regras de competência são as previstas na Constituição Federal e no Código de Processo Penal, não trazendo a Lei n. 12.850/2013 qualquer regramento a respeito. De fato, como ensina Carla Veríssimo, "A identificação do juiz natural parte da Constituição, na qual estão estabelecidos os critérios *ratione materiae* e *ratione personae* - quanto ao mais, remete-se à legislação ordinária a definição da competência em razão do lugar, a natureza do crime (varas especializadas), seguindo-se o critério da prevenção e da distribuição."[277]

Quando o acordo é realizado durante a fase de investigação, ou havendo ação penal sem sentença proferida, a homologação do acordo deve ocorrer perante o juiz de primeiro grau competente para o processamento e julgamento da ação penal.[278] Esse acordo deverá ser respeitado por todas as instâncias superiores e demais juízos. Se o processo já está em grau de recurso, o juízo competente para a homologação será o Tribunal correspondente (Tribunal de Justiça, Tribunal Regional Federal, Superior Tribunal de Justiça ou Supremo Tribunal Federal, a depender do recurso).[279]

---

277 VERÍSSIMO, Carla. Principais questões sobre a competência para a homologação do acordo de colaboração premiada. BOTTINI, Pierpaolo Cruz; MOURA, Maria Thereza de Assis (Coordenadores). **Colaboração Premiada.** 1. ed., 2ª tiragem. São Paulo: Editora Revista dos Tribunais, 2018. p. 119.

278 VERÍSSIMO, Carla, Op. cit., p. 119. No mesmo sentido: SALOMI, Maíra Beauchamp. Colaboração Premiada: principais questões acerca da competência para homologação. BOTTINI, Pierpaolo Cruz; MOURA, Maria Thereza de Assis (Coordenadores). **Colaboração Premiada.** 1. ed., 2ª tiragem. São Paulo: Editora Revista dos Tribunais, 2018. p. 161.

279 VERÍSSIMO, Carla. Op. cit., p. 119/120.

Quando o colaborador detém foro por prerrogativa de função, o acordo deverá ser homologado pelo tribunal competente para o processamento e julgamento da ação penal originária.[280] Nos órgãos colegiados, a competência para homologação será do relator do caso, conforme artigo 2º da Lei n. 8.038/1990.[281]

Quando são vários os locais de infração, havendo vários juízes territorialmente competentes, recomenda Carla Veríssimo que:

> o acordo de colaboração seja negociado em conjunto por membros do Ministério Público que atuam nessas circunscrições judiciárias. Com a prática de separar os fatos delitivos em 'anexos', é possível então ao órgão do Ministério Público cindir a investigação e levar à homologação o termo de acordo (que será o mesmo) acompanhado do 'anexo' específico (o relato dos fatos ocorridos em determinado local) aos juízes competentes territorialmente, mantendo com isso o sigilo quanto aos fatos relativos às outras jurisdições. (...) Caso não seja possível envolver na negociação os membros do Ministério Público lotados nas outras jurisdições, ou algum juízo não homologue a colaboração, as provas de uma investigação que eventualmente estiver mais adiantada, em razão da colaboração, não deverão ser compartilhadas com o outro juízo. Essa é a orientação da 5ª Câmara de Coordenação e Revisão do Ministério Público Federal (...). Se não for assim, o colaborador fica desprotegido, podendo vir a ser condenado em outras ações penais.[282]

Em sendo caso de conexão de crimes federais e estaduais, aplica-se a Súmula 122 do STJ, atraindo a Justiça Federal a competência para julgamento dos crimes conexos estaduais. Se a conexão envolver pessoas com prerrogativa de foro e pessoas sem prerrogativa, leciona Carla Veríssimo:

A jurisprudência tem se consolidado então no sentido de que os órgãos superiores na hierarquia judicial devem, em regra, desmembrar a ação a fim de que os detentores de foro privilegiado sejam julgados

---

280 VERÍSSIMO, Carla. Op. cit., p. 121.

281 VERÍSSIMO, Carla. Op. cit., p. 125.

282 VERÍSSIMO, Carla. Op. cit., p. 122/123.

pelos respectivos tribunais, e aqueles que não possuem essa prerrogativa sejam processados na primeira instância.[283]

3.5.2 A homologação judicial do acordo

O pedido de homologação do acordo, segundo o artigo 7º da Lei n. 12.850/2013, "será sigilosamente distribuído, contendo apenas informações que não possam identificar o colaborador e o seu objeto". Tal previsão se dá exatamente para evitar "vazamentos".

Desse modo, o membro do Ministério Público peticiona, com um resumo do acordo de colaboração, sem identificação do colaborador, a fim de que, distribuído o feito, possa se dirigir diretamente ao juiz competente, complementando com informações detalhadas do caso. É o que dispõe o § 1º do referido artigo: "As informações pormenorizadas da colaboração serão dirigidas diretamente ao juiz a que recair a distribuição, que decidirá no prazo de 48 (quarenta e oito) horas".

Consoante o artigo 4º, § 6º da lei de combate ao crime organizado, "O juiz não participará das negociações realizadas entre as partes para a formalização do acordo de colaboração". Prestigia-se, assim, o sistema acusatório, sem qualquer envolvimento por parte do juiz no acordo feito entre acusação e defesa, como dispõe o artigo 129, inciso I da Constituição Federal.

O sistema acusatório é previsto nas Regras de Havana (Princípios Orientadores Relativos à Função dos Magistrados do Ministério Público), de 1990, adotadas no 8º Congresso das Nações Unidas para a prevenção do Crime e Tratamento dos Delinquentes, que dispõem, nos artigos 10 e 11, o seguinte:

> Art. 10. As funções dos magistrados do Ministério Público deverão ser rigorosamente separadas das funções de juiz.

---

[283] VERÍSSIMO, Carla. Op. cit. 124.

> Art. 11. Os magistrados do Ministério Público desempenham um papel activo no processo penal, nomeadamente na dedução de acusação e, quando a lei ou a prática nacionais o autorizam, nos inquéritos penais, no controlo da legalidade destes inquéritos, no controlo da execução das decisões judiciais e no exercício de outras funções enquanto representantes do interesse público.

Também a Declaração de Brasília contra a Corrupção, de 2016, fruto de Seminário realizado pelo Conselho Nacional do Ministério Público, consagra o modelo adversarial, quando diz, em seu item **2, que:**

> O princípio acusatório no processo penal brasileiro, segundo modelo adversarial, deve permitir a todos os sujeitos processuais observar e fazer respeitar os direitos de acusados, das vítimas e da sociedade.

O sistema acusatório foi adotado na Constituição Federal de 1988 (art. 129, inciso I), porém remanescem, ainda, vestígios do sistema inquisitivo no ordenamento jurídico, sendo da tradição brasileira a intervenção do juiz em assuntos típicos das partes, especialmente no processo penal, em que vigoram direitos, em regra, indisponíveis. Sempre que o interesse público predomina no feito, utiliza-se tal argumento como justificativa para uma atuação mais proativa por parte do julgador.

A justiça negociada rompe essa tradição, conferindo às partes, e tão somente a elas, as questões referentes ao acordo de colaboração premiada, restringindo-se o juiz ao papel de fiscal da legalidade e da voluntariedade do acordo. Desse modo, a tendência da Lei n. 12.850/2013 foi no sentido de que o juiz passasse, efetivamente, a ter uma postura equidistante das partes especialmente no processo penal, evitando qualquer participação na elaboração de acordo de colaboração premiada e restringindo sua atuação à fiscalização da legalidade e voluntariedade para fins de homologação da avença.

Assim, assinado o Termo de Colaboração Premiada, peticiona-se ao juiz solicitando a homologação do acordo, que, na antiga previsão do artigo 4º, § 7º da Lei nº 12.850/2013, deveria analisar tão-somente a legalidade do acordo, a constitucionalidade de suas cláusulas e a voluntariedade por parte do réu colaborador, para então homologar o acordo sem nele interferir.

Contudo, a Lei Anticrime alterou o papel do juiz, quando previu que ele, além de analisar regularidade, voluntariedade e legalidade, deve também, para fins de homologação do acordo, analisar a "adequação dos benefícios" e a "adequação dos resultados". Assim, a lei introduziu incisos que "levam a uma maior incursão judicial no que toca à eficácia do acordo, ao prever a análise da adequação dos resultados da colaboração aos resultados mínimos exigidos nos incisos I, II, III, IV e V do *caput* do artigo."[284] O magistrado deverá, de algum modo, antes da homologação, adentrar no mérito do acordo, a fim de analisar se os benefícios pactuados estão previstos em lei.

São passíveis de negociação cláusulas sobre perdão judicial, redução da pena em até 2/3, substituição de pena privativa de liberdade por restritiva de direitos e imunidade, isto é, não oferecimento da ação penal, nas hipóteses em que o colaborador não é líder da organização criminosa, foi o primeiro a colaborar e trouxe fatos novos. Além disso, é possível a previsão de cláusulas sobre a redução da pena em até metade e progressão de regime ainda que ausentes os requisitos objetivos, em homenagem ao princípio da isonomia, já que são prêmios previstos ao colaborador tardio, que decide cooperar após sentença condenatória. Não é possível dar a ele benefício superior ao concedido a alguém que, antes até de investigação instaurada, colabora com as autoridades. O juiz deverá, assim, analisar se os benefícios pactuados estão dentro da previsão legal, bem como se a prova de corroboração trazida pelo colaborador atende aos resultados objetivados pela Lei n. 12.850/2013.

---

[284] OLIVEIRA, Marcelo Ribeiro de. Op. Cit. Pág. 113.

Importante, de qualquer forma, sempre em homenagem ao sistema acusatório, que o juiz se resguarde nessa incursão quanto às cláusulas do acordo, devendo, assim, em regra, sempre homologá-lo, desde que constate a voluntariedade, a legalidade em geral das cláusulas e a regularidade formal. Nesse sentido é o entendimento, por exemplo, de Walter Nunes da Silva Júnior, que compreende que o juiz deverá sempre homologar o acordo de colaboração premiada, "máxime no cenário de um processo penal de modelo acusatório, no qual o *parquet* é o *dominus litis* da ação penal".[285]

No já tantas vezes citado *leading case* (*Habeas Corpus* 127.483 – PR) o Supremo Tribunal Federal decidiu, quanto à decisão de homologação, que:

> Não cabe ao Judiciário, nesse momento, examinar aspectos relacionados à conveniência ou à oportunidade do acordo celebrado ou as condições nele estabelecidas, muito menos investigar ou atestar a veracidade ou não dos fatos contidos em depoimentos prestados pelo colaborador ou das informações trazidas a respeito de delitos por ele revelados.[286]

Dessa maneira, antes da Lei Anticrime, não era necessário, para fins de homologação do acordo, que o juiz investigasse se as declarações do réu colaborador eram verdadeiras ou respaldadas por prova de corroboração; esse levantamento era necessário apenas no momento do julgamento do processo em que o depoimento do colaborador foi um meio de obtenção de provas.

Assim se pronunciou o Ministro Dias Toffoli, Relator do *Habeas Corpus n.* 127.483 – PR, cujo entendimento foi referendado pela Suprema Corte:

---

285 SILVA JÚNIOR, Walter Nunes da. **Curso de direito processual penal: teoria (constitucional) do processo penal.** 2ª ed. Natal: OWL Editora Jurídica, 2015. P. 542.

286 Trecho do voto do Relator Ministro Dias Toffoli, citando as informações do Ministro Teori Zavascki. STF, Tribunal Pleno, HC 127.483/PR, Rel. Min. DIAS TOFFOLI. Julgamento: 27/08/2015. Publicação: DJe-021 DIVULG. 03/02/2016 PUBLIC 04/02/2016.

> Em outras palavras, a homologação judicial do acordo de colaboração premiada não significa, em absoluto, que o juiz admitiu como verídicas ou idôneas as informações eventualmente já prestadas pelo colaborador e tendentes à identificação de coautores ou partícipes da organização criminosa e das infrações por ela praticadas ou à revelação da estrutura hierárquica e da divisão de tarefas da organização criminosa.

A homologação judicial, de fato, constitui simples fator de atribuição de eficácia do acordo de colaboração. Sem essa homologação, o acordo, embora possa existir e ser válido, não será eficaz, ou seja, não se produzirão os efeitos jurídicos diretamente visados pelas partes.[287]

Desse modo, não obstante a Lei Anticrime tenha trazido um maior protagonismo do juiz na análise dos benefícios e do alcance dos resultados previstos em lei, tudo recomenda uma postura isenta e equidistante, em reverência ao sistema acusatório. Para Rogério Sanches Cunha e Ronaldo Batista Pinto, o juiz se submete ao princípio da discricionariedade regrada, de modo que, uma vez protocolado o acordo e preenchidos os requisitos objetivos e subjetivos, não resta alternativa ao julgador senão a homologação.[288]

A Lei Anticrime alterou, ainda, a dicção do artigo 4º, § 8º da Lei de Combate ao Crime Organizado, ao prever que o "o juiz poderá recusar a homologação da proposta que não atender aos requisitos legais, devolvendo-a às partes para as adequações necessárias." Antes da alteração o dispositivo previa quase o mesmo, com uma sutil diferença: "o juiz poderá recusar homologação à proposta que não atender aos requisitos legais, ou adequá-la ao caso concreto."

No caso da Operação Lava Jato, algumas vezes o Juiz de primeiro grau intimou as partes para adequarem algumas cláusulas, não havendo

---

[287] STF, Tribunal Pleno. HC 127.483/PR, Rel. Min. DIAS TOFFOLI. Julgamento: 27/08/2015. Publicação: DJe-021 DIVULG. 03/02/2016 PUBLIC 04/02/2016.

[288] CUNHA, Rogério Sanches; PINTO, Ronaldo Batista. **Crime Organizado. Comentários à nova lei sobre o Crime Organizado (Lei n. 12.850/13).** 3ª ed. Salvador: JusPodium, 2014. p. 72.

registros de que tenha deixado de homologar alguma cláusula ao final. Quanto aos acordos homologados no Supremo Tribunal Federal, o Ministro Teori Zavascki deixou de homologar cláusula vedando o direito ao duplo grau de jurisdição, por entendê-la inconstitucional. Com o tempo, o Ministério Público aprimorou a dicção da citada cláusula nos acordos, aceita pelos colaboradores, de que seria possível a interposição de recursos se os benefícios ali previstos não fossem ao final concedidos ao réu.

Lei Anticrime incorporou, então, esta prática, e em respeito ao sistema acusatório, não há que se permitir que o juiz faça de ofício qualquer adequação do acordo, mas sempre devolva os autos às partes para que procedam às adequações que entender relevantes.

Para Rogério Filippetto e Luísa Rocha, o recurso cabível da decisão que deixa de homologar o acordo, ou o homologa parcialmente, é a apelação: "deverá ser usada a apelação residual do art. 593, II do Código de Processo Penal, não parecendo adequada a aplicação de analogia com o recurso em sentido estrito, porque a hipótese dele muito dista. A decisão homologatória é interlocutória mista, não faz coisa julgada, nem assegura totalmente o benefício, que dependerá da demonstração de sua eficácia."[289]

Outra inovação da Lei Anticrime foi no sentido de que o juiz deverá obrigatoriamente ouvir o colaborador e seu defensor, em sigilo:

> § 7º Realizado o acordo na forma do § 6º deste artigo, serão remetidos ao juiz, para análise, o respectivo termo, as declarações do colaborador e cópia da investigação, devendo o juiz ouvir sigilosamente o colaborador, acompanhado de seu defensor, oportunidade em que analisará os seguintes aspectos na homologação:
>
> I - regularidade e legalidade;

---

[289] FILIPPETTO, Rogério; ROCHA, Luísa Carolina Vasconcelos Chagas. **Colaboração Premiada: contornos sobre o sistema acusatório**. Belo Horizonte: D'Plácido Editora, 2017. p. 157/158.

> II - adequação dos benefícios pactuados àqueles previstos no caput e nos §§ 4º e 5º deste artigo, sendo nulas as cláusulas que violem o critério de definição do regime inicial de cumprimento de pena do art. 33 do Decreto-Lei nº 2.848, de 7 de dezembro de 1940 (Código Penal), as regras de cada um dos regimes previstos no Código Penal e na Lei nº 7.210, de 11 de julho de 1984 (Lei de Execução Penal) e os requisitos de progressão de regime não abrangidos pelo § 5º deste artigo;
>
> III - adequação dos resultados da colaboração aos resultados mínimos exigidos nos incisos I, II, III, IV e V do caput deste artigo;
>
> IV - voluntariedade da manifestação de vontade, especialmente nos casos em que o colaborador está ou esteve sob efeito de medidas cautelares.
>
> § 8º O juiz poderá recusar a homologação da proposta que não atender aos requisitos legais, devolvendo-a às partes para as adequações necessárias.

A Lei Anticrime tornou então mais morosa a homologação do acordo, que antes podia ser feita sem a oitiva do colaborador, que era apenas facultada ao juiz, não imposta. Agora a lei fala que o magistrado *deverá* ouvi-lo, marcando audiência de verificação da voluntariedade.

Como bem pondera Priscila Nóbrega de Miranda Correia, sobre a inovação legislativa,

> Reputa-se não haver proporcionalidade na designação obrigatória da audiência, vez que a colaboração exige celebração por parte do membro ministerial, do colaborador e do defensor, a teor do art. 3-B, § 5º, da Lei nº 12.850/13. (...) Nesse ponto, se o pacote anticrime fez questão de condicionar a regularidade do acordo à presença de profissional técnico apto a assegurar os direitos do colaborador (advogado ou defensor), revela-se contraditório exigir, mais a frente, oitiva *obrigatória* do colaborador e de seu causídico para analisar os aspectos validantes do acordo, como se houvesse discrepância entre os polos técnicos do negócio jurídico processual. Mais interessante seria a manutenção da *faculdade* da audiência somente para os casos em que o Juízo vislumbrasse a necessidade de oitiva do colaborador no caso concreto.[290]

---

[290] CORREIA, Priscila Nóbrega de Miranda. **Análise das Alterações da Lei Anticrime na Colaboração Premiada.** 2020, TCC (Pós-Graduação) – Curso de Especialização em Direito Penal e Processo Penal da Escola Superior da Magistratura do Estado do Rio Grande do Norte – ESMARN, Natal, 2020. Pág. 33.

A Lei Anticrime, assim, impôs a realização de uma audiência para a verificação da voluntariedade do colaborador, externando-se uma espécie de desconfiança legislativa acerca da legalidade e correição das negociações.

Walter Nunes da Silva Junior alerta para a possibilidade de acordo realizado na presença do juiz, em razão de que:

> Como a colaboração pode ocorrer em qualquer fase do processo, é possível que a proposta e a respectiva aceitação sejam formalizadas, inclusive, na própria audiência, embora, pelos mais diversos fatores, essa circunstância seja uma exceção, e não a regra.[291]

E em razão dessa excepcionalidade alerta o autor que "tudo recomenda que o procedimento referente à coleta do conteúdo se dê extrajudicialmente".[292] É recomendado que, se durante um interrogatório o acusado se propuser a colaborar, encerre-se a audiência, a fim de que as partes possam negociar o acordo, sem a presença do juiz.

Homologado o acordo, algum processo tramitará, seja contra o próprio réu cooperante, seja com relação aos demais membros da organização criminosa ou coautores e partícipes. Nesse processo o colaborador deverá prestar depoimento, abrindo mão do direito ao silêncio e comprometendo-se a dizer a verdade. A instrução ocorrerá normalmente, contando com os meios de prova obtidos a partir, também, do acordo de colaboração premiada.

3.5.3 A sentença final.

Ao final da instrução o juiz deverá proferir a sentença, momento em que verificará se o réu colaborador cumpriu seus deveres, isto é, analisará a efetividade da colaboração anteriormente homologada, conforme decidiu o Supremo Tribunal Federal ao julgar a QOPetn. 7.074/DF, em 03 de maio de 2018.[293]

---

[291] SILVA JÚNIOR, Walter Nunes da. **Curso de direito processual penal: teoria (constitucional) do processo penal.** 2 ed. Natal: OWL Editora Jurídica, 2015. p. 542.

[292] SILVA JÚNIOR, Walter Nunes. Op. cit., p. 542.

[293] BRASIL. Supremo Tribunal Federal. QOPetn. 7.074/DF, Tribunal Pleno. Relator: Ministro Edson Fachin. **Dje.** Brasília, 03 de maio de 2018.

Pierpaolo Cruz Bottini bem resume os limites do julgador nos casos de colaboração premiada, ao analisar as conclusões do citado julgamento:

> (...) a homologação do acordo encerra a análise judicial sobre a *regularidade, voluntariedade* e *legalidade* do acordo, tornando *preclusas* tais matérias a decisão, a não ser que fato *posterior* – ou *anterior/concomitante e desconhecido* do magistrado – indique a ausência de um dos três elementos indicados.

No momento da *sentença* caberá ao magistrado *apenas a análise da eficácia* da colaboração, sendo necessária a aplicação dos *benefícios* acordados caso o colaborador cumpra com sua parte na avença, ou seja, se mantiver sua versão dos fatos e não for constatada *falsidade* ou *omissão* em suas declarações.[294]

Como bem esclarece Daniel Diniz Barreto de Paiva:

> O cumprimento dos deveres é essencial ao regular andamento do feito até que se chegue à prolação da sentença. É neste momento que se fará a análise da efetividade do pacto (atingimento de, pelo menos, uma das finalidades elencadas pelos incisos do art. 4º).[295]

Na prática, nos casos da Operação Lava Jato, as partes ofertavam ao juiz, após a instrução, um relatório conjunto sobre a efetividade da colaboração[296], para subsidiá-lo quanto à verificação do cumprimento dos deveres por parte do réu colaborador. Para Vinicius Gomes de Vasconcellos, "se cumpridas suas cláusulas e realizada efetiva

---

[294] BOTTINI, Pierpaolo Cruz. A homologação e a sentença na colaboração premiada na ótica do STF. BOTTINI, Pierpaolo Cruz; MOURA, Maria Thereza de Assis (Coordenadores). **Colaboração Premiada.** 1. ed. 2ª tiragem. São Paulo: Editora Revista dos Tribunais, 2017. p. 199.

[295] PAIVA, Daniel Diniz Barreto de Paiva. **Limites Negociais do Sistema Criminal brasileiro; um estudo a partir da colaboração premiada.** 2018, TCC (Graduação) – Curso de Direito, Universidade Federal do Rio Grande do Norte, Natal, 2018. p. 56.

[296] Vinicius Gomes de Vasconcellos chama tal relatório de "Relatório de Avaliação de Efetividade da Colaboração". VASCONCELLOS, Vinicius Gomes de. **Colaboração Premiada no Processo Penal.** 2. ed. revista, atualizada e ampliada. São Paulo: Editora Revista dos Tribunais, 2018. p. 239.

colaboração, o julgador deverá conceder o benefício máximo consentido pelas partes, ou seja, o magistrado fica vinculado ao acordo no momento do sentenciamento."[297]

Assim vinha sido feito na Operação Lava Jato, quando as partes negociavam expressamente a pena no caso concreto (ex.: três anos de reclusão, sendo o primeiro em regime semiaberto e os demais em prisão domiciliar com uso de tornozeleira) e o juiz, ao prolatar a sentença, dizia qual a pena cabível e, em seguida, a substituía pela pena do acordo.

De fato, tudo recomenda que o Ministério Público, o réu e seu defensor façam cálculos prevendo a pena a ser aplicada em tese e negociem uma pena fixa, não dando margem ao julgador para aplicar frações à pena da sentença, o que pode dar ensejo a insatisfações por parte do acusado condenado. O ideal é que se saia das negociações sabendo exatamente quantos anos, meses e dias de pena o acusado cumprirá se vier a ser condenado, sendo factíveis hipóteses de réus que optam por iniciar o cumprimento da pena negociada antes mesmo da prolação da sentença final, como de fato ocorreu na Operação Lava Jato.[298]

Porém, a Lei n. 13.964/2019 inovou ao prever que o julgador, ao sentenciar o caso em que houve prova decorrente de acordo de colaboração premiada, deverá proceder à análise fundamentada do mérito dos benefícios negociados antes de concedê-los:

---

297 VASCONCELLOS, Vinicius Gomes de, Op. cit., p. 113.

298 A questão do cumprimento antecipado da pena acordada ainda é polêmica. Em regra, os Ministros do Supremo Tribunal Federal, nos casos da Operação Lava Jato, admitem o cumprimento antecipado da pena negociada desde que possa ser revisto pelo juiz sentenciante no momento de avaliar a efetividade da colaboração. Ver, a propósito, MENDONÇA, Andrey Borges de. Os benefícios possíveis na colaboração premiada: entre a legalidade e a autonomia da vontade. BOTTINO, Pierpaolo Cruz; MOURA, Maria Thereza de Assis. **Colaboração Premiada.** 1ª ed. 2ª tiragem. São Paulo: Editora Revista dos Tribunais, 2017. p. 97/101. Entendendo que a pena somente pode ser cumprida após condenação criminal: VASCONCELLOS, Vinicius Gomes de. **Colaboração Premiada no Processo Penal.** 2. ed. revista, atualizada e ampliada. São Paulo: Editora Revista dos Tribunais, 2018. p. 198.

> § 7º-A O juiz ou o tribunal deve proceder à análise fundamentada do mérito da denúncia, do perdão judicial e das primeiras etapas de aplicação da pena, nos termos do Decreto-Lei nº 2.848, de 7 de dezembro de 1940 (Código Penal) e do Decreto-Lei nº 3.689, de 3 de outubro de 1941 (Código de Processo Penal), antes de conceder os benefícios pactuados, exceto quando o acordo prever[299] o não oferecimento da denúncia na forma dos §§ 4º e 4º-A deste artigo ou já tiver sido proferida sentença.

Com a nova previsão legal, o julgador não somente analisará a efetividade da colaboração, mas sim o mérito, os aspectos discricionários da negociação, verificando se foram conferidos prêmios demais para pouca colaboração, ou poucos prêmios para muita cooperação. Novamente registre-se que a Lei Anticrime, aqui, foge do sistema de justiça negociada, que consagra o princípio acusatório e a autonomia das partes.

Assim, o mais correto é entender que o juiz não poderá fugir do que foi acordado entre as partes, devendo respeitar totalmente o acordo, desde que constate que o réu colaborador cumpriu com seus deveres. Isso é recomendado em respeito, principalmente, à segurança jurídica (art. 5º, XXXVI). Esse é, inclusive, o entendimento da Suprema Corte (*Habeas Corpus* nº 127.483/PR), quando decidiu que "os princípios da segurança jurídica e da proteção da confiança tornam indeclinável o dever estatal de honrar o compromisso assumido no acordo de colaboração (...)".[300]

Desse modo, ultimada a instrução de processo em que conste acordo de colaboração premiada, figurando o réu colaborador como um dos acusados ou como informante, em caso de perdão judicial ou concessão de imunidade, deverá o julgador, ao sentenciar, analisar todo conjunto probatório dos autos, como, de resto, faria em qualquer outro caso. Em caso de condenação, deverá realizar a dosimetria da pena, dizendo

---

299 O correto seria "previr".

300 BRASIL, Supremo Tribunal Federal. Habeas Corpus nº 127.483/PR. Relator: Ministro Dias Toffoli. **Dje.** Brasília, 04 de fevereiro de 2016.

claramente qual pena seria aplicada ao colaborador caso não houvesse ele feito o acordo. Assim, condena-se, deixando-se expressa qual a pena cabível, porém ressalva-se, ao final, que a pena concretamente aplicada será a prevista no acordo de colaboração.

Esse é o entendimento de Walter Nunes da Silva Júnior:

> Proferir a sentença condenatória, fixando a pena que seria adequada para, na sequência, fazer a substituição pela sanção negociada em razão da colaboração premiada, deixando consignado que, caso não cumprida qualquer cláusula do acordo, ocorrerá a reconversão da pena aplicada. Assim, na hipótese de o agente deixar de cumprir as cláusulas do acordo, da mesma forma como ocorre quando da substituição da pena privativa de liberdade pela restritiva de direitos, ele terá que cumprir a sanção que havia sido substituída.[301]

No mesmo sentido entende Daniel Diniz Barreto de Paiva:

> Verificada a efetividade da colaboração outrora homologada, cumprirá ao órgão sentenciante conferir o benefício pactuado em favor do acusado colaborador. Isso será feito após a regular condenação e dosimetria da pena, não se eximindo o julgador do dever de fundamentá-las em razão apenas da existência de uma colaboração premiada no caso concreto. Isto é necessário para que eventual descumprimento do acordo de colaboração não acarrete impunidade do agente em face da ausência de uma reprimenda substitutiva. Não cumpridos os termos do contrato, haverá a reconversão da pena aplicada, sujeitando-se o réu colaborador à pena judicialmente fixada em sentença, tal como ocorre nas hipóteses onde há desatendimento às medidas restritivas de direitos que substituem as penas privativas de liberdade.[302]

Assim, após a dosimetria da pena, tudo recomenda que o juiz se abstenha de analisar detalhes das penas negociadas, devendo simplesmente aplicá-las, em substituição à sanção por ele calculada, sob pena, como já dito, de ferir o sistema de justiça negociada, o princípio acusatório e, acima de tudo, a segurança jurídica que permitiu a realização do acordo.

---

301 SILVA JÚNIOR, Walter Nunes da. Op. cit. P. 544.

302 PAIVA, Daniel Diniz Barreto de. Op. cit., p. 56.

3.6 COOPERAÇÃO JURÍDICA INTERNACIONAL E COLABORAÇÃO PREMIADA

É possível que o acordo de colaboração premiada envolva informações sobre contas, bens ou pessoas localizadas no exterior, de maneira que o Ministério Público poderá necessitar do auxílio de autoridades estrangeiras na coleta da prova de corroboração do depoimento do réu colaborador.

Como já foi visto, o crime organizado infiltra-se em redes internacionais, branqueando dinheiro proveniente dos crimes praticados, muitas vezes, em negócios e bancos situados em outros países. Como bem pontua Vladimir Aras:

> Com a globalização econômica, as hipóteses de transnacionalidade criminosa tornaram-se mais comuns. A mobilidade de pessoas, bens e ativos foi grandemente facilitada nas últimas décadas, o que levou ao incremento dos casos em que a cooperação internacional penal se faz necessária, tanto para localizar suspeitos, vítimas ou testemunhas, quanto para identificar provas e compartilhá-las no diálogo binacional ou multilateral.[303]

Assim, é necessário que os países se auxiliem mutuamente, com base na ideia de solidariedade universal, seja para meras comunicações processuais, obtenção de provas, captura de foragidos ou recuperação de ativos.

Para tanto, as autoridades podem se valer dos vários meios de cooperação jurídica internacional que, na classificação dada por Vladimir Aras, consistem em: a) medidas de cooperação internacional que recaem sobre pessoas (extradição, entrega, transferência temporária de pessoas e transferência de condenados); b) medidas de cooperação internacional para obtenção de provas (cartas rogatórias, auxílio direto, videoconferência internacional, tudo com a possibilidade de uso de técnicas especiais de investigação); c) medidas de cooperação internacional para rastreamento, bloqueio, confisco e repatriação

---

303 ARAS, Vladimir. Direito Probatório e Cooperação Jurídica Internacional. **A Prova no Enfrentamento à Macrocriminalidade.** SALGADO, Daniel de Resende; QUEIROZ, Ronaldo Pinheiro de (Organizadores). Salvador: Juspodium, 2015. p. 255/256.

de ativos; d) outras medidas de cooperação penal internacional (informação espontânea, cooperação internacional por meio de forças-tarefas, cooperação policial transfronteiriça, cooperação jurídica direta transfronteiriça e transferência de procedimentos criminais).[304]

É possível, ainda, que as informações fornecidas pelo réu colaborador acerca de produto de crimes localizados no estrangeiro gerem investigações ou processos contra ele em outros países. Para garantir que o réu colaborador não omita fatos e dados sobre crimes cometidos no exterior, os acordos da Operação Lava Jato têm trazido cláusula de garantia de que as autoridades estrangeiras respeitem os termos da avença, a fim de incentivar o colaborador a dizer a verdade sobre esses fatos. Eis a minuta da cláusula:

> Cláusula 20ª - O MINISTÉRIO PÚBLICO FEDERAL somente prestará cooperação jurídica internacional de qualquer natureza que envolva acesso a qualquer informação ou elemento de prova diretamente resultante da colaboração ora pactuada, bem como ao próprio COLABORADOR, se a autoridade estrangeira celebrar com o COLABORADOR acordo ou lhe fizer proposta formal de acordo cujo efeito exoneratório seja, no mínimo, equivalente ao do presente acordo.
>
> Parágrafo único. O acordo mencionado no *caput* poderá ser dispensado caso a autoridade estrangeira se comprometa, por escrito, de forma válida segundo a lei brasileira, a respeitar integralmente os termos deste acordo.[305]

Até Agosto de 2016 o Ministério Público Federal já havia contabilizado, apenas para tal caso em Curitiba, 96 (noventa e seis) pedidos de cooperação ativos para 29 (vinte e nove) países diferentes[306];

---

304 ARAS, Vladimir. Op. cit., p. 269/306.

305 http://s.conjur.com.br/dl/acordo-delacao-premiada-paulo-roberto.pdf Acesso em 30/10/2016.

306 Informações obtidas diretamente da Secretaria de Cooperação Jurídica Internacional da Procuradoria-Geral da República. Os pedidos foram feitos aos seguintes países: Alemanha, Andorra, Antígua e Barbuda, Áustria, Bahamas, Canadá, China, Espanha, Estados Unidos da América, Gibraltar, Hong Kong, Ilha de Man, Ilhas Cayman, Itália, Liechtenstein, Luxemburgo, Macau, Mônaco, Noruega, Países Baixos, Panamá, Portugal, Reino Unido, República Dominicana, Rússia (ainda em fase de tradução na SCI), Singapura, Suécia, Suíça e Uruguai.

e 26 (vinte e seis) pedidos de cooperação passivos, oriundos de 12 (doze) países diferentes.[307] Já no Grupo de Trabalho da Lava Jato do núcleo político-Brasília, que funciona na Procuradoria-Geral da República, até Agosto de 2016 foram feitos 12 (doze) pedidos, todos ativos, a 03 (três) países distintos: Suíça, Israel e França.

Os valores repatriados por meio de cooperação jurídica internacional com Suíça, Reino Unido e Andorra foram significativos, conforme se vê a seguir:[308]

CASO	ORGÃO SOLICITANTE	PAÍS	VALOR EFETIVAMENTE REPATRIADO
FTLJ 01/2014 (Pedro Barusco)	PR-PR	Suiça	R$207.442.368,51
Paulo Roberto Costa	PGR	Suiça	R$79.149.116,58
PETROBRAS / SBM Off-shore (Julio Faerman)	PR-RJ	Reino Unido	R$186.676.600,00
FTLJ (Rodrigo Morales)	PR-PR	Andorra	R$1.200.000,00
FTLJ (Roberto Trombeta)	PR-PR	Andorra	R$1.800.000,00
TOTAL			**R$476.268.085,09**

Figura 2 – Valores repatriados na Lava Jato
Fonte: Força-Tarefa Lava Jato/MPF

Lícito, portanto, afirmar que a cooperação jurídica internacional, no mundo globalizado atual, é uma das formas de se obter a prova de corroboração indispensável para o êxito de um acordo de colaboração premiada que traga informações sobre pessoas residentes ou dados existentes no exterior.

Analisados os aspectos procedimentais mais relevantes do instituto da colaboração premiada, impende investigar quais os direitos e garantias do réu colaborador, conforme será visto no capítulo adiante.

---

[307] Andorra, Argentina, Dinamarca, Estados Unidos da América, Itália, Liechtenstein, Noruega, Panamá, Peru, Suíça, Suécia e Uruguai.

[308] Informações obtidas diretamente da Secretaria de Cooperação Internacional da Procuradoria-Geral da República.

4

DIREITOS E GARANTIAS DO RÉU COLABORADOR

4.1 *VOLENTI NON FIT INJURIA, WAIVERS* E RENÚNCIA A DIREITO FUNDAMENTAL

Ao aceitar firmar o acordo de colaboração premiada, o acusado mantém direitos e garantias constitucionais, porém, por se tratar de Justiça consensuada, é certo que o réu colaborador renuncia a determinados direitos visando a obtenção de outros. Assim, o presente capítulo cuida da análise de quais direitos e garantias são irrenunciáveis, bem como quais podem ser objeto de renúncia por parte do réu: os chamados *waivers* no direito norte-americano.[309]

De acordo com o brocardo latino *Volenti non fit injuria* ("a vontade não causa dano"), aquele que consente não causa mal a si mesmo.[310] Desse

[309] Os *waivers* significam, no direito americano, renúncia ao exercício de um direito, como por exemplo o *waiver of Jury Trial* (Renúncia ao julgamento pelo Júri). Ver, a propósito: ARAS, Vladimir. **Renúncia ao Julgamento pelo Júri no Processo Penal brasileiro.** http://www.prrj.mpf.mp.br/custoslegis/revista_2010/2010/aprovados/2010_Dir_Penl_Vladimir.pdf Acesso em 05/09/2016.

[310] ADAMY, Pedro Augustin. **Renúncia a Direito Fundamental**. São Paulo: Malheiros Editores, 2011. p. 108.

modo, o réu colaborador, ao expressar a vontade de realizar acordo de colaboração premiada, renunciando a determinados direitos em troca de benefícios proporcionais, sempre assessorado por advogado, sendo pessoa capaz e não estando sob coação física ou moral, apenas exercita o seu direito à liberdade de realizar a melhor escolha para a sua situação processual e penal.

Segundo Andrey Borges de Mendonça, "A autonomia da vontade deflui do princípio da liberdade, assegurado no texto constitucional."[311] O direito à liberdade propicia que o titular do direito opte por exercê-lo ou não, a depender das circunstâncias. A esse respeito, leciona Daniel Diniz Barreto de Paiva:

> Muitas garantias constitucionais apresentam dúplice perspectiva, permitindo ao seu titular a liberalidade de exercitá-las de forma positiva (comissão) ou negativa (abstenção). A liberdade de pensamento (art. 5º, inciso IV, da CF/88), por exemplo, pode ser empreendida tanto na expressão de um conteúdo ideológico quanto na prerrogativa de manter-se inerte em sua divulgação ou mesmo de não ter qualquer opinião sobre o contexto que se lhe apresenta. Da mesma forma, a liberdade profissional (art. 5º, inciso XIII, CF/88) é validamente exercida tanto com a escolha e desempenho de um ofício, quanto coma a opção de não exercer ofício algum."[312]

Rodrigo da Silva Brandalise, ao tratar das causas de legitimação justiça penal negociada, elenca, ao lado da busca pela celeridade e razoável duração do processo, a a autonomia do indivíduo e a possibilidade de não exercício de direitos processuais como fundamento para o consenso no processo penal.[313] Ensina o autor que "A disposição

---

[311] MENDONÇA, Andrey Borges de. Os benefícios possíveis na colaboração premiada: entre a legalidade e a autonomia da vontade. BOTTINI, Pierpaolo Cruz; MOURA, Maria Thereza de Assis. **Colaboração Premiada.** 1ª ed. 2ª tiragem. São Paulo: Editora Revista dos Tribunais, 2017. p. 64.

[312] PAIVA, Daniel Diniz Barreto de. **Limites Negociais do Sistema Criminal brasileiro; um estudo a partir da colaboração premiada.** 2018, TCC (Graduação) - Curso de Direito, Universidade Federal do Rio Grande do Norte, Natal, 2018. p. 91.

[313] BRANDALISE, Rodrigo da Silva. **Justiça Penal Negociada: Negociação de Sentença Criminal e Princípios Processuais Relevantes.** Curitiba: Juruá, 2016. p. 30/56.

dos direitos fundamentais protegidos ganha legitimação a partir do respeito à autonomia da vontade do acusado, que busca participar do objetivo ressocializador que a negociação possibilita."[314]

De fato, a renúncia a certos direitos fundamentais é, na lição de Pedro Augustin Adamy, nada mais que o exercício do próprio direito renunciado, em conjunto com o direito de liberdade, quando diz que:

> Ao renunciar a um direito fundamental, estará o titular exercendo o direito fundamental de duas formas variadas: a primeira como uma das possíveis formas de exercício daquele direito em conjunto com o seu direito de liberdade e a segunda como meio autônomo de restrição ou limitação do direito renunciado.[315]

Assim, é plenamente lícita a renúncia ao direito ao silêncio ou ao direito de recorrer, por exemplo, quando se firma um acordo de colaboração premiada, eis que o réu colaborador "está levando em consideração a sua situação, suas necessidades, eventuais benefícios com aquela atitude e, dessa forma, exercendo esse mesmo direito fundamental, conjuntamente com a sua liberdade individual".[316]

A garantia individual da liberdade é prestigiada quando se permite que o titular do direito o renuncie, temporariamente, para obter um benefício que considera maior. Novamente ensina Pedro Augustin Adamy:

> A renúncia aos direitos fundamentais, independentemente de quais sejam, deve ser centrada na proteção das decisões individuais no que tange às escolhas feitas individualmente como – assim acredita-se – melhor forma de desenvolvimento da personalidade e não como forma de impor determinada posição.[317]

---

314 BRANDALISE, Rodrigo da Silva. Op. cit., p. 45.

315 ADAMY, Pedro Augustin. Op. cit., p. 49.

316 ADAMY, Pedro Augustin. Op. cit., p. 49/50.

317 ADAMY, Pedro Augustin. Op. cit., p. 50/51.

Privilegia-se, assim, a autonomia do indivíduo, sua autodeterminação e sua capacidade de tomar decisões decorrentes de análise de custo-benefício. Essa renúncia tem balizas, devendo sempre respeitar a dignidade da pessoa humana, e para tanto há que ser prevista em lei, ser voluntária, temporária, revogável a qualquer tempo, e ter em vista um benefício proporcional.[318]

Diante de tais características, a renúncia a direito fundamental pode ser conceituada como:

> A situação definida em lei, em que o titular do direito fundamental, expressamente, renuncia a determinadas posições ou pretensões jurídicas garantidas pelo direito fundamental, ou consente que o Poder Público restrinja ou interfira mais intensamente, por um determinado espaço de tempo e a qualquer momento revogável, tendo em vista um benefício proporcional e legítimo, direto ou indireto, pessoal ou coletivo.[319]

Para Paulo Wunder de Alencar, essa possibilidade de negociação de renúncias em troca de benefícios consiste na própria ampliação do direito de defesa:

> A renúncia não é apenas uma forma de exercício do direito de defesa, mas sim a melhor maneira que o imputado vislumbrou para proteger seus interesses, razão pela qual, se fosse proibida, o efeito seria contrário, isto é, o direito fundamental não estaria sendo observado e o imputado deveria estar fadado a sofrer as piores consequências possíveis na sua esfera de responsabilidade penal, sem que nada pudesse fazer em seu próprio benefício.[320]

---

318 ADAMY, Pedro Augustin. Op. cit., p. 58.

319 ADAMY, Pedro Augustin. Op. cit., p. 58.

320 ALENCAR, Paulo Wunder de. **Justiça Penal Negociada: o processo penal pelas partes**. Dissertação (Mestrado) - Escola de Direito do Rio de Janeiro da Fundação Getúlio Vargas - FGV, Rio de Janeiro/RJ, 2016. https://bibliotecadigital.fgv.br/dspace/bitstream/handle/10438/16455/DissertaçãoMestradoFGV-versaofinalprotocolada.pdf?sequence=1&isAllowed=y Acesso em 05/09/2016.

Assim, quando por meio do acordo de colaboração premiada o cooperante decide, por sua livre e espontânea vontade, abrir mão da sua garantia contra a autoincriminação, ele o faz com base em previsão legal (Lei n. 12.850/2013 e demais normas que tratam do tema), podendo retratar-se ou rescindir o acordo a qualquer tempo, abrindo mão do direito ao silêncio apenas com relação aos fatos abordados do acordo, visando à obtenção de benefícios concretos com relação à sua pena.

4.2 CONTRADITÓRIO E AMPLA DEFESA

Quando o réu aceita os incentivos legais à confissão, dentre os quais se insere a colaboração premiada, ele nada mais faz do que exercer efetivamente o seu direito à ampla defesa, previsto no artigo 5º, inciso LV da Constituição Federal ("Aos litigantes, em processo judicial ou administrativo, e aos acusados em geral, são assegurados o contraditório e ampla defesa, com os meios e recursos a ela inerentes").

Ora, sabe-se que a ampla defesa não se realiza apenas com a tese de negativa de autoria. Há casos em que é tida como estrategicamente correta e melhor a defesa do acusado que confessa e pugna por uma redução de pena, regime de cumprimento de pena mais benéfico ou substituição por pena restritiva de direitos, deixando, inclusive, de apelar da sentença condenatória.

Como bem lembra Walter Nunes da Silva Júnior:

> No instante em que o acusado está cooperando, ele está, igualmente, exercendo sua defesa, pois a efetividade e eficiência da defesa não se confundem com a tese de exculpação ou de negativa de autoria, podendo, em muitos casos, ser exercida apenas no sentido de que, na condenação, o juiz leve em consideração circunstâncias determinantes para a aplicação de pena menos grave (reconhecimento de circunstâncias judiciais, atenuantes e de causas de diminuição de pena, de concurso formal ou de crime continuado etc.), de substituição da pena privativa de liberdade por restritiva de direitos ou de aplicação do perdão judicial.[321]

---

[321] SILVA JÚNIOR, Walter Nunes da. **Curso de direito processual penal: teoria (constitucional) do processo penal.** 2 ed. Natal: OWL Editora Jurídica, 2015. p. 543.

Marcos Paulo Dutra Santos, nessa mesma linha, entende que a colaboração premiada é um consectário lógico da autodefesa[322], e defende que:

> A opção pela colaboração premiada, sem meias palavras, é um dos caminhos que o acusado pode eleger, logo, enquanto tal, é manifestação da ampla defesa (art. 5º, LV, da Constituição da República) - a depender das provas carreadas pelo Estado contra o acusado, a tornar a condenação mais do que visível no horizonte, a delação mostra-se a estratégia capaz de minorar a punição ou, a depender do caso, até evitá-la. (...) Eliminar do ordenamento essa alternativa reduziria o cardápio de "linhas de defesa" à disposição do acusado e do seu defensor, importando involução no exercício da ampla defesa, em descompasso com um dos critérios de hermenêutica constitucional - vedação ao retrocesso.[323]

O raciocínio é o mesmo utilizado por Andrey Borges de Mendonça:

> Desde logo já se antevê a causa do negócio pelo ângulo defensivo: a colaboração premiada é uma *estratégia defensiva*, que deflui diretamente dos princípios da ampla defesa e da autonomia da vontade, ambos com estatura constitucional. (...) Realmente, deflui da ampla defesa (prevista no art. 5º, inc. LV, da Constituição Federal) que o acusado pode se valer, diretamente (autodefesa) e por meio de advogado (defesa técnica), de todos os meios e recursos concedidos pelo ordenamento jurídico para alcançar o melhor resultado naquele feito. Embora na grande maioria das situações essa ampla defesa se vocacione para contrariar a tese acusatória, visando à absolvição ou ao melhor resultado em um processo litigioso (condenação a uma pena mais baixa), nada impede que a defesa entenda que a colaboração premiada é a melhor estratégia defensiva para aquele caso concreto.[324]

---

322 SANTOS, Marcos Paulo Dutra. **Colaboração (Delação) Premiada**. Salvador: JusPodium, 2016. p. 79.

323 SANTOS, Marcos Paulo Dutra. Op. cit., p. 75.

324 MENDONÇA, Andrey Borges de. Os benefícios possíveis na colaboração premiada: entre a legalidade e a autonomia da vontade. BOTTINI, Pierpaolo Cruz; MOURA, Maria Thereza de Assis. **Colaboração Premiada.** 1ª ed. 2ª tiragem. São Paulo: Editora Revista dos Tribunais, 2017. p. 59.

Também Rodrigo da Silva Brandalise entende que a vontade do acusado, apresentada de modo livre e voluntário para realizar o acordo, "reflete seu exercício de defesa em sua maior amplitude."[325]

Em voto proferido no *Habeas Corpus n.* 127.483/PR o Ministro Dias Toffoli, do STF, ressaltou que "o objetivo principal da garantia do contraditório não é a defesa, no sentido negativo de mera oposição ou resistência, mas sim a influência, tomada como direito ou possibilidade de incidir ativamente sobre o desenvolvimento e resultado do processo".[326]

Assim, cabe ao réu e a seu advogado sopesarem, diante do quadro probatório trazido com a peça acusatória e produzido nos autos, qual a melhor forma de exercer o direito constitucional à ampla defesa: silenciar, negar tudo, negar parte dos fatos, confessar parte dos fatos, confessar tudo, sem delatar, ou colaborar com o Ministério Público nos termos da Lei n. 12.850/13.

Desse modo, quando se coloca à disposição do acusado a possibilidade de obter benefícios por meio da realização do acordo de colaboração premiada, está-se, de fato, ampliando o leque de alternativas de exercício de sua defesa. Este, como já dito, é o entendimento de Walter Nunes da Silva Junior, quando escreve que os incentivos legais à confissão são "instrumentos hábeis à expansão do direito à ampla defesa no ambiente criminal".[327] Para Silva Junior, "a delação ou colaboração premiada confere ao agente colaborador benefícios legais, forma de premiação que, por via reflexa, serve, ainda que mediatamente, para o exercício efetivo do direito à ampla defesa".[328]

---

[325] BRANDALISE, Rodrigo da Silva. **Justiça Penal Negociada: Negociação de Sentença Criminal Princípios Processuais Relevantes.** Curitiba: Juruá, 2016. p. 154.

[326] STF, Tribunal Pleno, HC 127.483/PR, Rel. Min. DIAS TOFFOLI. Julgamento: 27/08/2015. Publicação: DJe-021 DIVULG. 03/02/2016 PUBLIC 04/02/2016.

[327] SILVA JÚNIOR, Walter Nunes da. **Curso de direito processual penal: teoria (constitucional) do processo penal.** 2 ed. Natal: OWL Editora Jurídica, 2015. p. 537.

[328] SILVA JÚNIOR, Walter Nunes da. Op. cit., p. 537.

A garantia constitucional da ampla defesa é consolidada ao ser permitida, ao réu, a estratégia de colaborar com as autoridades em busca de benefícios práticos que variam da imunidade (não ser denunciado se for o primeiro a falar ou não for o líder da organização criminosa), do perdão judicial à redução de pena ou progressão do regime.

Como bem pontua, ainda, Walter Nunes da Silva Júnior:

> Esses incentivos à confissão e à colaboração não se atritam com a natureza defensiva do interrogatório, muito pelo contrário, com ela se harmonizam. Ao fazer a comunicação de que o acusado detém o direito ao silêncio como estratégia de defesa, o juiz deve informá-lo, ainda, dos benefícios que ele pode usufruir com a sua eventual colaboração na persecução criminal.[329]

Segundo referido autor, o juiz do interrogatório, a par de avisar ao acusado que ele possui o direito ao silêncio, deve cientificá-lo acerca dos outros direitos previstos no sistema normativo, "dentre os quais se insere a colaboração premiada".[330]

Do mesmo modo, obviamente, o princípio do contraditório é preservado, no sentido de que o réu será comunicado de todos os atos processuais, podendo manifestar-se sobre tudo que for produzido no processo. Sobre o contraditório, lembra Edilson Mougenot Bonfim que se trata da:

> Ciência bilateral dos atos e termos processuais e possibilidade de contrariá-los', pelo que representa uma garantia conferida às partes de que elas efetivamente participarão da formação da convicção do juiz. (...) Relevante é que o juiz, antes de proferir cada decisão, ouça as partes, dando-lhes igual oportunidade para que se manifestem, apresentando argumentos e contra-argumentos.[331]

As manifestações do réu colaborador, todavia, terão sempre que se manter coerentes com o que foi dito no acordo, por razões de ordem lógica, sob pena de ser reconhecida má-fé e deslealdade processual, com o consequente reconhecimento do descumprimento da avença.

---

329 SILVA JÚNIOR, Walter Nunes da. Op. cit., p. 543.

330 SILVA JÚNIOR, Walter Nunes da. Op. cit., p. 543.

331 BONFIM, Edilson Mougenot. **Curso de Processo Penal**. 10ª ed. São Paulo: Saraiva, 2015. Pág. 91.

Para Rogério Sanches Cunha e Ronaldo Batista Pinto, ao tratar da colaboração premiada, "restam preservados os princípios da ampla defesa e do contraditório, pois há sim um processo a anteceder qualquer sentença".[332] Também para Pedro Jorge do Nascimento Costa a ampla defesa é consolidada nos casos de colaboração premiada:

> Não há coação ou incapacidade de discernimento do agente colaborador. Romper o silêncio pode ser inclusive a melhor estratégia de defesa, na qual o Estado não deve se imiscuir. Ofende, pois, a ampla defesa retirar ao agente a possibilidade de colaborar. (...) exatamente por ser sujeito processual, o réu pode, desde que livre e conscientemente, dispor de seu direito constitucional a não colaborar.[333]

Partindo da premissa de que o acusado e seu advogado optaram por essa linha de defesa, qual seja, a realização de acordo de colaboração premiada, cabe perguntar se ostenta ele as mesmas garantias processuais do réu que nega a autoria ou que opta pelo silêncio. De acordo com a lei, algumas garantias processuais devem ser voluntariamente renunciadas pelo réu colaborador.

Talvez em razão da inovação que é a justiça consensuada no direito processual penal brasileiro, essa negociação de renúncias pontuais de direitos, chamadas de *waivers* pelo direito americano[334], possa impactar um pouco. Todavia, não restam dúvidas de que, havendo significativos benefícios ao acusado, essa renúncia voluntária não merece maiores questionamentos, eis que, como já dito, amplia o leque de estratégias da defesa.

---

332 CUNHA, Rogério Sanches; PINTO, Ronaldo Batista. **Crime Organizado. Comentários à nova lei sobre o Crime Organizado (Lei n. 12.850/13).** 3ª ed. Salvador: JusPodium, 2014. p. 39.

333 COSTA, Pedro Jorge do Nascimento. Silêncio e Mentira como Prova: a Proteção às Organizações Criminosas. *In* SALGADO, Daniel de Resende; QUEIROZ, Ronaldo Pinheiro (Org.). **A Prova no Enfrentamento à Macrocriminalidade.** Salvador: JusPodium, 2015. p. 181.

334 ARAS, Vladimir. **Sexta Crítica: direitos processuais do acusado são ilegalmente suprimidos nos acordos de colaboração premiada**. https://blogdovladimir.wordpress.com/2015/05/13/sexta-critica-direitos-processuais-do-acusado-sao-ilegalmente-suprimidos-nos-acordos-de-colaboracao-premiada/ Acesso em 25/04/2016.

4.3 DIREITO AO SILÊNCIO

Poderá o réu colaborador exercer o direito constitucional ao silêncio? De acordo com o artigo 4º, § 14 da Lei n. 12.850/2013, o colaborador renuncia ao direito ao silêncio, submetendo-se ao compromisso de dizer a verdade. Isso possui uma razão lógica: se o acusado aceita colaborar com o *law enforcement*, o silêncio passa a ser incompatível com a realização do acordo.

Parte da doutrina é contrária a essa renúncia. Rogério Sanches Cunha e Ronaldo Batista Pinto, por exemplo, entendem que o direito ao silêncio é assegurando constitucionalmente, não podendo ser renunciado pelo acusado.[335] Não parece, porém, ser este o melhor entendimento. Com efeito, conforme já exposto no item 4 do presente trabalho, a renúncia a determinados direitos fundamentais, em certas circunstâncias, é plenamente lícita e consolida a garantia constitucional da liberdade individual.

Esse é o entendimento do Tribunal Constitucional Alemão, que entendeu que a liberdade de escolha se insere no direito ao livre desenvolvimento de sua personalidade, conforme lição de Pedro Augustin Adamy:

> A questão suscitou polêmica, em particular não estando claro para a doutrina se o livre desenvolvimento da personalidade estava limitado à proteção do desenvolvimento espiritual e moral da personalidade de um determinado indivíduo ou se ela seria relativa e estendida de modo a proteger toda a liberdade de ação individual. O Tribunal Constitucional Federal alemão resolveu a controvérsia no sentido de garantir o direito à liberdade geral de ação.[336]

---

[335] CUNHA, Rogério Sanches; PINTO, Ronaldo Batista. **Crime Organizado. Comentários à nova lei sobre o Crime Organizado (Lei n. 12.850/13).** 3ª ed. Salvador: JusPodium, 2014. p. 78.

[336] ADAMY, Pedro Augustin. **Renúncia a Direito Fundamental.** São Paulo: Malheiros Editores, 2011. p. 52/53.

Para que se possa, legitimamente, renunciar a direito fundamental, porém, há óbvios limites. Antes de tudo, é necessário que o renunciante ostente capacidade para tomar decisões. Como se trata, aqui, de investigado ou acusado em processo penal, é possível afirmar que somente pessoa imputável poderá realizar acordo de colaboração premiada.

Por outro lado, não se pode renunciar a algo eternamente. Assim, o réu colaborador não abre mão do direito ao silêncio de forma absoluta e permanente. Fora dos fatos e processos referentes ao acordo de colaboração premiada ou após o cumprimento da pena, o réu colaborador mantém a sua garantia intacta.

Pedro Augustin Adamy enfatiza esse aspecto da temporariedade da renúncia, ao dizer que "Uma renúncia eterna, ademais, pode ser tida como extintiva do próprio direito fundamental, uma vez que o titular nunca mais poderá invocar aquele direito contra o ente para o qual a renúncia foi direcionada"[337], exemplificando que é possível que:

> O titular renuncie temporariamente ao exercício do seu direito de liberdade econômica e livre iniciativa ao pactuar que não atuará em determinado mercado, não comercializará determinado produto, ou não instalará concorrência numa determinada área, sem que com isso esteja a renunciar os seus direitos fundamentais à liberdade econômica e à livre iniciativa.[338]

Essa temporariedade da renúncia do direito ao silêncio e da garantia contra a autoincriminação é admitida por Marcos Paulo Dutra Santos, que prefere dizer que, em vez de uma renúncia propriamente dita, o acusado está "deixando de exercê-los naquele ato, a partir de uma manifestação de vontade marcada pela voluntariedade e consciência, afastando qualquer pecha de inconstitucionalidade".[339]

---

337 ADAMY, Pedro Augustin. **Renúncia a Direito Fundamental**. São Paulo: Malheiros Editores, 2011. p. 117.

338 ADAMY, Pedro Augustin. Op. cit., p. 57.

339 SANTOS, Marcos Paulo Dutra. **Colaboração (Delação) Premiada**. Salvador: JusPodium, 2016. p. 125.

Além disso, a renúncia a direito fundamental, para que seja válida, deve ser retratável, isto é, deve permitir o arrependimento do titular do direito renunciado. Assim, o réu colaborador poderá retratar-se, voltando atrás na decisão de falar, conforme permite, inclusive, expressamente, o artigo 4º, § 10 da Lei n. 12.850/2013, que consagra ao réu colaborador o direito de se retratar, ou seja, de se arrepender, sem necessidade sequer de se justificar, garantindo que "as provas autoincriminatórias produzidas pelo colaborador não poderão ser utilizadas exclusivamente em seu desfavor".

De fato, a opção pelo comportamento colaborador implica na renúncia temporária do direito ao silêncio, mas, ainda segundo Marcos Paulo Dutra Santos, "isso não impede o acusado, posteriormente, de retratar-se – § 10 do art. 4º – ou silenciar-se, o que, por sinal, não deixa de ser uma espécie de retratação tácita".[340]

Além dos pressupostos da capacidade, temporariedade e revogabilidade da renúncia ao direito fundamental, Pedro Augustin Adamy elenca a necessidade de benefícios proporcionais como contrapartida necessária para que essa renúncia seja legítima. Tratando da renúncia a direito fundamental na área tributária, tal autor esclarece, em lição que pode ser transportada para a situação do acordo de colaboração premiada, quanto à questão dos benefícios proporcionais:

> Não há necessidade de sinalagmaticidade entre os benefícios havidos para a Administração Pública e para os contribuintes renunciantes. Contudo, é necessário que aos contribuintes que renunciarem seus direitos – fundamentais ou não – sejam concedidos benefícios que importem uma melhoria nas condições.[341]

Desse modo, se o réu, assessorado por advogado, realiza acordo de colaboração premiada com o Ministério Público, legitimamente

---

[340] SANTOS, Marcos Paulo Dutra. Op. cit., p. 125.

[341] ADAMY, Pedro Augustin. Op. cit., p. 120.

renúncia, nessa relação processual, ao seu direito fundamental ao silêncio, no afã de obter outros benefícios proporcionais aos direitos dos quais temporariamente abre mão.

É absolutamente compatível com a Constituição Federal a renúncia à garantia de autoincriminação necessária aos acordos de colaboração premiada. Alfredo Carlos Gonzaga Falcão Júnior, a propósito, argumenta que:

> Ao delator não pode ser impingida a violência para que fale (...). Contudo, não se pode impedir que fale, que pondere como ser humano livre, e, independente dos seus motivos, pessoais (egoísticos ou não), decida se deve colaborar com a reconstrução dos fatos dentro do processo. (...) O Direito (...) não pode tutelar a incapacidade do ser humano em decidir, mormente quando estão em jogo valores sociais caros à sociedade.[342]

De fato, não se coaduna com a natureza da colaboração que o acusado se cale. Tem ele a garantia da não autoincriminação, porém no instante em que opta por realizar acordo de colaboração premiada, automaticamente renuncia ao direito de permanecer calado, devendo falar a verdade sobre todos os fatos relacionados aos coautores e a si mesmo.

A constitucionalidade dessa renúncia é clara, sob pena de se entender que o acusado teria alguma obrigação ou dever de sempre resistir à tese acusatória, quando se sabe que ele pode negar tudo, negar parte dos fatos, confessar parte dos fatos, confessar tudo sem delatar ou, em última instância, colaborar com o Ministério Público. O leque de estratégias de defesa possíveis ficará a critério seu e de seu advogado.

Defendendo a constitucionalidade da renúncia expressa ao direito ao silêncio, Pedro Jorge do Nascimento Costa argumenta que:

---

342 FALCÃO JÚNIOR, Alfredo Carlos Gonzaga. O perfil constitucional: material da delação premiada como meio de prova. *In* ANJOS FILHO, Robério Nunes dos (Org.). **Capacitar, VII Curso de Ingresso e Vitaliciamento para Procuradores da República**. Brasília: ESMPU, 2011. p. 20/21.

> A colaboração premiada é instituto legítimo do chamado direito penal premial, instrumento de efetividade da persecução penal. (...) A colaboração sequer é o único instituto do direito penal premial que incentiva o agente a falar a verdade. De há muito a atenuante da confissão opera analogamente sem a pecha de inconstitucional. O réu tem o direito ao silêncio. Mas, se confessar espontaneamente, beneficia-se da atenuante. Se não o fizer, não é prejudicado: deixa de ser favorecido.[343]

E continua o referido autor:

> Não se trata aqui de 'desfavorecer' a posição do arguido, mas só de 'deixar de favorecer'. Semelhantemente, a extinção da punibilidade pela retratação do agente, prevista para casos como os crimes contra a honra e falso testemunho (art. 107, VI, combinado com os arts. 143 e 342, § 2º, do Código Penal), pressupõe que o agente abdique do silêncio e fale a verdade. Então, não há novidade na previsão de renúncia ao direito ao silêncio pelo agente como requisito para a aplicação de institutos do chamado direito penal premial. Outras hipóteses têm previsão legal já antiga sem questionamentos doutrinários ou jurisprudenciais. (...) Em suma, a lei não viola o direito ao silêncio; apenas, legitimamente, condiciona determinados prêmios ao depoimento verdadeiro do agente, cercando de cuidados a produção e valoração desse meio de prova. As previsões legais são acertadas e mostram que a colaboração premiada equilibra as garantias processuais, a efetividade da persecução penal e a busca da verdade, compensando dificuldades de prova nos casos envolvendo criminalidade organizada.[344]

No mesmo sentido se posiciona Frederico Valdez Pereira, quando defende que:

> Exatamente por ser sujeito processual, o réu pode, desde que livre e conscientemente, dispor de seu direito constitucional a não colaborar; significa dizer que o direito em questão é, em todo caso, disponível, situando-se na esfera de liberdade do titular do direito a decisão de opor-se, total ou parcialmente, ou mesmo não se opor, à imputação. Sendo assim, e acaso não paire dúvidas de que a escolha a colaborar foi feita livremente, a renúncia ao direito insere-se na estratégia processual adotada pelo acusado.[345]

---

[343] COSTA, Pedro Jorge do Nascimento. Silêncio e Mentira como Prova: a Proteção às Organizações Criminosas. *In* SALGADO, Daniel de Resende; QUEIROZ, Ronaldo Pinheiro (Org.). **A Prova no Enfrentamento à Macrocriminalidade.** Salvador: JusPodium, 2015. p. 182.

[344] COSTA, Pedro Jorge do Nascimento. Op. cit., p. 182, 184/185.

[345] PEREIRA, Frederico Valdez. Compatibilização constitucional da colaboração premiada. **Revista dos Tribunais** 929/2013. p. 319. Mar/2013. DTR/2013/585. p. 06.

Essa também é a opinião de Cassio Roberto Conserino, ao dizer que:

> A bem da verdade, quando um investigado resolve se sujeitar ao instituto da delação premiada, estará renunciando ao direito ao silêncio. Guardadas as devidas proporções, estará assumindo idêntica postura quando exara uma confissão.[346]

E conclui que:

> tanto na delação quanto na confissão, o investigado ou grupo investigado não estão violando o princípio *nemo tenetur se degetere*, mas abrindo conscientemente e voluntariamente mão dessa prerrogativa para alcançar outras prerrogativas dentro do processo penal.[347]

Do mesmo modo pensa Felipe Luiz Machado Barros, ao defender expressamente que a previsão de renúncia do direito ao silêncio não implica, por si só, alguma inconstitucionalidade, desde que respeitada, no caso concreto, a voluntariedade do ato.[348]

Não há dúvidas, portanto, de que o direito ao silêncio é renunciável, podendo o acusado e seu advogado optar validamente pela estratégia de defesa consistente em falar toda a verdade sobre os crimes e comparsas a fim de obter benefícios decorrentes do acordo de colaboração premiada.

Partindo da premissa, portanto, de que o réu cooperante deve falar a verdade, pergunta-se: quais as consequências decorrentes de o acusado colaborador faltar com a verdade em seu depoimento? Já que tem a obrigação de falar a verdade, poderá, se mentir, sofrer as penas do crime de falso testemunho?

---

[346] CONSERINO, Cássio Roberto. **Crime organizado e institutos correlatos.** São Paulo: Atlas, 2011. p. 122.

[347] CONSERINO, Cássio Roberto. Op. cit., p. 123.

[348] BARROS, Felipe Luiz Machado. **Colaboração Premiada e direito à não autoincriminação: (in) constitucionalidade da renúncia do direito ao silêncio prevista na Lei 12.850/2013**. Dissertação (Mestrado em Direito) - Universidade Federal do Rio Grande do Norte - Natal/RN, 2016. https://repositorio.ufrn.br/jspui/bitstream/123456789/21318/1/FelipeLuizMachadoBarros_DISSERT.pdf.

Frederico Valdez Pereira entende que o réu colaborador abre mão do direito ao silêncio, mas não pode submeter-se ao compromisso legal de dizer a verdade, sob pena de praticar falso testemunho, eis que é pessoa interessada na causa.[349] Para o doutrinador, "não se deve tomar o compromisso de dizer a verdade do delator, que não se confunde com testemunha, resultando que ele não está obrigado a responder a todas as perguntas da defesa".[350]

Alfredo Carlos Gonzaga Falcão Júnior, por seu turno, entende que o réu colaborador não é testemunha, e sim mero informante, sem a exigência de dizer a verdade.[351] É certo que o acusado cooperante não é testemunha (é corréu), porém dele se exige o compromisso de dizer a verdade, eis que expressamente abre mão do direito ao silêncio. No momento em que mente, acusando alguém injustamente, incorre na prática do crime tipificado no artigo 19 da Lei n. 12.850/2013[352], e não no crime de falso testemunho previsto no artigo 342 do Código Penal.

Este é o entendimento de Pedro Jorge do Nascimento Costa:

> É equivocado igualar o colaborador à testemunha. O colaborador tanto não é testemunha que não comete crime de falso testemunho. A uma, porque não consta do rol dos sujeitos ativos do crime previsto no art. 342 do Código Penal. E, a duas, porque existe crime específico, menos abrangente, no art. 19 da Lei n. 12.850/13.[353]

---

[349] PEREIRA, Frederico Valdez. Valor probatório da colaboração processual (delação premiada). **Revista dos Tribunais**, a.98 v. 879, jan/2009. p. 3.

[350] PEREIRA, Frederico Valdez. Op. cit., p. 07.

[351] FALCÃO JÚNIOR, Alfredo Carlos Gonzaga. O perfil constitucional: material da delação premiada como meio de prova. *In* ANJOS FILHO, Robério Nunes dos (Org.). **Capacitar, VII Curso de Ingresso e Vitaliciamento para Procuradores da República**. Brasília: ESMPU, 2011. p. 28.

[352] Art. 19. Imputar falsamente, sob pretexto de colaboração com a Justiça, a prática de infração penal a pessoa que sabe ser inocente, ou revelar informações sobre a estrutura de organização criminosa que sabe inverídicas: Pena – reclusão, de 1 (um) a 4 (quatro) anos, e multa.

[353] COSTA, Pedro Jorge do Nascimento. Silêncio e Mentira como Prova: a Proteção às Organizções Criminosas. *In* SALGADO, Daniel de Resende; QUEIROZ, Ronaldo Pinheiro (Org.). **A Prova no Enfrentamento à Macrocriminalidade.** Salvador: JusPodium, 2015. p. 184.

Segundo o referido autor, o réu colaborador é:

> Um depoente anômalo, porque deve confessar fatos próprios e falar a verdade sobre fatos criminosos de terceiros, sendo ele sujeito processual e interessado na expectativa de prêmio. Materialmente, seu depoimento é o de réu. De fato, o art. 4º, § 16, da Lei n. 12.850/13, na mesma linha da melhor doutrina, expressamente positivou que a delação isoladamente não pode fundamentar sentença condenatória, tal qual a confissão. A norma é acertada inclusive para o conteúdo autoincriminatório das declarações do colaborador. Nem sempre o que ele afirma, mesmo em juízo e sem qualquer espécie de coação, é de se aceitar como verdade, ainda que confesse integralmente o crime.[354]

As consequências do descumprimento, além do risco de incidir o acusado na prática do crime do artigo 19 da Lei n. 12.850/2013, consistem ainda na rescisão do acordo, com a perda dos benefícios legais dele decorrentes. Se já houver sido proferida sentença condenatória, a pena a ser aplicada deve ser a fixada primeiramente na sentença, e não a estipulada no acordo. Nesse sentido, Walter Nunes da Silva Júnior:

O juiz deve proferir a sentença condenatória, fixando a pena que seria a adequada para, na sequência, fazer a substituição pela sanção negociada em razão da colaboração premiada, deixando consignado que, caso não cumprida qualquer cláusula do acordo, ocorrerá a reconversão da pena aplicada. Assim, na hipótese de o agente deixar de cumprir as cláusulas do acordo, da mesma forma como ocorre quando da substituição da pena privativa de liberdade pela restritiva de direitos, ele terá que cumprir a sanção que havia sido substituída.[355]

---

[354] COSTA, Pedro Jorge do Nascimento. Op. cit., p. 183.

[355] SILVA JÚNIOR, Walter Nunes da. **Curso de direito processual penal: teoria (constitucional) do processo penal.** 2 ed. Natal: OWL Editora Jurídica, 2015. p. 544.

4.4 DIREITO DE SER ASSISTIDO POR ADVOGADO

Mesmo antes da Lei Anticrime, a assistência de advogado era um direito irrenunciável por parte do acusado que desejava colaborar. De fato, de acordo com o antigo teor do artigo 4º, § 15 da Lei n. 12.850/2013, era impossível a realização de acordo de colaboração premiada sem a presença efetiva de advogado: "Em todos os atos de negociação, confirmação e execução da colaboração, o colaborador deve estar assistido por advogado".

Com o advento da Lei Anticrime, reafirmou-se que nenhuma tratativa deve ser realizada sem a presença de advogado (§ 1º), e que a proposta de acordo deve partir do pretenso colaborador e de seu advogado (§ 4º), que deverá ter poderes específicos ou assinar conjuntamente a proposta com o seu cliente (Art. 3º-C):

> Art. 3º-C. A proposta de colaboração premiada deve estar instruída com procuração do interessado com poderes específicos para iniciar o procedimento de colaboração e suas tratativas, ou firmada pessoalmente pela parte que pretende a colaboração e seu advogado ou defensor público.
>
> § 1º Nenhuma tratativa sobre colaboração premiada deve ser realizada sem a presença de advogado constituído ou defensor público.
>
> § 2º Em caso de eventual conflito de interesses, ou de colaborador hipossuficiente, o celebrante deverá solicitar a presença de outro advogado ou a participação de defensor público.
>
> (...)
>
> § 4º Incumbe à defesa instruir a proposta de colaboração e os anexos com os fatos adequadamente descritos, com todas as suas circunstâncias, indicando as provas e os elementos de corroboração.

Desse modo, o membro do Ministério Público sequer pode iniciar as negociações, ainda que informalmente, sem que o investigado/acusado/condenado esteja assessorado o tempo todo por advogado de sua escolha. Tal garantia impede qualquer espécie de alegação de coação ou pressão, portanto. Afinal, não se imaginará que um advogado possa anuir com acordo que, prejudicando seu cliente, seja fruto de ato ilícito.

Nos Estados Unidos da América a participação de advogado é imprescindível desde o primeiro contato das negociações. A Regra Modelo 4.2 de Conduta Profissional da *American Bar Association – ABA* e a Regra Disciplinar 7-104 (A) (1) proíbem o contato do Promotor com um investigado representado por advogado, para tratar de colaboração premiada, sem que o contato seja feito por intermédio do profissional.

O *Standard* 4.1 (b) dos Parâmetros Mínimos para a Justiça Criminal da ABA dispõe que "É uma conduta antiética para um promotor engajar-se em discussões sobre acordo diretamente com um acusado que é representado por um advogado, exceto com a aprovação do advogado".[356]

Assim, a presença de advogado desde a fase das negociações garante ao acusado a preservação de seus direitos constitucionais, tornando praticamente impossível a ocorrência de coação para firmar o acordo.

Por fim, cumpre ressaltar a ampla possibilidade de o réu colaborador advogar em causa própria, caso seja advogado, não havendo norma que o force a ser assistido por um outro advogado se ostentar, ele próprio, a inscrição nos quadros da Ordem dos Advogados do Brasil.

4.5 GARANTIA DO DUPLO GRAU DE JURISDIÇÃO

A Lei Anticrime deixou claro que o réu colaborador mantém intacto o direito de recorrer, não podendo constar do acordo qualquer vedação acerca desse seu direito:

> Art. 3º-C (...)
>
> § 7º-B. São nulas de pleno direito as previsões de renúncia ao direito de impugnar a decisão homologatória.

---

356 TROTT, Stephen. O uso de um criminoso como testemunha: um problema especial. Tradução: Sergio Fernando Moro. **Revista CEJ.** Centro de Estudos Judiciários do Conselho da Justiça Federal. V. 11, n. 37. Abr/Jun 2007. p. 77.

Esse dispositivo surgiu, muito provavelmente, em virtude da previsão, nos primeiros acordos da Operação Lava Jato, de cláusula de renúncia do réu colaborador ao direito de recorrer das sentenças penais condenatórias em relação aos fatos objeto do acordo, desde que elas respeitassem os termos ali formulados. Podia o colaborador recorrer da sentença condenatória ou da homologatória, para impugnar descumprimento, por parte do Ministério Público ou do Poder Judiciário, em relação aos benefícios negociados.

O Ministro Teori Zavascki, no uso do poder conferido pelo artigo 4º, § 8º da Lei nº 12.850/2013, não vinha homologando a referida cláusula dos acordos da Operação Lava Jato, o que foi referendado pelo Supremo Tribunal Federal, como ocorreu no julgamento do *Habeas Corpus* nº 127.483 - PR. Assim, o Ministério Público Federal passou a modificar a cláusula, passando a constar expressamente que "As partes somente poderão recorrer de sentença, em relação ao Colaborador, no que toca à fixação da pena, ao regime de seu cumprimento, à pena de multa e à multa compensatória, limitadamente ao que extrapolar os parâmetros do presente acordo".

Com a nova redação do § 7º-B do artigo 3º-C da Lei nº 12.850/2013, porém, fica vedada qualquer cláusula que proíba ou limite o direito de recorrer do réu colaborador. Contudo, é ilógico que o acusado que opta por colaborar questione em juízo as cláusulas do acordo, num claro caso do brocardo *venire contra factum proprium*. Assim, se tudo o que foi negociado foi cumprido pelas partes, um recurso da defesa somente pode ser interpretado como uma rescisão do acordo.

É possível que o colaborador recorra, em duas hipóteses, sem que se fale em rescisão do acordo: quando ele, colaborador, cumpre o acordo e o Ministério Público, não; ou, ainda, quando o juiz sentenciante não aplica a pena negociada mesmo após constatar o cumprimento dos deveres do colaborador.

Realizado o acordo e cumpridas as obrigações do réu cooperante, o Supremo Tribunal Federal tem entendido que os benefícios decorrentes da avença constituem direito subjetivo, exigíveis inclusive judicialmente. Ao julgar o *Habeas Corpus n.* 127.483 – PR, Relator Ministro Dias Toffoli assim se pronunciou:

> Caso a colaboração seja efetiva e produza os resultados almejados, há que se reconhecer o direito subjetivo do colaborador à aplicação das sanções premiais estabelecidas no acordo, inclusive de natureza patrimonial. (...) Assim, caso se configure, pelo integral cumprimento de sua obrigação, o direito subjetivo do colaborador à sanção premial, tem ele o direito de exigi-la judicialmente, inclusive recorrendo da sentença que deixar de reconhecê-la ou vier a aplicá-la em desconformidade com o acordo judicialmente homologado, sob pena de ofensa aos princípios da segurança jurídica e da proteção da confiança.[357]

4.6 DIREITO DE NÃO SER PROCESSADO POR ATO DE IMPROBIDADE ADMINISTRATIVA

A partir da realização de acordo de colaboração premiada na seara criminal, pergunta-se qual a sua repercussão na área cível, ou seja, teria o réu colaborador direito a não ser processado por improbidade administrativa?

O réu colaborador do processo penal não tem propriamente o *direito* de não ser processado na seara da improbidade administrativa. Esta é uma cláusula, porém, que pode e – a nosso ver – merece ser negociada, especialmente após a ampliação do espaço de consenso trazida pela Lei Anticrime, que revogou o artigo 17, § 1º, da Lei 8.429/92 (Lei de Improbidade Administrativa), que vedava *"a transação, acordo ou conciliação"* nos casos de improbidade administrativa. A Lei Anticrime revogou a vedação, mas não introduziu expressamente a possibilidade de acordo quanto aos atos de improbidade, o que veio a ser finalmente

[357] STF, Tribunal Pleno, HC 127.483/PR, Rel. Min. DIAS TOFFOLI. Julgamento: 27/08/2015. Publicação: DJe-021 DIVULG. 03/02/2016 PUBLIC 04/02/2016.

previsto por meio da Lei nº 14.230, de 25 de outubro de 2021, que alterou substancialmente a Lei de Improbidade Administrativa, com a previsão expressa do Acordo de Não Persecução Cível (ANPC) em seu artigo 17-B.[358]

Mesmo antes dessa possibilidade legal expressa o Ministério Público Federal teve sempre papel protagonista na formulação de acordos cíveis na seara da improbidade. Os acordos de colaboração premiada

---

[358] Art. 17-B. O Ministério Público poderá, conforme as circunstâncias do caso concreto, celebrar acordo de não persecução civil, desde que dele advenham, ao menos, os seguintes resultados:
I - o integral ressarcimento do dano;
II - a reversão à pessoa jurídica lesada da vantagem indevida obtida, ainda que oriunda de agentes privados.
§ 1º A celebração do acordo a que se refere o **caput** deste artigo dependerá, cumulativamente:
I - da oitiva do ente federativo lesado, em momento anterior ou posterior à propositura da ação;
II - de aprovação, no prazo de até 60 (sessenta) dias, pelo órgão do Ministério Público competente para apreciar as promoções de arquivamento de inquéritos civis, se anterior ao ajuizamento da ação;
III - de homologação judicial, independentemente de o acordo ocorrer antes ou depois do ajuizamento da ação de improbidade administrativa.
§ 2º Em qualquer caso, a celebração do acordo a que se refere o caput deste artigo considerará a personalidade do agente, a natureza, as circunstâncias, a gravidade e a repercussão social do ato de improbidade, bem como as vantagens, para o interesse público, da rápida solução do caso.
§ 3º Para fins de apuração do valor do dano a ser ressarcido, deverá ser realizada a oitiva do Tribunal de Contas competente, que se manifestará, com indicação dos parâmetros utilizados, no prazo de 90 (noventa) dias.
§ 4º O acordo a que se refere o caput deste artigo poderá ser celebrado no curso da investigação de apuração do ilícito, no curso da ação de improbidade ou no momento da execução da sentença condenatória.
§ 5º As negociações para a celebração do acordo a que se refere o caput deste artigo ocorrerão entre o Ministério Público, de um lado, e, de outro, o investigado ou demandado e o seu defensor.
§ 6º O acordo a que se refere o caput deste artigo poderá contemplar a adoção de mecanismos e procedimentos internos de integridade, de auditoria e de incentivo à denúncia de irregularidades e a aplicação efetiva de códigos de ética e de conduta no âmbito da pessoa jurídica, se for o caso, bem como de outras medidas em favor do interesse público e de boas práticas administrativas.
§ 7º Em caso de descumprimento do acordo a que se refere o caput deste artigo, o investigado ou o demandado ficará impedido de celebrar novo acordo pelo prazo de 5 (cinco) anos, contado do conhecimento pelo Ministério Público do efetivo descumprimento.

da Operação Lava Jato, em geral, previam imunidade nas ações de improbidade administrativa, o que consistia em grande benefício ao réu colaborador, diante das duras sanções da originária Lei n. 8.429/1992. Tais cláusulas, em geral, não foram questionadas no Judiciário, nem na primeira instância nem no Supremo Tribunal Federal, que as tem homologado sem ressalvas.[359]

A 5ª Câmara de Coordenação e Revisão do Ministério Público Federal, por seu turno, também homologou todos os acordos feitos na seara da improbidade administrativa na Operação Lava Jato. A propósito, a Orientação Conjunta n. 01/2018 das 2ª e 5ª Câmaras do Ministério Público Federal dispõe que

> O acordo pode prever efeitos cíveis, no âmbito de atribuição do MPF, que devem ser homologados pela competente Câmara de Coordenação e Revisão, observado o princípio do promotor natural. Os efeitos cíveis poderão consistir, dentre outros, em: a) antecipação da reparação dos anos causados à vítima, ainda que parcial; b) compromisso de não propor ações civis públicas de reparação, da lei anticorrupção ou qualquer outra ação com pedido condenatório; c) compromisso de suspender o trâmite processual ou a execução das sentenças condenatórias obtidas em ações de improbidade administrativa, a partir do cumprimento e satisfação dos termos do acordo; d) estipulação de cumprimento voluntário de penalidades previstas na lei de improbidade administrativa ou na lei anticorrupção.[360]

Muito comum era, portanto, que os acordos de colaboração premiada contivessem cláusula expressa no sentido de que o Ministério Público não processaria o réu colaborador pela prática de ato de improbidade administrativa. A aplicação dos efeitos do acordo de colaboração premiada

---

[359] Exemplo de cláusula em acordos da Operação Lava Jato envolvendo a questão da improbidade administrativa: "Cláusula 10ª - O MINISTÉRIO PÚBLICO FEDERAL não proporá ações cíveis ou de improbidade contra o COLABORADOR ou suas empresas pelos fatos abrangidos neste acordo, salvo em caso de rescisão". http://s.conjur.com.br/dl/acordo-delacao-premiada-paulo-roberto.pdf Acesso em 30/10/2016.

[360] http://www.mpf.mp.br/atuacao-tematica/ccr5/orientacoes/orientacao-conjunta-no-1-2018.pdf. Acesso em 19.08.2019. p. 12.

na área da improbidade, afinal, é uma decorrência do princípio constitucional da moralidade administrativa, que impõe que o Estado agirá com lealdade, respeitando as expectativas do administrado, evitando comportamentos contraditórios (*non venire contra factum proprium*).

Se o Ministério Público realiza acordo de colaboração premiada na esfera penal e ajuíza ação de improbidade na seara cível, está sendo desleal, contraditório, frustrando a expectativa do colaborador. Ajuizar ação é incompatível com a solução consensual do conflito. Todavia, hoje é plenamente possível, uma vez que não há vedação expressa na lei.

Sobre a vedação do antigo artigo 17, § 1º da Lei n. 8.429/92, Nicolao Dino dizia que:

> Havendo colaboração de um infrator, não é adequado que as cominações a ele destinadas sejam iguais àquelas a serem atribuídas a infratores de escalão superior, sob pena de ofensa ao princípio da proporcionalidade. Nessa linha de raciocínio, revela-se inteiramente pertinente e eficaz a utilização da colaboração premiada na persecução por improbidade administrativa. Há que se buscar fundamento para tanto, superando-se a ausência de previsão normativa explícita mediante a inserção da Lei 8.429/92 no microssistema de combate à corrupção.[361]

Continuava o referido autor:

> O próprio êxito da colaboração premiada ou do acordo de leniência firmados no âmbito da persecução penal ou do processo administrativo, pode ficar comprometido se a autoincriminação numa instância, em troca de um benefício, puder implicar responsabilização integral em outra instância, na esfera da improbidade administrativa. Isso iria de encontro, inclusive, ao princípio da proteção da confiança legítima, corolário do princípio da segurança jurídica, o qual preconiza que o cidadão, ao confiar no comportamento do Estado, não pode sofrer prejuízos em consequência direta do crédito a ele atribuído.[362]

---

[361] DINO, Nicolao. A Colaboração Premiada na Improbidade Admnistrativa: Possibiidade e Repercussão Probatória. *In* SALGADO, Daniel de Resende; QUEIROZ, Ronaldo Pinheiro de (Org.). **A Prova no Enfrentamento à Macrocriminalidade.** Salvador: JusPodium, 2015. p. 457.

[362] DINO, Nicolao. Op. cit., p. 458.

No Superior Tribunal de Justiça, no julgamento do REsp n. 1.477.982, o Relator Ministro Og Fernandes, da Segunda Turma, reconheceu que a Lei n. 8.884/94 (hoje não mais em vigor) previa a possibilidade de extinção da ação punitiva da administração pública mediante colaboração, admitindo, em tese, que o acordo de colaboração premiada firmado no processo penal surtisse efeitos em âmbito cível.[363]

Por outro lado, o Supremo Tribunal Federal entendeu, no já mencionado *Habeas Corpus* nº 127.483 - PR, que é plenamente possível a previsão, no acordo de colaboração premiada, de cláusulas extrapenais de natureza patrimonial, que disponham por exemplo sobre bens e ações de improbidade administrativa, quando não havia expressa previsão legal a respeito. Ao contrário, na época o artigo 17, § 1º da Lei nº 8.429/1992 (Lei de Improbidade Administrativa) vedava a transação, proibindo a realização de acordos cíveis, e mesmo assim a Suprema Corte entendeu que cláusulas sobre matéria cível no acordo de colaboração se inserem nas "medidas adequadas" previstas no artigo 26 da Convenção de Palermo e na "mitigação de pena" do artigo 37.1 da Convenção de Mérida.[364]

Com o advento da Lei Anticrime, o artigo 17, § 1º da Lei de Improbidade administrativa foi revogado, de modo que é plenamente possível, atualmente, a realização de acordos nos casos que tratem de atos de improbidade. Assim, como bem alerta João Paulo Lordelo Guimarães Tavares:

> A possibilidade de solução consensual, expressa no § 10-A do art. 17, consiste na regra geral de admissão de acordos em ações de improbidade. Esses acordos podem assumir variadas formas. Uma delas é o acordo de não persecução cível, em que o legitimado ativo (MP ou pessoa jurídica

---

[363] REsp 1477982/DF. Recurso Especial 2014/0218118-9. 2ª Turma. Rel. Min. Og Fernandes. Data do Julgamento: 14/04/2015. Data da Publicação: DJe 23/04/2015.

[364] STF, Tribunal Pleno, HC 127.483/PR, Rel. Min. DIAS TOFFOLI. Julgamento: 27/08/2015. Publicação: DJe-021 DIVULG. 03/02/2016 PUBLIC 04/02/2016.

> interessada) se compromete a *não ajuizar* a ação de improbidade, desde que cumpridos alguns pressupostos por parte do causador do ilícito. Esses pressupostos podem não ter relação nenhuma com a colaboração premiada, negócio jurídico processual consistente em meio de obtenção de prova, que pressupõe a contribuição do colaborador na elucidação dos fatos delitivos (...).[365]

Como já dito, com a nova previsão do artigo 17-B da Lei de Improbidade Administrativa, é hoje plenamente possível a realização de Acordo de Não Persecução Penal na área cível entre o Ministério Público e o investigado. Ora, se hoje é possível que o Ministério Público e o colaborador firmem acordo na área cível, nada impede - ao contrário, tudo estimula - que tais cláusulas cíveis sejam negociadas e se façam constar no próprio acordo de colaboração premiada, não devendo, portanto, o juiz, deixar de homologá-lo ao se deparar com tal espécie de benefício.

A questão foi recentemente levada ao Supremo Tribunal Federal. Trata-se do Recurso Extraordinário com Agravo (ARE 1175650, Relator Ministro Alexandre de Moraes) em que se discutiu a possibilidade da utilização da colaboração premiada no âmbito das ações de improbidade administrativa. O caso teve Repercussão Geral e o Tema é o 1043: A utilização da colaboração premiada no âmbito civil, em ação civil pública por ato de improbidade administrativa movida pelo Ministério Público em face do princípio da legalidade (CF, art. 5º, II), da imprescritibilidade do ressarcimento ao erário (CF, art. 37, §§ 4º e 5º) e da legitimidade concorrente para a propositura da ação (CF, art. 129, § 1º).

O caso se iniciou a partir de ação civil pública por ato de improbidade administrativa ofertada pelo Ministério Público do Estado do Paraná, na chamada "Operação Publicano", em face de um auditor

---

[365] TAVARES, João Paulo Lordelo Guimarães. A colaboração premiada nas ações de improbidade administrativa: o estado da arte após a Lei 13.964/2019 (Pacote Anticrime). **Pacote "Anticrime" - Lei 13.964/2019, na visão de Procuradores da República**. Coordenador: João Paulo Lordelo G. Tavares - Salvador: Editora Juspodivm, 2020. Pág. 105.

fiscal e mais 24 (vinte e quatro) pessoas físicas e jurídicas, pela prática de suposta organização criminosa, sonegação fiscal, corrupção, falsidade documental e lavagem de capitais. Foi pedida a indisponibilidade de bens e aplicação das sanções da Lei de Improbidade a todos os réus, exceto três deles, que haviam firmado acordos de colaboração premiada. A Justiça do Estado do Paraná acatou os pedidos do Ministério Público, em primeiro e em segundo grau, mas um dos réus delatados interpôs o recurso extraordinário alegando que o artigo 17, parágrafo 1°, da Lei de Improbidade não admite a repercussão da colaboração premiada na seara cível.[366]

A Procuradoria-Geral da República se manifestou pelo desprovimento do Recurso Extraordinário, sugerindo a fixação da seguinte tese: "Há de ser admitido o uso da colaboração premiada em ação civil pública por ato de improbidade administrativa movida pelo Ministério Público."[367]

Em julgamento iniciado por videoconferência no dia 02 de junho de 2021, o Relator, Ministro Alexandre de Moraes, negou provimento ao Recurso Extraordinário. Fundamentou seu voto no sentido de que atualmente, há possibilidade de acordo de não persecução civil no âmbito da ação civil pública por ato de improbidade administrativa e de justiça consensual no combate à corrupção, reforçando a plena possibilidade de colaboração premiada. Concluiu pela constitucionalidade da utilização da colaboração premiada, nos termos da Lei 12.850/2013, no âmbito civil, em ação civil pública por ato de improbidade administrativa movida pelo Ministério Público.

---

366 http://portal.stf.jus.br/noticias/verNoticiaDetalhe.asp?idConteudo=466987&ori=1 Acesso em 21 de junho de 2021.

367 Link do Parecer da PGR: https://portal.stf.jus.br/processos/downloadPeca.asp?id=15341796155&ext=.pdf Acesso em 21 de junho de 2021.

Ressalvou que não é possível negociar o valor do dano ao patrimônio público, e que a reposição integral da quantia é imprescritível, conforme já firmado pelo Supremo Tribunal Federal (Tema 897 de repercussão geral), mas permitiu que a forma da reparação do dano seja negociada, observado o princípio da legalidade. Quanto à legitimidade, decidiu que apesar de a Fazenda Pública poder intervir nos acordos, não pode impedi-los, já que a legitimidade no combate à improbidade administrativa é do Ministério Público.

O voto do Relator foi seguido pelos Ministros Edson Fachin, Luís Roberto Barroso e Rosa Weber. O Ministro Dias Toffoli pediu vista e, até o encerramento desta edição, o julgamento não havia sido finalizado. A tendência aponta, contudo, na direção de que se consolide a tese da plena possibilidade de utilização da colaboração premiada no âmbito cível.[368]

4.7 RETRATAÇÃO DA PROPOSTA *VERSUS* RESCISÃO DO ACORDO: DIFERENTES CONSEQUÊNCIAS

O artigo 4º, § 10 da lei de combate ao crime organizado consagra ao réu colaborador o direito de se retratar da proposta, ou seja, de se arrepender, sem necessidade sequer de se justificar. Assim dispõe o citado dispositivo: "As partes podem retratar-se da proposta, caso em que as provas autoincriminatórias produzidas pelo colaborador não poderão ser utilizadas exclusivamente em seu desfavor".

Rogério Sanches Cunha e Ronaldo Batista Pinto defendem que a retratação somente pode ser feita antes da homologação judicial[369], uma vez que a lei fala em "proposta", e não em "acordo". Nessa toada, o STF,

---

[368] http://portal.stf.jus.br/noticias/verNoticiaDetalhe.asp?idConteudo=466987&ori=1 Acesso em 21 de junho de 2021; https://portal.stf.jus.br/processos/detalhe.asp?incidente=5587841Acesso em 20 de dezembro de 2021.

[369] CUNHA, Rogério Sanches; PINTO, Ronaldo Batista. **Crime Organizado. Comentários à nova lei sobre o Crime Organizado (Lei n. 12.850/13).** 3ª ed. Salvador: JusPodium, 2014. p. 73.

no julgamento do *Habeas Corpus n.* 127.483 – PR, entendeu, conforme o voto do Relator, Ministro Dias Toffoli, que:

> A proposta é retratável, nos termos do art. 4º, § 10, da Lei n. 12.850/13, mas não o acordo. Se o colaborador não mais quiser cumprir seus termos, não se cuidará de retratação, mas de simples inexecução de um negócio jurídico perfeito.[370]

A retratação da proposta em nada prejudica a presunção de inocência ou não-culpabilidade do acusado, já que a própria lei adverte que as provas autoincriminatórias por ele até então produzidas não poderão ser usadas contra ele pelo Ministério Público, embora sejam válidas em relação aos demais investigados.

Nos Estados Unidos é possível que, em caso de retratação, tudo que foi dito pelo colaborador possa ser usado contra ele, conforme leciona Stephen Trott: "Considere adicionar um parágrafo prevendo que, se a testemunha voltar atrás, tudo o que ela tiver dito durante as negociações pode ser usado contra ela".[371] No Brasil, como visto, não há essa possibilidade.

No julgamento do *Habeas Corpus n.* 120.454, a Relatora Ministra Laurita Vaz, acompanhada à unanimidade pela Quinta Turma do Superior Tribunal de Justiça, decidiu que se o colaborador se retrata, não pode ser beneficiado pelos prêmios da colaboração.[372]

---

[370] STF, Tribunal Pleno, HC 127.483/PR, Rel. Min. DIAS TOFFOLI. Julgamento: 27/08/2015. Publicação: DJe-021 DIVULG. 03/02/2016 PUBLIC 04/02/2016.

[371] TROTT, Stephen. O uso de um criminoso como testemunha: um problema especial. Tradução: Sergio Fernando Moro. **Revista CEJ.** Centro de Estudos Judiciários do Conselho da Justiça Federal. V. 11, n. 37. Abr/Jun 2007. p. 82.

[372] STJ - HCn. 120.454-RJ (2008/0249917-). 5ª Turma. Rel. Min. Laurita Vaz. Data do julgamento: 23/02/2010. Segue trecho da ementa: 2. Não obstante tenha havido inicial colaboração perante a autoridade policial, as informações prestadas pelo Paciente perdem relevância, na medida em que não contribuíram, de fato, para a responsabilização dos agentes criminosos. O magistrado singular não pôde sequer delas se utilizar para fundamentar a condenação, uma vez que o Paciente se retratou em juízo. Sua pretensa colaboração, afinal, não logrou alcançar a utilidade que se pretende com o instituto da delação premiada, a ponto de justificar a incidência da causa de diminuição de pena.

Sobre a necessidade de fundamentação da retratação, mormente quando advinda de agentes públicos, alerta Walter Nunes da Silva Júnior que:

> A lei nada diz, porém, quanto às hipóteses nas quais pode ser feita a retratação. A leitura literal da norma jurídica em destaque dá a entender que não há necessidade de fundamentação e, ainda, que essa retratação não passa pelo crivo do Judiciário. Parece óbvia, porém, a necessidade de a retratação ser fundamentada por quem a manifestar, no escopo de permitir o seu exame, notadamente quando da lavra do Ministério Público, uma vez que, para todos os efeitos, ao aceitar a colaboração, o acusado o faz como estratégia de defesa, o que, para tanto, exige a renúncia expressa ao direito ao silêncio, assumindo o compromisso legal de dizer a verdade.[373]

Acatada a proposta pela outra parte, firma-se o acordo, que deve, portanto, ser cumprido, sob pena de rescisão, conforme já estabelecido no precedente do STF (*Habeas Corpus n.* 127.483 - PR). Veja-se que rescisão não se confunde com retratação, tampouco seus efeitos. A rescisão ocasionada pelo colaborador acarreta a perda dos seus benefícios, bem como a possibilidade de utilização de todas as provas já produzidas em seu desfavor, se ainda não tiver sido prolatada a sentença; ou o cumprimento da pena imposta na sentença, se esta já foi proferida.[374]

Assim dispõem os acordos de colaboração premiada da Operação Lava Jato, sempre homologados pelo Poder Judiciário:

> Cláusula 7ª - Ocorrendo quebra ou rescisão do acordo imputável ao COLABORADOR, voltarão a correr todos os feitos e procedimentos suspensos em razão do presente acordo.
>
> Parágrafo único. A qualquer tempo, uma vez rescindido o acordo por fato imputável ao COLABORADOR, o regime da pena será regredido para o regime fixado originalmente em sentença ou decisão de unificação de

---

[373] SILVA JÚNIOR, Walter Nunes da. **Curso de direito processual penal: teoria (constitucional) do processo penal.** 2 ed. Natal: OWL Editora Jurídica, 2015. p. 542.

[374] Ver, a propósito, Capítulo sobre Aspectos Procedimentais.

> penas, de acordo com os ditames do artigo 33 do Código Penal, respeitado o tempo de pena já cumprido.
>
> Cláusula 8ª - A qualquer tempo, uma vez rescindido este acordo por fato imputável ao COLABORADOR, todos os benefícios mencionados nas cláusulas 5ª e 6º, assim como os demais previstos neste acordo, ficam prejudicados, sem prejuízo da licitude e da admissibilidade das provas produzidas pelo COLABORADOR, bem como da manutenção da perda dos valores já pagos a título de multa e reparação do dano.
>
> (...)
>
> Cláusula 10ª - O MINISTÉRIO PÚBLICO FEDERAL não proporá ações cíveis ou de improbidade contra o COLABORADOR ou suas empresas pelos fatos abrangidos neste acordo, salvo em caso de rescisão.[375]

Os termos de acordo de colaboração da Operação Lava Jato preveem, ainda, um título específico para as causas da rescisão e suas consequências, com a previsão de que a avença considerar-se-á rescindida e perderá seus efeitos: a) se o colaborador descumprir, sem justificativa, qualquer das cláusulas, parágrafos, alíneas ou itens em relação aos quais se obrigou; b) se o colaborador sonegar a verdade ou mentir em relação a fatos em apuração, em relação aos quais se obrigou a cooperar; c) se o colaborador se recusar a prestar qualquer informação de que tenha conhecimento; d) se o colaborador recusar-se a entregar documento ou prova que tenha em seu poder ou sob a guarda de pessoa de suas relações ou sujeito a sua autoridade ou influência, salvo se, diante da eventual impossibilidade de obtenção direta de tais documentos ou provas, indicar ao Ministério Público Federal a pessoa que o guarda e o local onde poderá ser obtido, para a adoção das providências cabíveis.

A rescisão pode se dar, ainda: e) se ficar provado que, após a celebração do acordo, o colaborador sonegou, adulterou, destruiu ou suprimiu provas que tinha em seu poder ou sob sua disponibilidade; f) se o colaborador vier a praticar qualquer outro crime doloso da mesma natureza dos fatos em apuração após a homologação judicial

---

375 http://s.conjur.com.br/dl/acordo-delacao-premiada-paulo-roberto.pdf Acesso em 30/10/2016.

do presente acordo; g) se o colaborador fugir ou tentar furtar-se à ação da Justiça Criminal; h) se o sigilo a respeito deste acordo for quebrado por parte do colaborador ou de sua defesa; i) se o colaborador, direta ou indiretamente, impugnar os termos deste acordo.

Diferentemente dos casos de retratação, em que as provas autoincriminatórias produzidas pelo colaborador não poderão ser utilizadas exclusivamente em seu desfavor, nos casos de rescisão imputável ao colaborador, ele perderá todos os benefícios concedidos, permanecendo hígidas e válidas todas as provas produzidas, inclusive depoimentos que houver prestado e documentos que houver apresentado.

Isso porque, conforme ensina Pedro Augustin Adamy, o fato de poder voltar atrás a qualquer tempo com relação à decisão de renúncia a direito fundamental (no caso, a garantia contra a autoincriminação), não exime o titular do direito de arcar com as consequências da opção primeiramente escolhida:

> Em caso de renúncia, o indivíduo protegido pelo direito fundamental permanece na titularidade desse mesmo direito. Em função disso pode revogar a declaração da renúncia – seja de maneira expressa ou tácita – mas por estar juridicamente vinculado em razão da declaração de vontade anterior, pode ser responsabilizado por quebra do compromisso com o ente público, mas sempre retornando imediatamente à plenitude de suas competências ou às hipóteses de proteção.[376]

Nos acordos da Operação Lava Jato, como já dito, tem sido prevista cláusula expressa nesses termos, que vem sendo homologada sem ressalvas pelo Poder Judiciário, tanto em primeiro grau, como pelo Supremo Tribunal Federal. Na prática, se o colaborador der causa à rescisão, perde os benefícios até então concedidos e, além disso, o inquérito policial, procedimento investigatório ou processo penal

---

[376] ADAMY, Pedro Augustin. **Renúncia a Direito Fundamental**. São Paulo: Malheiros Editores, 2011. p. 114.

prosseguem normalmente, com a permanência de todas as provas já produzidas em seus escaninhos.[377]

Se o feito já houver sido sentenciado, como já dito no item 3.5 do presente trabalho, o descumprimento do acordo de colaboração premiada por parte do réu ensejará a perda dos benefícios negociados e a aplicação da pena concretamente dosada na sentença condenatória, como ocorre nos casos de descumprimento de pena restritiva de direitos substitutiva da pena privativa de liberdade.

Pode ocorrer de a rescisão ser causada pelo Ministério Público. Nos acordos da Operação Lava Jato tem sido prevista a hipótese de rescisão por culpa do Ministério Público nos seguintes casos: a) se o Ministério Público Federal não pleitear em favor do colaborador os benefícios legais aqui acordados; b) se o sigilo a respeito deste acordo for quebrado por parte do Ministério Público Federal; c) se não forem assegurados ao colaborador os direitos previstos no art. 5º da Lei 12.850/2013.

Nesses casos, há cláusula prevendo que o colaborador poderá, a seu critério, fazer cessar a cooperação, assegurada a manutenção dos benefícios já concedidos e as provas já produzidas.

---

[377] Em 14/09/2017 o então Procurador-Geral da República, Rodrigo Janot Monteiro de Barros, decidiu rescindir o acordo de colaboração premiada firmado com Joesley Batista, sócio do grupo J&F, e Ricardo Saud, executivo do mesmo grupo, diante do descumprimento de cláusulas do acordo firmado (decisão proferida no Procedimento Administrativo 1.00.000.016663.2017-47). Peticionou o PGR junto ao Relator que havia homologado o acordo, Ministro Edson Fachin, solicitando agora a homologação da rescisão (Pet 7003). Em 16 de fevereiro de 2018 a Procuradora-Geral da República, Raquel Elias Ferreira Dodge, decidiu rescindir também o acordo firmado com o Wesley Batista, outro sócio do grupo J&F, e o ex-executivo da empresa Francisco de Assis, pelos mesmos fundamentos. Até o fechamento desta segunda edição, a Pet 7073 já havia sido instruída, com alegações finais das partes já ofertadas, aguardando data para julgamento pelo Plenário do STF.

4.8 DIREITO AO SIGILO DO TEOR DA COLABORAÇÃO

De acordo com o artigo 7º da Lei n. 12.850/13, o pedido de homologação do acordo de colaboração premiada deverá ser sigilosamente distribuído, contendo apenas informações que não possam identificar o colaborador e o seu objeto. O parágrafo primeiro garante que, apenas após a distribuição as informações pormenorizadas da colaboração serão dirigidas diretamente ao juiz competente, que deverá decidir no prazo de 48 (quarenta e oito) horas.

Antes do advento da Lei Anticrime, o artigo 7º, § 3º da Lei nº 12.850/2013 dispunha que o acordo de colaboração premiada deveria ficar sob sigilo até o recebimento da denúncia. Agora, com a alteração promovida, a lei prevê que o sigilo de fato continua até o recebimento da denúncia, porém ressalta que é vedado ao magistrado decidir por sua publicidade em qualquer hipótese:

> Art. 7º O pedido de homologação do acordo será sigilosamente distribuído, contendo apenas informações que não possam identificar o colaborador e o seu objeto.
>
> § 1º As informações pormenorizadas da colaboração serão dirigidas diretamente ao juiz a que recair a distribuição, que decidirá no prazo de 48 (quarenta e oito) horas.
>
> § 2º O acesso aos autos será restrito ao juiz, ao Ministério Público e ao delegado de polícia, como forma de garantir o êxito das investigações, assegurando-se ao defensor, no interesse do representado, amplo acesso aos elementos de prova que digam respeito ao exercício do direito de defesa, devidamente precedido de autorização judicial, ressalvados os referentes às diligências em andamento.
>
> ~~§ 3º O acordo de colaboração premiada deixa de ser sigiloso assim que recebida a denúncia, observado o disposto no art. 5º.~~
>
> § 3º O acordo de colaboração premiada e os depoimentos do colaborador serão mantidos em sigilo até o recebimento da denúncia ou da queixa-crime, sendo vedado ao magistrado decidir por sua publicidade em qualquer hipótese.

Essa inclusão feita pela Lei Anticrime adveio em razão do fato de que o Supremo Tribunal Federal vinha admitindo o levantamento do sigilo de colaboração premiada até antes do recebimento da peça acusatória, desde que isso não prejudicasse o êxito das investigações. O bem jurídico maior seria a publicidade dos atos processuais.

Assim ocorreu nas determinações de abertura de investigações em face de autoridades com prerrogativa de foro no caso que ficou popularmente conhecido como "a Lista de Janot". Conforme lembra Vladimir Netto, "O ministro disse que, embora a lei afirme que o sigilo deve ser mantido até o recebimento da denúncia, não há mais razão para as delações permanecerem em segredo, uma vez que o êxito das investigações está garantido".[378]

A Lei Anticrime introduziu, ainda, o artigo 3º-B na Lei de combate ao crime organizado, que classifica como violação de sigilo e quebra da confiança e da boa-fé a divulgação das tratativas iniciais ou de documento que as formalize, até o levantamento do sigilo por decisão judicial.

Nos acordos da Operação Lava Jato costumava haver a previsão de uma "cláusula de sigilo", por meio da qual as partes se comprometiam a preservar o sigilo da avença, seus anexos, depoimentos e provas obtidas durante a sua execução. As partes saíam cientes de que o sigilo somente poderia ser levantado por decisão do juízo competente, através de provocação do Ministério Público Federal, sempre de acordo com a conveniência das persecuções penais e o interesse público subjacente ao princípio da publicidade.

Para fins de preservação do sigilo do acordo, dispunha-se no termo que apenas os advogados que subscreveram a colaboração poderiam ter acesso aos seus termos, ressalvando-se o caso de advogados com substabelecimento expresso para esse fim.

---

[378] NETTO, Vladimir. **Lava Jato: O Juiz Sergio Moro e os bastidores da operação que abalou o Brasil.** Rio de Janeiro: Primeira Pessoa, 2016. p. 150.

O acesso aos autos será restrito ao juiz, ao Ministério Público e ao delegado de polícia, como forma de garantir o êxito das investigações, assegurando-se ao defensor, no interesse do representado, amplo acesso aos elementos de prova que digam respeito ao exercício do direito de defesa, devidamente precedido de autorização judicial, ressalvados os referentes às diligências em andamento (art. 7º § 2º da Lei de combate ao crime organizado).

Assim, tem o réu colaborador direito ao sigilo do acordo até o recebimento da denúncia, de modo que o contraditório, com relação ao delatado, será diferido para o período da instrução criminal. Segundo Alfredo Carlos Gonzaga Falcão Junior:

> Não há violação ao princípio da publicidade quando o Ministério Público e o acusado celebram acordo secreto e submetem-no ao juiz, como guardião dos preceitos fundamentais do processo, sem prejuízo do contraditório, como dito acima. É de repetir, a mitigação da publicidade se justifica em face do bem jurídico comunitário que se busca salvaguardar.[379]

A Corte Especial do STJ, no julgamento da Ação Penal n. 707, decidiu que "tendo sido formulado o acordo de delação premiada no curso do inquérito policial, em razão do sigilo necessário, não há falar em violação ao princípio do contraditório".[380]

Do mesmo modo tem entendido o STF, como se vê do julgamento do *Habeas Corpus n.* 127.483 – PR, em que restou decidido, dentre outras questões, que o sigilo do acordo não fere o devido processo legal, eis que vigora, no caso, o enunciado da Súmula Vinculante n. 14 da Suprema Corte, ou seja, o investigado e seu advogado passam a ter direito de acesso aos elementos de informação constantes dos autos, já formalmente documentados, em face do princípio da comunhão da prova.[381]

---

379 FALCÃO JÚNIOR, Alfredo Carlos Gonzaga. O perfil constitucional: material da delação premiada como meio de prova. *In* ANJOS FILHO, Robério Nunes dos (Org.). **Capacitar, VII Curso de Ingresso e Vitaliciamento para Procuradores da República**. Brasília: ESMPU, 2011. p. 25.

380 STJ - APn 707 - DF (2009/0188666-5). Corte Especial. Rel. Min. Arnaldo Esteves Lima. Data do julgamento: 07/05/2014.

381 STF, Tribunal Pleno, HC 127.483/PR, Rel. Min. DIAS TOFFOLI. Julgamento: 27/08/2015. Publicação: DJe-021 DIVULG. 03/02/2016 PUBLIC 04/02/2016.

Assim, após o recebimento da denúncia, juntando-se o termo de colaboração aos autos, o contraditório diferido é efetivado, passando o delatado e seu defensor a acessar toda a prova previamente produzida, desde que com autorização judicial, a fim de preservar a efetividade das investigações ainda em curso.

4.9 DIREITO DE PROTEÇÃO AO RÉU COLABORADOR

O artigo 5º da Lei n. 12.850/13 dispõe que são direitos do réu colaborador: I – usufruir das medidas de proteção previstas na legislação específica; II – ter nome, qualificação, imagem e demais informações pessoais preservados; III – ser conduzido, em juízo, separadamente dos demais coautores e partícipes; IV – participar das audiências sem contato visual com os outros acusados; V – não ter sua identidade revelada pelos meios de comunicação; VI – cumprir pena ou prisão cautelar em estabelecimento penal diverso dos demais corréus ou condenados.

O artigo 5º, inciso VI, da Lei nº 12.850/13 dispunha que o réu colaborador tinha direito de cumprir pena em estabelecimento penal diverso dos demais corréus ou condenados. Com o advento da "Lei Anticrime", o dispositivo garante também que a prisão cautelar do réu colaborador se dê em separado.

Como bem pondera Priscila Nóbrega de Miranda Correia, a medida visa a proteger o réu colaborador e afastá-lo daquele que foi por ele incriminado, basicamente por duas razões: evitar uma retaliação e também afastar corréus na mesma cela, o que pode "causar intimidação e desestimular a celebração de acordos de colaboração premiada."[382]

[382] CORREIA, Priscila Nóbrega de Miranda. **Análise das Alterações da Lei Anticrime na Colaboração Premiada.** 2020, TCC (Pós-Graduação) – Curso de Especialização em Direito Penal e Processo Penal da Escola Superior da Magistratura do Estado do Rio Grande do Norte – ESMARN, Natal, 2020. Pág. 50.

São medidas que visam à proteção física e psíquica do réu cooperante e de sua família. As medidas previstas no inciso I são as dispostas na Lei n. 9.807/99, que estabelece normas para a organização e a manutenção de programas especiais de proteção a vítimas e a testemunhas ameaçadas, institui o Programa Federal de Assistência a Vítimas e a Testemunhas Ameaçadas e dispõe sobre a proteção de acusados ou condenados que tenham voluntariamente prestado efetiva colaboração à investigação policial e ao processo criminal.

Tal lei tem em vista a proteção de vítimas, testemunhas e réus colaboradores que estejam sendo coagidos ou expostos a graves ameaças em razão de colaborarem com a investigação ou o processo criminal. Segundo José Raimundo Leite Filho:

> Na sua grande maioria, veiculam instrumentos extraprocessuais de proteção, física e financeira, à pessoa ameaçada. Extraprocessuais porque, embora possam vir a ser concedidas no curso de uma relação processual penal, projetam pouco ou nenhum impacto na formação e qualidade da prova, limitando-se a prover assistência administrativa de variada ordem à testemunha.[383]

São medidas concedidas sempre com a anuência da pessoa protegida ou do seu representante legal (art. 2°, § 3° da Lei n. 8.807/99), podendo ser estendidas ao cônjuge, companheiro, ascendentes e dependentes que tenham convivência habitual com a vítima ou testemunha.

A proteção não pode ser concedida a pessoas presas, podendo-se apenas adotar medidas de preservação de sua integridade física por parte dos órgãos de segurança pública (artigo 2°, § 2° da Lei n. 9.807/99). Quando se trata, porém, especificamente de réus colaboradores, o artigo 15 da referida lei garante que sejam aplicadas em seu benefício, na prisão ou fora dela, medidas especiais de segurança e proteção a sua integridade física, considerando ameaça ou coação eventual ou efetiva.[384]

---

383 LEITE FILHO, José Raimundo. Testemunhas sem Rosto: Anotações ao Regime estabelecido na Lei 9.807/99. **A Prova no Enfrentamento à Macrocriminalidade.** *In* SALGADO, Daniel de Resende; QUEIROZ, Ronaldo Pinheiro de (Org.). Salvador: Juspodium, 2015. p. 187.

384 Assim dispõe o texto legal: "§ 1° Estando sob prisão temporária, preventiva ou em decorrência de flagrante delito, o colaborador será custodiado em dependência separada

A proteção conferida pela Lei n. 9.807/99 consiste, nos termos do seu artigo 7º, na adoção das seguintes providências: I – segurança na residência, incluindo o controle de telecomunicações; II – escolta e segurança nos deslocamentos da residência, inclusive para fins de trabalho ou para a prestação de depoimentos; III – transferência de residência ou acomodação provisória em local compatível com a proteção; IV – preservação da identidade, imagem e dados pessoais; V – ajuda financeira mensal para prover as despesas necessárias à subsistência individual ou familiar, no caso de a pessoa protegida estar impossibilitada de desenvolver trabalho regular ou de inexistência de qualquer fonte de renda; VI – suspensão temporária das atividades funcionais, sem prejuízo dos respectivos vencimentos ou vantagens, quando servidor público ou militar; VII – apoio e assistência social, médica e psicológica; VIII – sigilo em relação aos atos praticados em virtude da proteção concedida; IX – apoio do órgão executor do programa para o cumprimento de obrigações civis e administrativas que exijam o comparecimento pessoal.

Quando entender necessário, poderá o Conselho Deliberativo do *Provita* (Programa de Proteção a vítimas, testemunhas e réus colaboradores) solicitar ao Ministério Público que requeira ao juiz a concessão de medidas cautelares direta ou indiretamente relacionadas com a eficácia da proteção, nos termos do artigo 8º da referida lei.

É possível, a depender do caso, inclusive, a alteração judicial do nome completo da testemunha ou do réu colaborador: "Em casos excepcionais e considerando as características e gravidade da coação ou ameaça, poderá o conselho deliberativo encaminhar requerimento da pessoa protegida ao juiz competente para registros públicos objetivando

---

dos demais presos. § 2º Durante a instrução criminal, poderá o juiz competente determinar em favor do colaborador qualquer das medidas previstas no art. 8º desta Lei. § 3º No caso de cumprimento da pena em regime fechado, poderá o juiz criminal determinar medidas especiais que proporcionem a segurança do colaborador em relação aos demais apenados".

a alteração de nome completo", medida que pode ser estendida aos familiares, inclusive filhos menores, tomando-se as providências necessárias ao resguardo de direitos de terceiros (art. 9º, caput e § 1º da citada lei).

Nesses casos, o Conselho Deliberativo, resguardado o sigilo das informações, manterá controle sobre a localização do protegido cujo nome tenha sido alterado. Cessada a coação ou ameaça que deu causa à alteração, ficará facultado ao protegido solicitar ao juiz competente o retorno à situação anterior, com a alteração para o nome original, em petição que será encaminhada pelo Conselho Deliberativo e terá manifestação prévia do Ministério Público.

Os incisos II e V tratam da preservação da identidade e da imagem do réu colaborador. A Lei n. 12.850/2013, visando dar eficácia a tal proteção, previu em seu artigo 18 que "Revelar a identidade, fotografar ou filmar o colaborador, sem sua prévia autorização por escrito" consiste em crime punido com reclusão de 1 (um) a 3 (três) anos, e multa.

4.10 PRIORIDADE NA TRAMITAÇÃO DO PROCESSO, DEPOIMENTO ANTECIPADO E ORDEM NO OFERECIMENTO DE ALEGAÇÕES FINAIS

O art. 19-A da Lei n. 9.807/99, incluído pela Lei n. 12.483/2011, garante prioridade na tramitação do inquérito e do processo criminal em que figure indiciado, acusado ou réu colaborador, vítima ou testemunha protegidas pelos programas de proteção referidos na Lei n. 9.807/99. Há, ainda, a previsão, no parágrafo único, de tomada de depoimento antecipado:

> Parágrafo único. Qualquer que seja o rito processual criminal, o juiz, após a citação, tomará antecipadamente o depoimento das pessoas incluídas nos programas de proteção previstos nesta Lei, devendo justificar a eventual impossibilidade de fazê-lo no caso concreto ou o possível prejuízo que a oitiva antecipada traria para a instrução criminal.

Walter Nunes da Silva Júnior critica a inversão do interrogatório do réu colaborador inserida pelo artigo 19-A, ressaltando que: "Essa oitiva antecipada, quando adotada em relação ao acusado colaborador, será bastante prejudicial a ele, que não terá o direito de ser interrogado após tomar conhecimento de todas as provas produzidas contra si".[385]

Veja-se que tal depoimento antecipado somente se dá em casos de réu colaborador protegido pela Lei n. 9.807/99. O colaborador que não se encontre sob o manto do Programa de Proteção a Vítimas e Testemunhas poderá ser ouvido após as testemunhas, como interrogado, ao final, juntamente aos demais acusados, delatados ou não.

O § 10-a do artigo 4º da Lei nº 12.850/2013, com a dicção dada pela Lei Anticrime, inovou ao determinar que em todas as fases do processo deve-se garantir ao réu delatado a oportunidade de manifestar-se após o prazo decorrido para o réu que o delatou.

A inovação legislativa consagrou o entendimento do Plenário do Supremo Tribunal Federal, que decidiu, por maioria, no dia 02 de outubro de 2019, durante o julgamento do *Habeas Corpus* 166373[386], que em ações penais com réus colaboradores e delatados, aos incriminados deve-se dar o direito de apresentar as razões finais após o oferecimento das alegações pelos colaboradores.

Com respeito à posição majoritária adotada em Plenário, parece-nos correto o entendimento do então Relator Ministro Edson Fachin, vencido. Isso porque, se a palavra do réu colaborador não é meio de prova, e sim meio de obtenção de prova, e considerando que o colaborador não é assistente da acusação, não deveria haver qualquer nulidade no caso de o delatado se manifestar antes do colaborador: ambos são acusados.

---

[385] SILVA JÚNIOR, Walter Nunes da. **Curso de direito processual penal: teoria (constitucional) do processo penal.** 2 ed. Natal: OWL Editora Jurídica, 2015. p. 521.

[386] *Habeas Corpus* n. 166373, julgamento 02.10.2010, Relator Ministro Edson Fachin, **DJ Nr. 227 do dia 18/10/2019.**

As razões finais do colaborador são sua peça final de defesa, e quando os acusados se pronunciam no processo, o Ministério Público já terá falado e analisado a prova trazida pelo réu colaborador. Não custa reforçar que este não figura como assistente da acusação, não se manifestando em conjunto com o Ministério Público.

Assim, ainda que não se observe a ordem estabelecida no § 10-a do artigo 4º da Lei nº 12.850/2013, o correto – a nosso ver – seria somente se reconhecer a nulidade se vier a ser efetivamente demonstrado o real prejuízo decorrente da manifestação final do delatado após a do réu colaborador.

4.11 PRESERVAÇÃO DE SUA IDENTIDADE NOS AUTOS

Como visto, o artigo 7º, inciso IV da Lei de Proteção a vítimas, testemunhas e réus colaboradores prevê a possibilidade de preservação da identidade, imagem e dados pessoais da pessoa ameaçada, introduzindo-se no processo penal brasileiro a figura da "testemunha sem rosto".[387]

Para José Raimundo Leite Filho:

> O impacto da adoção deste especial meio de prova no processo penal confina-se ao contraditório, numa dupla vertente: (a) pela impossibilidade de a defesa fazer uso da argüição de parcialidade, ou contradita; e (b) a depender do modo como realizada a oitiva, pelas limitações à verificação da sua fiabilidade, pela dificuldade em avaliar as reações da testemunha.[388]

Pela gravidade da medida, em termos de restrições impostas aos direitos do réu delatado, o citado autor entende que ela:

> Deve ficar restrita aos casos estritamente necessários, relacionados com a criminalidade grave, violenta ou organizada, parâmetro este inclusive levado em conta pelo TEDH na aferição da compatibilidade do direito interno europeu com a CEDH.[389]

---

[387] LEITE FILHO, José Raimundo. Testemunhas sem Rosto: Anotações ao Regime estabelecido na Lei 9.807/99. **A Prova no Enfrentamento à Macrocriminalidade**. *In* SALGADO, Daniel de Resende; QUEIROZ, Ronaldo Pinheiro de (Org.). Salvador: Juspodium, 2015. p. 190.

[388] LEITE FILHO, José Raimundo. Op. cit., p. 190.

[389] LEITE FILHO, José Raimundo. Op. cit., p. 195.

Citando o precedente do Tribunal Europeu de Direitos Humanos (TEDH), do caso *Ellis, Simms e Martin v. Reino Unido,* o autor acrescenta que o juiz deve se convencer "de que a prova é suficientemente relevante e importante, a ponto de configurar injustiça obrigar o Ministério Público a prosseguir a acusação sem a referida prova".[390]

De fato, o Tribunal Europeu de Direitos Humanos (TEDH) tem aceito a figura da "testemunha sem rosto", ressalvando a necessidade de confirmação do depoimento por meio de outras provas *(corroborative evidence),* podendo ser citados os casos *Lüdi v. Suíça* e *Kok v. Holanda,* em que se admitiu a valoração de depoimentos policiais prestados anonimamente.

A segunda Turma do Supremo Tribunal, em decisão de 02 de setembro de 2008, cuja Relatora foi a então Ministra Ellen Gracie, decidiu, à unanimidade, como legítima a providência adotada pelo magistrado de negar ao réu - mas não aos seus advogados - o acesso à identidade de uma das testemunhas, admitindo, assim, a possibilidade de proteção da identidade da testemunha (ou de réu colaborador, conforme a ementa), nos casos de criminalidade violenta.[391]

---

[390] LEITE FILHO, José Raimundo. Op. cit., p. 195.

[391] "EMENTA: DIREITO PROCESSUAL PENAL. *HABEAS CORPUS*. NULIDADE DO INTERROGATÓRIO. SIGILO NA QUALIFICAÇÃO DE TESTEMUNHA. PROGRAMA DE PROTEÇÃO À TESTEMUNHA. ACESSO RESTRITO À INFORMAÇÃO. CRIMINALIDADE VIOLENTA. ALEGAÇÕES NÃO APRESENTADAS NO STJ. ORDEM DENEGADA NA PARTE CONHECIDA. 1. A tese de nulidade do ato do interrogatório do paciente devido ao sigilo das informações acerca da qualificação de uma das testemunhas arroladas na denúncia não deve ser acolhida. 2. No caso concreto, há indicações claras de que houve a preservação do sigilo quanto à identidade de uma das testemunhas devido ao temor de represálias, sendo que sua qualificação foi anotada fora dos autos com acesso restrito aos juízes de direito, promotores de justiça e advogados constituídos e nomeados. Fatos imputados ao paciente foram de formação de quadrilha armada, da prática de dois latrocínios e de porte ilegal de armas. 3. Legitimidade da providência adotada pelo magistrado com base nas medidas de proteção à testemunha (Lei n. 9.807/99). Devido ao incremento da criminalidade violenta e organizada, o legislador passou a instrumentalizar o juiz em medidas e providências tendentes a, simultaneamente, permitir a prática dos atos processuais e assegurar a integridade físico-mental e a vida das pessoas e das testemunhas e de coautores ou partícipes que se oferecem para fazer a delação premiada. 4. *Habeas corpus* parcialmente conhecido e, nesta parte, denegado". (HC n. 90.321-5 - São Paulo, Segunda Turma, Rel. Min. Ellen Gracie, Decisão de 02/09/2008).

Recentemente, porém, no julgamento do *Habeas Corpus n.* 127.483 – PR (Relator Ministro Dias Toffoli), o Ministro Celso de Mello foi enfático no sentido de que deve ser garantido ao réu o acesso pleno a todas as provas dos autos, inclusive a identidade do réu colaborador:

> O fato irrecusável, no exame da questão do acesso a procedimentos estatais em regime de sigilo – especialmente naqueles casos em que o Estado se vale do instituto da colaboração premiada -, é um só: o delatado (...) tem, constitucionalmente, o direito de confrontar, em sede processual, o colaborador ou delator em razão da prerrogativa do contraditório, assegurada, em juízo, a quem sofre imputação penal deduzida pelo Estado.[392]

Em tal decisão não se enfrentou, contudo, caso concreto de réu colaborador ameaçado – quando então o tema certamente será aprofundado pela Suprema Corte –, de modo que é certo dizer que o Supremo Tribunal Federal garante o pleno acesso, sem qualquer restrição, a toda e qualquer informação constante do processo, inclusive o conhecimento, por parte do delatado, da identidade do acusado cooperante.

4.12 DIREITO SUBJETIVO?

Preenchidos os requisitos legais, pode o réu defender que tem verdadeiro direito subjetivo à realização de acordo de colaboração premiada, com todos os benefícios dele decorrentes? Para o Superior Tribunal de Justiça, "preenchidos os requisitos da delação premiada, sua incidência é obrigatória" (*Habeas Corpus n.* 84.609[393] e n. 26.325[394]).

Também alguns doutrinadores, como, por exemplo, Marcos Paulo Dutra Santos, defendem que os benefícios decorrentes da colaboração premiada devem ser concedidos *ex officio*, ainda que o Ministério Público não formalize o acordo com o réu. Para tal autor, o formato

---

[392] STF, Tribunal Pleno, HC 127.483/PR, Rel. Min. DIAS TOFFOLI. Julgamento: 27/08/2015. Publicação: DJe-021 DIVULG. 03/02/2016 PUBLIC 04/02/2016.

[393] STJ, HC 84.609 (2007/0132410-0). 5ª Turma. Rel. Min. Laurita Vaz. Data do julgamento: 04/02/2010.

[394] STJ, HC 26.325 (2003/0000257-7). 5ª Turma. Rel. Min. Gilson Dipp. Data do julgamento: 24/06/2003.

negocial não é imprescindível à obtenção dos benefícios por parte do acusado cooperante.[395]

Parte da doutrina diverge. No entender de Rogério Sanches Cunha e Ronaldo Batista Pinto, não há que se falar em concessão de benefícios *ex officio*. Trata-se, o acordo de colaboração premiada, na visão de tais autores, de "mera faculdade conferida ao 'parquet', pelo que não se deve cogitar de nenhum direito subjetivo do agente a não ser denunciado".[396] E utilizam o precedente do Supremo Tribunal Federal consolidado na Súmula 696[397], que impede o juiz de aplicar, *ex officio*, a suspensão condicional do processo, no caso de negativa ou omissão do Ministério Público, cabendo à autoridade judicial tão somente aplicar, por analogia, o artigo 28 do Código de Processo Penal.

Argumentam os dois autores que:

> Ora, se para crimes de menor gravidade, cuja pena mínima não supera um ano, se entendeu que a proposta de suspensão condicional do processo encerra mera faculdade conferida ao Ministério Público, com muito mais razão deve prevalecer essa compreensão para os delitos que envolvam organizações criminosas, cujas sanções são consideravelmente mais severas.[398]

Nesse mesmo sentido é o entendimento de Andrey Borges de Mendonça, para quem "não se trata de direito subjetivo do investigado/imputado/condenado realizar o acordo e receber os benefícios"[399],

---

395 SANTOS, Marcos Paulo Dutra. Op. cit., p. 124.

396 CUNHA, Rogério Sanches; PINTO, Ronaldo Batista. **Crime Organizado. Comentários à nova lei sobre o Crime Organizado (Lei n. 12.850/13).** 3ª ed. Salvador: JusPodium, 2014. p. 62.

397 Súmula 696 do STF: Reunidos os pressupostos legais permissivos da suspensão condicional do processo, mas se recusando o promotor de justiça a propô-la, o juiz, dissentindo, remeterá a questão ao procurador-geral, aplicando-se, por analogia o art. 28 do Código de Processo Penal.

398 CUNHA, Rogério Sanches; PINTO, Ronaldo Batista. Op. cit., p. 63.

399 MENDONÇA, Andrey Borges de. A Colaboração Premiada e a nova lei do crime organizado. In: **Custos Legis: a Revista Eletrônica do Ministério Público Federal,** Vol. 4, 2013. Disponível em <http://www.prrj.mpf.mp.br/sala-de-imprensa/publicacoes/custos-legis/a-colaboracao-premiada-e-a-nova-lei-do-crime-organizado-lei-12.850-2013/view> Acesso em 05/09/2016.

citando a previsão expressa do Manual do ENCCLA sobre colaboração premiada, que prevê que "a autoridade policial e o Ministério Público não são obrigados a propor ou a aceitar a oferta de colaboração quando julgarem, pela circunstância do caso, que ela não é necessária".[400]

O mesmo autor, agora em outro momento, reitera que "não há um direito subjetivo do imputado ao acordo de colaboração premiada. Isso porque, somente se o MP concordar que se trata de um meio de obtenção de prova eficiente e veraz, é que o acusado terá direito a firmar o acordo."[401]

Para David Teixeira de Azevedo não há um direito ao perdão, mas um merecimento do benefício, a ser analisado em cada caso concreto:

> Não se cuida de puro direito subjetivo do acusado, como se tem apregoado, porquanto não há por parte deste a possibilidade de pretender e exigir garantidamente aquilo que a norma lhe atribui, com um correspondente dever por parte do Estado. Ao contrário, preenchidos os requisitos de ordem objetiva, postos expressamente em lei, há dados de natureza subjetiva.[402]

Desse modo, o acusado não pode pleitear os benefícios da colaboração premiada ao juiz, e este não pode concedê-los *ex officio*, se não houver a anuência expressa do Ministério Público. Isso decorre da própria natureza negociada da colaboração: só ocorre quando há consenso entre acusação e defesa. Nenhuma das duas pode ser impelida a realizar o acordo, especialmente o Ministério Público, titular da ação penal e regido pelo princípio da obrigatoriedade. A colaboração deve ser excepcional, e fruto de um acordo entre partes. Não pode ser imposta à acusação pelo réu ou pelo julgador.

---

[400] Manual Colaboração Premiada. **ENCCLA 2013**. Versão de 24-09-2013. Aprovado pela Açãon. 9. MENDONÇA, Andrey Borges de. Op. cit. Acesso em 05.09.2016.

[401] MENDONÇA, Andrey Borges de. Os benefícios possíveis na colaboração premiada: entre a legalidade e a autonomia da vontade. BOTTINO, Pierpaolo Cruz; MOURA, Maria Thereza de Assis (Coordenadores). **Colaboração Premiada.**1. ed., 2ª tiragem. São Paulo: Editora Revista dos Tribunais, 2018. p. 61. No mesmo sentido: FILIPPETTO, Rogério; ROCHA, Luísa Carolina Vasconcelos Chagas. **Colaboração Premiada: contornos segundo o sistema acusatório.** Belo Horizonte: D'Plácido Editora, 2017. p. 158.

[402] AZEVEDO, David Teixeira de. Colaboração Premiada num Direito Ético. **Revista dos Tribunais.** V. 771/2000. Jan/2000. DTR/2000/120. p. 450.

E após firmado o acordo com o Ministério Público, tem o réu colaborador direito à homologação judicial? O artigo 14, em seu § 8º dispõe que "O juiz poderá recusar homologação à proposta que não atender aos requisitos legais, ou adequá-la ao caso concreto". Ao que parece, a lei quis reservar ao juiz o poder de controlar formalmente o teor do acordo: preenchidos os requisitos de ordem objetiva e subjetiva, não poderá o juiz negar-se à homologação.

Como bem aponta Walter Nunes da Silva Júnior:

> Tendo como linha de entendimento que a colaboração premiada representa, igualmente, exercício do direito de defesa, os benefícios propostos ao agente colaborador pelo Ministério Público, quando manifestada a aceitação e prestado o consequente depoimento, assumem a condição de direito subjetivo, de maneira que o magistrado, salvo situação excepcional, não deve deixar de homologar o acordo, máxime no cenário de um processo penal de modelo acusatório, no qual o parquet é o dominus litis da ação penal.[403]

De fato, o processo adversarial resguarda para o juiz uma postura imparcial e equidistante das partes, não podendo, sob pena de reacender reminiscências inquisitoriais incompatíveis com a Constituição Federal, agir sem pedido expresso da parte.

Também no sentido de que, firmado o acordo e cumpridas as suas condições, passa a ostentar o réu cooperante direito subjetivo, veja-se a lição de José Alexandre Marson Guidi:

> Em que pese o entendimento de alguns de que a colaboração cria apenas uma expectativa de direitos à obtenção de um dos benefícios acima tratados, deve ser afastado esse entendimento, tendo em vista que, com a colaboração do co-réu e preenchidos todos os requisitos objetivos e subjetivos necessários, surgirá um direito subjetivo do réu, ficando o juiz obrigado a aplicar os benefícios na medida da eficácia das narrações, resultados obtidos, bem como do delito praticado e as consequências.[404]

---

[403] SILVA JÚNIOR, Walter Nunes da. Op. cit., p. 543.

[404] GUIDI, José Alexandre Marson. **Delação premiada no combate ao crime organizado**. São Paulo: Lemos Cruz, 2006. p. 173.

Do mesmo modo, Pierpaolo Cruz Bottini entende que, cumprido o acordo por parte do colaborador, passa ele a ostentar direito aos benefícios: "Há um *direito subjetivo* do colaborador de aceder aos benefícios, uma vez que a colaboração gera um *dever* por parte do Estado quando *efetiva* sua postura, reconhecida por seu comportamento durante a instrução processual."[405]

Este é o entendimento consagrado pelo STF ao julgar o *Habeas Corpus n.* 127.483 – PR, Relator Ministro Dias Toffoli: "Caso a colaboração seja efetiva e produza os resultados almejados, há que se reconhecer o direito subjetivo do colaborador à aplicação das sanções premiais estabelecidas no acordo, inclusive de natureza patrimonial".[406]

4.13 CLÁUSULAS (OU CONTEÚDO): O QUE PODE SER NEGOCIADO

A falta de regramento da colaboração premiada pela lei brasileira deixava um vácuo que autorizava acordos verbais, registrados em termos de audiência judicial, ou acordos escritos vagos e que não garantiam minuciosamente os direitos e as obrigações do réu colaborador. Com o advento da Lei n. 12.850/2013, há a expressa exigência de que o acordo seja escrito (art. 4º, § 7º).

A necessidade de que seja escrito o acordo parece ser senso comum. O juiz americano Stephen Trott aconselha os promotores a assim agirem: "Coloque o acordo inteiro por escrito, mas antes que o faça, leia *United States v. Bailey.* Esse caso contém uma discussão educativa sobre o que um acordo de colaboração pode e não pode ter".[407] No caso do Brasil,

---

[405] BOTTINI, Pierpaolo Cruz. A homologação e a sentença na colaboração premiada na ótica do STF. BOTTINI, Pierpaolo Cruz; MOURA, Maria Thereza de Assis (Coordenadores). **Colaboração Premiada.** 1. ed.. 2ª tiragem. São Paulo: Editora Revista dos Tribunais. p. 195.

[406] STF, Tribunal Pleno, HC 127.483/PR, Rel. Min. DIAS TOFFOLI. Julgamento: 27/08/2015. Publicação: DJe-021 DIVULG. 03/02/2016 PUBLIC 04/02/2016.

[407] TROTT, Stephen. O uso de um criminoso como testemunha: um problema especial. Tradução: Sergio Fernando Moro. **Revista CEJ.** Centro de Estudos Judiciários do Conselho

a Lei de combate ao crime organizado consagrou, como já dito, os modelos de acordos utilizados na Operação Banestado, com cláusulas claras e expressas, em acordos escritos homologados judicialmente.

Tomando por base os termos de acordo de colaboração premiada da Operação Lava Jato[408], tem-se que as avenças dividem-se normalmente com cerca de doze partes, cada qual abordando um dos seguintes assuntos: Parte I – Base Jurídica; Parte II – Proposta do Ministério Público Federal; Parte III – Condições da Proposta; Parte IV – Validade da Prova; Parte V – Garantia contra a autoincriminação, direito ao silêncio e direito a recurso; Parte VI – Imprescindibilidade da Defesa Técnica; Parte VII – Cláusula de Sigilo; Parte VIII – Ratificação do Procurador-geral da República; Parte IX – Homologação Judicial; Parte X – Rescisão; Parte XI – Duração Temporal; e Parte XII – Declaração de Aceitação.

A Orientação Conjunta n. 01/2018, das 2ª e 5ª Câmaras do Ministério Público Federal, acolheu essa formatação, sugerindo que os acordos elaborados no âmbito do MPF contenham as seguintes cláusulas:

> 24. O acordo de colaboração deve conter cláusulas que tratem, pelo menos, dos seguintes pontos:
>
> 24.1. BASE JURÍDICA (Artigo 129, inciso I, da Constituição da República, nos artigos13 a 15 da Lei n. 9.807/99, no art. 1°, § 5°, da Lei 9.613/98, no art. 26 da Convenção de Palermo, no art. 37 da Convenção de Mérida, artigos 3º, § 2º e § 3º, do Código de Processo Civil, e nos artigos 4° a 8° da Lei 12.850/2013);
>
> 24.2. QUALIFICAÇÃO DO COLABORADOR;
>
> 24.3. DEMONSTRAÇAO DO INTERESSE PÚBLICO: a) oportunidade do acordo; b) efetividade e utilidade do acordo: relativa à capacidade real de contribuição do colaborador para a investigação, por meio do fornecimento de elementos concretos que possam servir de prova; c) explicitação sobre quantos e quais são os fatos ilícitos e pessoas envolvidas que ainda não sejam de conhecimento do Ministério Público Federal; d) indicação dos meios pelos quais se fará a respectiva prova.

---

da Justiça Federal. V. 11, n. 37. Abr/Jun 2007. p. 82.

408 http://s.conjur.com.br/dl/acordo-delacao-premiada-paulo-roberto.pdf Acesso em 30/10/2016.

24.4. OBJETO DO ACORDO: a) descrição genérica dos fatos que serão revelados e por quem, visando preservar o sigilosas investigações; a descrição específica deverá ser feita nos anexos individualizados, na forma do item 13; b) deve ser demonstrada a relevância das informações e provas; não basta que os fatos e provas sejam novos; precisam ser aptos a revelar e a desmantelar a forma de cometimento dos ilícitos; c) deve haver previsão sobre como se procederá em caso de revelação de novos fatos, depois de celebrado o acordo (possível aditamento do acordo, com previsão das consequências do aditamento).

24.5. OBRIGAÇOES DO COLABORADOR (mínimas): a) relativas às informações e provas relevantes (formas, prazos, locais etc); b) compromisso de cessar as condutas ilícitas; c) compromisso, durante toda a vigência do acordo de colaboração, de colaborar de forma plena, sem qualquer reserva, com as investigações, portando-se sempre com honestidade, lealdade e boa-fé; d) falar a verdade, incondicionalmente, em todas as investigações (inclusive nos inquéritos policiais e civis, ações civis, procedimentos administrativos disciplinares e tributários), além de ações penais em que doravante venha a ser chamado a depor na condição de testemunha ou interrogado, nos termos do acordo; e) pagamento de valor relativo à antecipação de reparação de danos, ressalvada a prerrogativa de outros órgaos, instituições, entidades ou pessoas de buscarem o ressarcimento que entenderem lhes ser devido; f) pagamento de multa; g) prestar garantias do cumprimento da multa e da antecipação de reparação de danos; h) declarar que as informações prestadas são verdadeiras e precisas, sob pena de rescisão; i) declarar todos os bens que são de sua propriedade, ainda que em nome de terceiros, sob pena de conduta contrária ao dever de boa-fé e rescisão do acordo; j) obrigação de o COLABORADOR adotar conduta processual compatível com a vontade de colaborar (vedação ao *venire contra factum proprium*).

24.6. COMPROMISSOS DO MPF: a) estipular benefícios penais ao colaborador; b) estabelecer a forma de cumprimento dos benefícios; c) defender perante terceiros a validade e eficácia de todos os termos e condições doacordo.

24.7. ADESAO E COMPARTILHAMENTO DE PROVAS (v. item 39);

24.8. COOPERAÇAO COM AUTORIDADES ESTRANGEIRAS (v. item39);

24.9. RENÚNCIA AO EXERCÍCIO DA GARANTIA CONTRA A AUTOINCRIMINAÇAO E DO DIREITO AO SILÊNCIO;

24.10. PREVISÃO DE GARANTIA REAL OU FIDEJUSSÓRIA (v. item 30);

24.11. RESCISÃO: HIPÓTESES E CONSEQUÊNCIAS: inclusive com previsão de cláusula penal, correção monetária e juros;

24.12. PREVISÃO SOBRE O JUÍZO PERANTE O QUAL SERÁ REQUERIDA A HOMOLOGAÇÃO;

24.13. PREVISÃO DA NECESSIDADE DE SIGILO (até decisão judicial em contrário);

24.14. DECLARAÇÃO DE ACEITAÇÃO (pelo advogado e pelo colaborador);

24.15. EFEITOS CIVIS DO ACORDO.

Cada parte divide-se em cláusulas, cujo conteúdo tem que ter sido previamente negociado entre as partes. Assim, somente consta do documento o consenso final das negociações. A base jurídica dos acordos consiste no artigo 129, inciso I da Constituição Federal, artigos 13 a 15 da Lei n. 9.807/99, artigo 1º, § 5º da Lei n. 9.613/98, artigo 26 da Convenção de Palermo, art. 37 da Convenção de Mérida e artigos 4º a 8º da Lei n. 12.850/2013, constando, ainda, cláusula que explica como o interesse público é atendido com a realização do acordo.

A parte da proposta do Ministério Público narra sucintamente os fatos e elenca os benefícios ao colaborador, no caso de haver efetivamente a colaboração. Assim, há a previsão de cláusulas com o compromisso de o Ministério Público pleitear judicialmente as vantagens negociadas.

A cláusula 5ª do termo de acordo de colaboração premiada firmado com Paulo Roberto Costa (já tornado público, eis que levantado judicialmente o seu sigilo), réu nas ações penais n. 5026212-82.2014.404.7000 e 5025676-71.2014.404.7000, que tramitaram na 13ª Vara Federal Criminal da Subseção Judiciária de Curitiba/PR, por exemplo, prevê benefícios como compromisso de o Ministério Público pleitear prisão domiciliar com uso de tornozeleira pelo prazo de 01 (um) ano, em seguida, cumprimento de pena em regime semiaberto (na eventualidade de que adviesse, de fato, sentença condenatória) em período máximo de 02 (dois) anos, seguido de cumprimento de pena em regime aberto pelo restante da pena.

Além disso, o Ministério Público se comprometeu a arquivar outros procedimentos decorrentes de fatos novos confessados, bem como a propor acordo de colaboração premiada acessório a cada parente do réu envolvido nos fatos. Houve, ainda, o compromisso de garantia da segurança do acusado e de sua família, nos termos da Lei n. 9.807/99, se por eles viesse a ser solicitada.

Assim, essa segunda parte do acordo é, sem dúvida, a mais importante na ótica do colaborador, eis que trata de todos os benefícios que poderão advir do negócio jurídico. Como já dito, a Lei de combate ao crime organizado prevê a possibilidade de concessão de vários benefícios, desde o cumprimento de pena em regime mais benéfico até a imunidade plena. Esse conteúdo dependerá de cada negociação, ou seja, vai variar de acordo com o caso concreto.

O artigo 4º da Lei nº 12.850/2013 sempre previu – e assim continua a dispor – que os benefícios que podem ser objeto da negociação entre Ministério Público e defesa são: perdão judicial, redução de pena em até 2/3 (dois terços) e a substituição da pena privativa de liberdade por restritiva de direitos, além da imunidade e da redução da pena até metade ou progressão de regime, ainda que sem os requisitos objetivos, em casos específicos.[409]

---

[409] Art. 4º O juiz poderá, a requerimento das partes, conceder o perdão judicial, reduzir em até 2/3 (dois terços) a pena privativa de liberdade ou substituí-la por restritiva de direitos daquele que tenha colaborado efetiva e voluntariamente com a investigação e com o processo criminal, desde que dessa colaboração advenha um ou mais dos seguintes resultados:

I - a identificação dos demais coautores e partícipes da organização criminosa e das infrações penais por eles praticadas;

II - a revelação da estrutura hierárquica e da divisão de tarefas da organização criminosa;

III - a prevenção de infrações penais decorrentes das atividades da organização criminosa;

IV - a recuperação total ou parcial do produto ou do proveito das infrações penais praticadas pela organização criminosa;

V - a localização de eventual vítima com a sua integridade física preservada.

§ 1º Em qualquer caso, a concessão do benefício levará em conta a personalidade do colaborador, a natureza, as circunstâncias, a gravidade e a repercussão social do fato criminoso e a eficácia da colaboração.

§ 2º Considerando a relevância da colaboração prestada, o Ministério Público, a qualquer tempo, e o delegado de polícia, nos autos do inquérito policial, com a manifestação do

Antes da Lei Anticrime era possível a negociação da imunidade (não-oferecimento de ação penal), se o investigado não fosse líder da organização criminosa e fosse o primeiro a prestar efetiva colaboração. Com a Lei Anticrime, é necessário, para a negociação da imunidade, além dos dois requisitos acima, que a proposta de acordo se refira à infração de cuja existência não saibam as autoridades estatais, impondo-se mais uma restrição, portanto, ao prêmio da imunidade ao réu colaborador.[410]

O 4º, § 5º, da Lei nº 12.850/13 permite que o acordo de colaboração seja firmado com réu já condenado, quando "a pena poderá ser reduzida até a metade ou será admitida a progressão de regime ainda que ausentes

---

Ministério Público, poderão requerer ou representar ao juiz pela concessão de perdão judicial ao colaborador, ainda que esse benefício não tenha sido previsto na proposta inicial, aplicando-se, no que couber, o art. 28 do Decreto-Lei nº 3.689, de 3 de outubro de 1941 (Código de Processo Penal).

§ 3º O prazo para oferecimento de denúncia ou o processo, relativos ao colaborador, poderá ser suspenso por até 6 (seis) meses, prorrogáveis por igual período, até que sejam cumpridas as medidas de colaboração, suspendendo-se o respectivo prazo prescricional.

~~§ 4º Nas mesmas hipóteses do caput , o Ministério Público poderá deixar de oferecer denúncia se o colaborador:~~

§ 4º Nas mesmas hipóteses do caput deste artigo, o Ministério Público poderá deixar de oferecer denúncia se a proposta de acordo de colaboração referir-se a infração de cuja existência não tenha prévio conhecimento e o colaborador: (Redação dada pela Lei nº 13.964, de 2019)

I - não for o líder da organização criminosa;

II - for o primeiro a prestar efetiva colaboração nos termos deste artigo.

§ 4º-A. Considera-se existente o conhecimento prévio da infração quando o Ministério Público ou a autoridade policial competente tenha instaurado inquérito ou procedimento investigatório para apuração dos fatos apresentados pelo colaborador. (Incluído pela Lei nº 13.964, de 2019)

§ 5º Se a colaboração for posterior à sentença, a pena poderá ser reduzida até a metade ou será admitida a progressão de regime ainda que ausentes os requisitos objetivos.

410 Art. 4º (...) § 4º Nas mesmas hipóteses do caput deste artigo, o Ministério Público poderá deixar de oferecer denúncia se a proposta de acordo de colaboração referir-se a infração de cuja existência não tenha prévio conhecimento e o colaborador: (...) § 4º-A. Considera-se existente o conhecimento prévio da infração quando o Ministério Público ou a autoridade policial competente tenha instaurado inquérito ou procedimento investigatório para apuração dos fatos apresentados pelo colaborador.

os requisitos objetivos" e a Lei Anticrime não promoveu qualquer alteração a respeito.

Pois bem. A doutrina dominante sempre entendeu que esse rol de benefícios não era taxativo, e sim "meramente exemplificativo, servindo de parâmetro para as negociações correspondentes sem impedir, contudo, que outros sejam pactuados pelos contratantes da colaboração premiada."[411]

No mesmo sentido, o Poder Judiciário brasileiro sempre vinha homologando as cláusulas de acordos de colaboração premiada que não eram taxativamente previstas na Lei nº 12.850/13, incluindo-se aí o Supremo Tribunal Federal. No julgamento do *Habeas Corpus* nº 127.483 - PR, por exemplo, o Relator Ministro Dias Toffoli entendeu plenamente possível que o acordo preveja efeitos extrapenais de natureza patrimonial da condenação, entendendo que tais benefícios se inserem nas "medidas adequadas" previstas no artigo 26 da Convenção de Palermo e na "mitigação de pena" do artigo 37.1 da Convenção de Mérida.[412]

Esse abrandamento das consequências do crime se coaduna com as referidas Convenções e seriam admitidas pelo nosso ordenamento jurídico. Assim, o Poder Judiciário brasileiro sempre entendeu, a partir da Lei n. 12.850/2013, que o acordo de colaboração pode contemplar cláusulas prevendo, por exemplo, a liberação de imóveis em favor de parentes do colaborador, como ocorreu concretamente no caso do *Habeas Corpus* acima citado.

---

[411] PAIVA, Daniel Diniz Barreto de. **Limites Negociais do Sistema Criminal brasileiro: um estudo a partir da colaboração premiada**. 2018, TCC (Graduação) - Curso de Direito, Universidade Federal do Rio Grande do Norte, Natal, 2018. P. 66.; ROSA, Luísa Walter da. **Colaboração premiada: a possibilidade de concessão de benefícios extralegais ao colaborador.** 1ª ed. Florianópolis: Emais, 2018. Pp. 76-84.

[412] STF, Tribunal Pleno, HC 127.483/PR, Rel. Min. DIAS TOFFOLI. Julgamento: 27/08/2015. Publicação: DJe-021 DIVULG. 03/02/2016 PUBLIC 04/02/2016.

O Ministro Dias Toffoli entendeu, ainda, no mesmo julgamento, que:

> Se um dos objetivos do programa de proteção é conferir meios de subsistência ao colaborador e a sua família, impondo ao Estado o dever de fornecer-lhe residência e ajuda financeira mensal, possibilitar-lhe que o colaborador permaneça com determinados bens ou valores mostra-se congruente com os mencionados fins, inclusive por desonerar o Estado daquela obrigação. Em suma, não soa desarrazoado que o Estado-Administração, representado pelo titular da ação penal pública, possa dispor, no acordo de colaboração, sobre questões de natureza patrimonial, ressalvado o direito de terceiros de boa-fé. Ademais, essa cláusula patrimonial somente produzirá efeitos se o agente colaborador cumprir integralmente a obrigação por ele assumida no acordo, quando então terá direito subjetivo à sua aplicação.[413]

Desse modo, vinha sendo reconhecido um vasto leque de opções nas negociações, abrangendo não apenas os aspectos penais, mas envolvendo também questões de ordem patrimonial, sem óbice à negociação de benefícios não tipificados em leis.

A propósito, sobre ser possível negociar outros benefícios além dos previstos na Lei de Combate ao Crime Organizado, ensina Andrey Borges de Mendonça:

> No Brasil, há diversas leis, criadas a partir dos anos 1990, que tratam dos benefícios dados ao colaborador que auxilia a persecução penal. Há, assim, um verdadeiro microssistema da colaboração premiada, de sorte que é possível a utilização dos benefícios previstos nessas leis, em razão da possibilidade de uso da analogia (art. 3º do CPP). Certamente o papel central nesse microssistema é exercido pela Lei 12.850, sendo circundada por diversas outras leis, que também preveem benefícios penais.[414]

---

413 STF, Tribunal Pleno, HC 127.483/PR, Rel. Min. DIAS TOFFOLI. Julgamento: 27/08/2015. Publicação: DJe-021 DIVULG. 03/02/2016 PUBLIC 04/02/2016.

414 MENDONÇA, Andrey Borges de. Os benefícios possíveis na colaboração premiada: entre a legalidade e a autonomia da vontade. BOTTINO, Pierpaolo Cruz; MOURA, Maria Thereza de Assis (Coordenadores). **Colaboração Premiada.** 1. ed., 2ª tiragem. São Paulo: Editora Revista dos Tribunais, 2018. p. 75. Assim, é possível que o acordo de colaboração preveja os benefícios constantes das Leisn. 8.072/1990, 7.492/1986, 8.137/1990 (art. 16), Lei 9.613/1998 (art. 1º, § 5º) e 9.807/1999 (arts. 13 e 14).

Desse modo, o acordo pode prever os benefícios constantes das Leis nº 8.072/1990, 7.492/1986, 8.137/1990 (art. 16), Lei 9.613/1998 (art. 1º, § 5º), 9.807/1999 (arts. 13 e 14), além dos benefícios previstos na Lei nº 12.850/2013.

Nos processos da Operação Lava Jato as partes vinham negociando expressamente a pena fixa e sua eventual progressão nos casos concretos, não dando margem ao julgador para que aplicasse penas diversas das acordadas. Desse modo, o colaborador saía da negociação plenamente consciente de quantos anos, meses e dias de pena cumprirá se vier a ser condenado. Tais cláusulas vinham sendo homologadas pelo Poder Judiciário, tornando-se uma medida, nas palavras de Vinicius Gomes de Vasconcellos, que "conferiu estabilidade ao termo de delação, incentivando futuros delatores."[415] De acordo com o autor, "ao se estipular o teto (que não pode ser ultrapassado, e sim reduzido), evitou que o delator ficasse na dependência da aplicação da pena do julgador e, somente depois, a redução da pena."[416]

Para Andrey Borges de Mendonça, a previsão, nos acordos, de penas em patamar fixo, que ele denomina de "pena específica unificada ou determinada", preserva os interesses do colaborador e da acusação, já que,

> para a defesa, traz segurança e afasta-se do risco de ter uma condenação em penas que seriam desarrazoáveis e, muitas vezes, maiores que dos próprios delatados. Para a acusação, estimula o colaborador a narrar todos os fatos delitivos conhecidos, pois quanto maior sua contribuição, maior seu benefício.[417]

A já mencionada Orientação Conjunta n. 01/2018, do Ministério Público Federal prevê, em seu item 26, sobre a possibilidade de que se negocie a pena concreta a ser cumprida pelo colaborador:

---

415 VASCONCELLOS, Vinicius Gomes de. **Colaboração Premiada.** 2. ed. revista, atualizada e ampliada. São Paulo: Editora Revista dos Tribunais, 2018. p. 178.

416 VASCONCELLOS, Vinicius Gomes de. Op. cit., p. 178.

417 MENDONÇA, Andrey Borges de. Op. cit., p. 89/90.

26. O benefício penal previsto no acordo de colaboração premiada poderá ser definido de acordo com as seguintes técnicas:

26.1.preferencialmente, pelo estabelecimento de marcos punitivos máximos, a serem concretizados em apreciação judicial com os seguintes elementos sugeridos, segundo os indicativos legais: a) patamar máximo unificado de pena decorrente do somatório das sentenças condenatórias, o qual, ao ser atingido, levará à suspensão das demais ações e investigações em curso e seus respectivos prazos prescricionais; b) pena que será efetivamente cumprida pela parte em regimes a serem definidos no acordo; c) suspensão do cumprimento da diferença entre o máximo unificado da pena e a pena que será efetivamente cumprida, com possibilidade de retomada do cumprimento do máximo unificado da pena em caso de rescisão ou descumprimento do acordo; ou

26.2. alternativamente, estabelecimento de patamares mínimos e máximos, a serem delimitados por ocasião da sentença, para cumprimento da pena.

27. O acordo pode prever, como indicativo para a resposta penal a ser concretizada em sede judicial, além da pena unificada para o montante de fatos e a pena a ser efetivamente cumprida, eventuais penas restritivas de direito, o regime inicial de cumprimento da pena, a progressão de regimes, a suspensão condicional da pena, a suspensão condicional do processo, a suspensão do prazo prescricional e a aplicação dos institutos da remissão e detração. Em caso da previsão de regimes diferenciados, suas regras devem ser detalhadas no acordo.

27.1. O acordo de colaboração premiada pode também prever o valor da multa penal, o valor ou os bens objeto de perdimento e sua destinação, o valor mínimo da reparação do dano e sua destinação às vítimas dos delitos, quando couber.

Com efeito, como visto no acordo feito com o colaborador Paulo Roberto Costa, a realidade tem mostrado que as negociações, na prática, podem envolver benefícios que não são previstos em nenhuma lei. Andrey Borges de Mendonça levantou os benefícios não previstos em lei acordados em casos da Operação Lava Jato:

(i) permissão para que familiares se utilizem de bens que sejam produto de crime (veículos blindados adquiridos com produto da infração); (ii) afastamento de efeitos extrapenais da condenação, em especial não aplicação de perdimento de determinados bens, que seriam produto de crime; (iii) aplicação de multas; (iv) o cumprimento da pena em regimes diferenciados, como o regime fechado domiciliar, o aberto diferenciado (em geral consistente no recolhimento domiciliar noturno), o regime semiaberto diferenciado (em geral o recolhimento domiciliar noturno durante a semana e em período integral aos fins de semana); (v)

> recolhimento domiciliar noturno durante a semana; (vi) estabelecimento de penas fixas (por exemplo, três anos em regime semiaberto) ou em margens fixas (no mínimo três e no máximo cinco anos); (vii) condenação a, no máximo, uma pena determinada (condenação à pena máxima unificada de até 12 anos, por exemplo); (viii) suspensão de processos e investigações; (ix) suspensão da pena; e (xi) substituição da prisão cautelar por outras medidas alternativas.[418]

A realidade mostrou, ainda, que cláusulas muitas vezes sequer previstas em qualquer lei eram negociadas, atendendo aos interesses do réu colaborador e do Ministério Público. Na Operação Lava Jato, por exemplo, comumente eram negociadas cláusulas prevendo benefícios não previstos na lei, como por exemplo: compromisso de o Ministério Público pleitear prisão domiciliar com uso de tornozeleira pelo prazo de 01 (um) ano; compromisso de o Ministério Público solicitar o cumprimento de pena em regime semiaberto em período máximo de 02 (dois) anos, seguido de cumprimento de pena em regime aberto pelo restante da pena.[419]

Para Luísa Walter da Rosa, é plenamente possível a negociação e a concessão de benefícios diversos dos previstos na Lei n. 12.850/2013, desde que os prêmios não fossem "*expressamente proibidos por lei (como penas de banimento ou cruéis)*" ou violassem "*direito fundamental, em especial a dignidade da pessoa humana.*"[420]

De fato, há que se lembrar que nos casos de transação e suspensão condicional do processo, da Lei nº 0.099/1995, é possível fixar condições não previstas expressamente em lei, e isso vem sendo acolhido tranquilamente pelo Judiciário brasileiro. Na verdade, é preciso compreender que os benefícios são legais, ainda que não taxados, como bem ensina Douglas Fischer:

---

418 MENDONÇA, Andrey Borges de. Op. cit., p. 77/78.

419 Ações penais nº 5026212-82.2014.404.7000 e nº 5025676-71.2014.404.7000, em trâmite na 13ª Vara Federal Criminal da Subseção Judiciária de Curitiba/PR.

420 ROSA, Luísa Walter da. **Colaboração premiada: a possibilidade de concessão de benefícios extralegais ao colaborador**. 1ª ed. Florianópolis: Emais, 2018. P. 81.

> O STF disse que o regime domiciliar com tornozeleira é uma hipótese de medida cautelar menos gravosa prevista no 319 CPP, não é incompatível com a prisão domiciliar, não há problema em aplicar a medida. Tem que ter a noção de que estamos entrando num sistema de acordos. O que se vê é uma tentativa de desvirtuamento quando se tenta impor que se estão negociando benefícios ilegais, quando são legais, apenas não estão taxados.[421]

Essa possibilidade de negociação de benefícios sem previsão legal tem suscitado críticas,[422] é certo, em especial no sentido de que estaria havendo ofensa ao princípio da legalidade, porém que não resistem, na nossa ótica, aos argumentos favoráveis. Ora, quando o Ministério Público negocia uma cláusula com sanção mais benéfica ao colaborador do que a que está prevista em lei, a flexibilização do princípio da legalidade está ocorrendo em prol do seu maior beneficiário: o acusado, e não em seu prejuízo.

Como bem pontua Daniel Diniz Barreto de Paiva,

> Pleiteando o órgão ministerial a imposição de uma sanção mais benéfica ao colaborador do que aquela prevista em lei, o princípio da legalidade não oferece óbice para que o juiz a atenda, porquanto nesse caso, a flexibilização do princípio estará ocorrendo em benefício do seu titular, satisfazendo seu propósito.(...) Portanto, em última análise pode-se dizer que os benefícios convencionados não previstos em lei funcionam como instrumentos de preservação de liberdade humana, limitando (e não armando) o Estado a fim de proporcionar aos colaboradores uma situação jurídica mais favorável.[423]

---

421 Palestra proferida no dia 16 de outubro de 2020, durante o evento "Política Corrupção e Máfia: da Operação Mãos Limpas na Itália a uma reflexão para os dias atuais", organizado pela Accademia Juris Roma. Link disponível apenas aos participantes inscritos. https://www.accademiajuris.com/ Acesso em 16.10.2020.

422 JARDIM, Afrânio Silva. Acordo de Colaboração Premiada. Quais são os limites? **Revista Eletrônica de Direito Processual - REDp.** Rio de Janeiro, v. 17, jan. - jun. 2017. p. 3. Disponível em https://www.e-publicacoes.uerj.br/index.php/redp/article/view/23110>. Acesso em 18/08/2019.

423 PAIVA, Daniel Diniz Barreto de. Op. cit., p. 68/69.

Citando Rodrigo Telles de Souza, Daniel Diniz Barreto de Paiva traz, ainda, um argumento de ordem lógica irrefutável a favor dos benefícios não previstos em lei, ao dizer que é "juridicamente óbvia a possibilidade de contratar benefício não previsto na Lei n. 12.850, de 2013, pois a previsão de imunidade penal ali encartada legitima o manejo de quaisquer outros prêmios."[424]

Sobre não ofender o princípio da legalidade a negociação de benefícios não previstos em lei, ensina Andrey Borges de Mendonça:

> O princípio da legalidade não tem o condão de impedir a utilização da analogia *in bonam partem*, pois se busca não ampliar o âmbito punitivo do Estado, mas sim, conceder benefícios adequados à situação concreta e aderente à condição do imputado.
>
> (...)
>
> Veja, portanto, que o princípio da legalidade foi estabelecido no direito penal e no processo penal como forma de proteção ao imputado, evitando que a lei utilize incriminações que sejam amplas e prejudiciais ao acusado ou tipos penais posteriores ao fato, assim como ocorram restrições demasiadamente amplas aos direitos fundamentais durante a persecução. No entanto, nada impede que o princípio da legalidade (tanto na seara penal quanto processual) seja utilizado *a favor* do próprio imputado – a quem, em última análise, o princípio busca proteger.[425]

As críticas, porém, foram acolhidas pelo legislador brasileiro, que incluíram, via Lei Anticrime, a seguinte dicção do artigo 4º, § 7º, inciso II na nova Lei de Combate ao Crime Organizado:

> II - adequação dos benefícios pactuados àqueles previstos no caput e nos §§ 4º e 5º deste artigo, sendo nulas as cláusulas que violem o critério de definição do regime inicial de cumprimento de pena do art. 33 do Decreto-Lei nº 2.848, de 7 de dezembro de 1940 (Código Penal), as regras de cada um dos regimes previstos no Código Penal e na Lei nº 7.210, de 11 de julho de 1984 (Lei de Execução Penal) e os requisitos de progressão de regime não abrangidos pelo § 5º deste artigo; (...).

---

[424] PAIVA, Daniel Diniz Barreto de. Op. cit., p. 78.

[425] MENDONÇA, Andrey Borges de. Op. cit., p. 80/81.

A Lei Anticrime, desse modo, diminuiu os incentivos à realização do acordo, na medida em que impediu que as partes, livremente, negociem suas cláusulas. De qualquer modo, remanesce a possibilidade de negociação de redução de pena até a metade ou a progressão de regime, ainda que ausentes os requisitos objetivos, uma vez que o legislador não alterou esses benefícios para o réu já condenado, e não faz qualquer sentido suprimir tais benefícios ao colaborador que se antecipa e fornece informações e provas logo no início das investigações.

Sobre a possibilidade de negociação sobre revogação ou não de prisão preventiva, o Superior Tribunal de Justiça decidiu que "não é lícita a inclusão de cláusulas concernentes às medidas cautelares de cunho pessoal, e, portanto, não é a partir dos termos do acordo que se cogitará da concessão ou não de liberdade provisória ao acusado que, ao celebrá-lo, encontre-se preso preventivamente."[426]

Andrey Borges de Mendonça discorda de tal vedação, eis que o tema da liberdade "é muito sensível aos colaboradores e pode se mostrar relevante o compromisso do MP de que não irá pleitear a prisão preventiva do colaborador ou solicitar sua manutenção após o acordo."[427]

No mesmo sentido é o entendimento de Thamy Medeiros da Costa, ao argumentar que se os fundamentos para a decretação da cautelar forem efetivamente mitigados em razão da realização do acordo, nada deveria obstar a negociação de cláusulas que prevejam a soltura ou a substituição por medidas cautelares diversas da prisão, eis que tais medidas "concretizam uma consequência lógico-jurídica da redução do *periculum libertatis* pela atitude do imputado em decidir cooperar com a justiça."[428]

---

[426] STJ, RHC 76.026/RS, Rel. Min. Felix Fischer, Quinta Turma, j. 06.10.2016, DJe 11.10.2016. Sobre a relação entre a celebração de acordo de colaboração premiada e as consequências quanto à prisão preventiva, ver item 6.5.

[427] COSTA, Thamy Medeiros da. **Colaboração Premiada: a validade do acordo firmado com o agente preso preventivamente.** 2018, TCC (Graduação) - Curso de Direito, Universidade Federal do Rio Grande do Norte, Natal, 2018. p. 69.

[428] Andrey Borges de. Os Benefícios possíveis na colaboração premiada: entre a legalidade e a autonomia da vontade. **Colaboração Premiada.** BOTTINI, Pierpaolo Cruz; MOURA,

Após a previsão dos benefícios ao réu colaborador na avença, passa-se às cláusulas sobre as condições da proposta, que abrangem, em regra, as perdas do acusado cooperante. Normalmente tratam da reparação do dano, devolução de tudo que foi adquirido ilicitamente com a prática delituosa, liberação de sigilos bancário e fiscal e indenização cível (multa compensatória) pelos danos reconhecidamente praticados. Cuidam, ainda, de bens dados em garantia por parte do réu colaborador.

A parte seguinte, da *validade da prova,* trata da possibilidade de uso da prova obtida mediante o acordo de colaboração premiada na instrução de inquéritos policiais, procedimentos administrativos criminais, ações penais, ações cíveis, inquéritos civis e ações de improbidade administrativa, podendo ser ainda compartilhada com outros ramos do Ministério Público e com órgãos nacionais e entidades estrangeiras, para fins de investigação.

Nos acordos o réu renuncia, como já dito, em cláusula própria, à garantia contra a autoincriminação e o direito ao silêncio, sem jamais abrir mão da assistência de advogado, cuja aceitação do acordo em conjunto com seu cliente, inclusive, é prevista no termo como requisito de validade da avença.

O compromisso de manutenção do sigilo é firmado por ambas as partes, que prometem preservá-lo até, no mínimo, o recebimento da denúncia, nos termos da lei, ou até quando o Ministério Público entender que a publicidade não prejudicará a efetividade das investigações.

Nos casos da Operação Lava Jato, garante-se ao réu colaborador, mediante cláusula expressa, que o (a) Procurador (a) -Geral da República ratificará o termo de acordo firmado em primeira instância caso a colaboração venha a implicar autoridades que gozam de prerrogativa de foro perante os tribunais superiores. Se o foro privilegiado for de outros

---

Maria Thereza de Assis (Coordenadores). 1ª ed. 2ª tiragem. São Paulo: Editora Revista dos Tribunais, 2017. p. 94/95.

tribunais, há cláusula prevendo que os Procuradores da República "gestionarão buscando a adesão dos outros membros do Ministério Público aos termos do presente acordo".

Nos termos de colaboração premiada, como nos negócios jurídicos em geral, há cláusula prevendo as hipóteses de rescisão e suas consequências, de modo a cientificar de forma plena o réu colaborador de seus direitos e de suas obrigações.

Após cláusula expressa de aceitação do réu colaborador e de seu advogado, inclusive com menção de que partiu deles a iniciativa da negociação (assim tem sido feito na Operação Lava Jato), o termo é assinado por todos e o Ministério Público Federal protocola o pedido buscando sua homologação judicial.

4.14 POSSIBILIDADE DE UM NOVO ACORDO: RÉU COLABORADOR REINCIDENTE

No julgamento do *Habeas Corpus n.* 127.483 - PR, o Relator Ministro Dias Toffoli entendeu pela possibilidade de realização de acordo de colaboração premiada com réu que descumpriu acordo anterior, diante da ausência de qualquer impeditivo legal nesse sentido.

Em seu voto, o Relator esclareceu que a personalidade do colaborador não é impeditiva de acordo, mas deve apenas nortear a sanção premial a ser a ele atribuída. Assim, o fato de ter o cooperante descumprido acordo anterior não é fato impeditivo de novo acordo:

> Irrelevante, também, que Alberto Youssef tenha descumprido anterior acordo de colaboração homologado por aquele juízo federal, uma vez que esse inadimplemento cingiu-se àquele negócio jurídico processual, sem o condão de contaminar, a priori, futuros acordos de mesma natureza.[429]

---

[429] STF, Tribunal Pleno, HC 127.483/PR, Rel. Min. DIAS TOFFOLI. Julgamento: 27/08/2015. Publicação: DJe-021 DIVULG. 03/02/2016 PUBLIC 04/02/2016.

Como ensina Vladimir Aras:

> Um colaborador que tenha firmado e descumprido um acordo de delação premiada pode ser novamente beneficiado pelo mesmo instituto, num segundo acordo? A resposta é sim. E é semelhante à que se daria a quem perguntasse se uma testemunha mendaz – que tenha prestado falso testemunho num processo – poderia ser chamada a depor em juízo noutro caso sobre outros fatos. A resposta também seria sim. Não há esse tipo de interdição na legislação processual. Obviamente, uma testemunha mentirosa perde credibilidade. E quem tenha descumprido um primeiro acordo de colaboração deve suportar as consequências da inadimplência, previstas no primeiro termo, e tem de submeter-se a condições mais rigorosas numa eventual nova avença.[430]

Desse modo, nada impede que um réu colaborador que descumpriu um acordo anterior possa firmar nova avença, desde que as informações novas sejam relevantes e as condições para o acordo sejam, nesse segundo momento, mais duras.

Vistos os direitos e garantias do réu colaborador, passa-se, em seguida, a analisar os direitos e garantias da pessoa delatada.

---

[430] ARAS, Vladimir. **O Colaborador Reincidente.** <https://blogdovladimir.wordpress.com/2015/08/31/o-colaborador-reincidente/> Acesso em 24/04/2016.

5
DIREITOS E GARANTIAS DO DELATADO

5.1 CONTRADITÓRIO E AMPLA DEFESA: O DIREITO AO DEVIDO PROCESSO LEGAL

A pessoa mencionada em acordo de colaboração premiada ostenta, por óbvio, todos os direitos e garantias conferidos pela Constituição Federal de 1988 aos investigados e acusados em geral: tem o direito de conhecer as provas contra si produzidas, bem como se defender dos atos que lhe forem atribuídos, tudo em conformidade com os princípios da presunção da não-culpabilidade, contraditório, ampla defesa e devido processo legal.

Desse modo, vigora a total presunção de não-culpabilidade em relação à pessoa mencionada em acordo de colaboração premiada. Investigado, terá acesso aos autos do Inquérito Policial se ele não for sigiloso. Ocorre que, conforme o disposto no artigo 7º da Lei n. 12.850/13, o pedido de homologação do acordo de colaboração premiada deverá ser sigilosamente distribuído, contendo apenas informações que não possam identificar o colaborador e o seu objeto. O parágrafo primeiro garante que, apenas após a distribuição as informações pormenorizadas da colaboração serão dirigidas diretamente ao juiz competente, que deverá decidir no prazo de 48 (quarenta e oito) horas.

Desse modo, enquanto estiver sob o manto do sigilo, é certo que o delatado e seu advogado não poderão ter acesso aos termos do acordo de colaboração premiada, uma vez que este será restrito ao juiz, ao Ministério Público e ao delegado de polícia, como forma de garantir o êxito das investigações. O contraditório será, portanto, diferido. Somente poderá ser garantido o acesso após o levantamento do sigilo pelo julgador, o que normalmente ocorrerá com o recebimento da peça acusatória, conforme artigo 7º, § 3º da nova lei de combate ao crime organizado.

É certo que o artigo 23 da Lei n. 12.850/2013 prevê que "O sigilo da investigação poderá ser decretado pela autoridade judicial competente, para garantia da celeridade e da eficácia das diligências investigatórias, assegurando-se ao defensor, no interesse do representado, amplo acesso aos elementos de prova que digam respeito ao exercício do direito de defesa, devidamente precedido de autorização judicial, ressalvados os referentes às diligências em andamento".

A norma repete o teor da Súmula vinculante n. 14, do Supremo Tribunal Federal, que dispõe que "É direito do defensor, no interesse do representado, ter acesso amplo aos elementos de prova que, já documentados em procedimento investigatório realizado por órgão com competência de polícia judiciária, digam respeito ao exercício do direito de defesa".

O próprio Supremo Tribunal Federal esclareceu o alcance da Súmula, em sede de embargos declaratórios no *Habeas Corpus n.* 94.387:

> O alcance da ordem concedida refere-se ao direito assegurado ao indiciado (bem como ao seu defensor) de acesso aos elementos constantes em procedimento investigatório que lhe digam respeito e que já se encontrem documentados nos autos, não abrangendo, por óbvio, as informações concernentes à decretação e à realização das diligências investigatórias pendentes, em especial as que digam respeito a terceiros eventualmente envolvidos.[431]

---

[431] STF. HC n. 94.387-0/RS. 1ª Turma. Rel. Min. Ricardo Lewandowski. Data do julgamento: 18/11/2008.

Se o feito é sigiloso, o advogado do representado não terá como saber de sua existência, a menos que tenha havido "vazamento". Assim, se o advogado pede vista de feito sigiloso, ensejará a instauração de investigação criminal para apurar a prática do crime tipificado no artigo 153, § 1º-A do Código Penal, a fim de que se descubra quem deu azo à quebra indevida do sigilo ("Divulgar, sem justa causa, informações sigilosas ou reservadas, assim definidas em lei, contidas ou não nos sistemas de informações ou banco de dados da Administração Pública - Detenção de 1 a 4 anos, e multa").[432] Pode, ainda, a quebra do sigilo configurar o crime do artigo 18 da Lei n. 12.850/2013, que dispõe ser crime apenado com reclusão, de um a três anos, e multa, a conduta de "Revelar a identidade, fotografar ou filmar o colaborador, sem sua prévia autorização por escrito".

Para que o representado ou seu advogado tenham acesso ao depoimento do réu colaborador, ao teor do acordo e às provas porventura juntadas, quando tudo ainda está sob sigilo, é necessário que obtenha autorização judicial. Como a lei é clara vedando o acesso a terceiros quanto ao conteúdo do acordo antes do recebimento da peça acusatória, o indeferimento do pedido é medida previsível. Em verdade, se o advogado peticionar, além do indeferimento, correrá o risco, como já dito, de ver instaurada investigação a fim de apurar a forma pela qual obteve a informação acerca do trâmite de processo sigiloso.

Assim, o delatado não tem direito de acesso ao teor do acordo de colaboração premiada enquanto estiver sob sigilo, tratando-se, então, de hipótese de contraditório diferido. Alfredo Carlos Gonzaga Falcão Junior lembra que, nesse caso:

> Não há violação ao princípio da publicidade quando o Ministério Público e o acusado celebram acordo secreto e submetem-no ao juiz, como guardião dos preceitos fundamentais do processo, sem prejuízo do contraditório,

[432] ROMANO, Rogério Tadeu. **O vazamento do acordo de delação premiada.** https://jus.com.br/artigos/50706/o-vazamento-de-acordo-de-delacao-premiada/ Acesso em 02/09/2016.

> como dito acima. É de repetir, a mitigação da publicidade se justifica em face do bem jurídico comunitário que se busca salvaguardar.[433]

Nesse sentido decidiu a Corte Especial do STJ, no julgamento da Ação Penal (APn)n. 707: "tendo sido formulado o acordo de delação premiada no curso do inquérito policial, em razão do sigilo necessário, não há falar em violação ao princípio do contraditório".[434]

Do mesmo modo tem entendido o STF, como se vê do julgamento do *Habeas Corpus n.* 127.483 - PR, em que restou decidido, dentre outras questões, que o sigilo do acordo não fere o devido processo legal, eis que vigora, no caso, o enunciado da Súmula Vinculante n. 14 da Suprema Corte, ou seja, o investigado e seu advogado passam a ter direito de acesso aos elementos de informação constantes dos autos, já formalmente documentados, em face do princípio da comunhão da prova, desde que judicialmente autorizados.[435]

Se a autoridade policial e o Ministério Público entenderem ser o caso de oitiva da pessoa delatada nos autos do Inquérito Policial, a lei prevê que o advogado terá acesso prévio aos autos. Com efeito, no caso de oitiva do delatado, é garantido acesso ao seu advogado por meio do parágrafo único do artigo 23 da Lei n. 12.850/2013, quando prevê que:

> Determinado o depoimento do investigado, seu defensor terá assegurada a prévia vista dos autos, ainda que classificados como sigilosos, no prazo mínimo de 3 (três) dias que antecedem ao ato, podendo ser ampliado, a critério da autoridade responsável pela investigação.[436]

---

433 FALCÃO JUNIOR, Alfredo Carlos Gonzaga. O perfil constitucional: material da delação premiada como meio de prova. In: ANJOS FILHO, Robério Nunes dos (Org.). **Capacitar, VII Curso de Ingresso e Vitaliciamento para Procuradores da República**. Brasília: ESMPU, 2011. p. 25.

434 APN 707 - DF (2009/01886660-5). Rel. Min. Arnaldo Esteves Lima. Data da publicação: 07/05/2014.

435 STF, Tribunal Pleno, HC 127.483/PR, Rel. Min. DIAS TOFFOLI. Julgamento: 27/08/2015. Publicação: DJe-021 DIVULG. 03/02/2016 PUBLIC 04/02/2016.

436 Art. 23. O sigilo da investigação poderá ser decretado pela autoridade judicial competente, para garantia da celeridade e da eficácia das diligências investigatórias, assegurando-se ao

Desse modo, ainda que em autos sigilosos, é possível que o advogado da pessoa delatada tenha acesso ao feito, desde que tenha sido determinada a oitiva de seu cliente.

A depender das investigações, a pessoa delatada poderá ser denunciada, passando a figurar como acusada, quando então lhe são conferidas todas as garantias plenas do devido processo legal, contraditório e ampla defesa. Assim, após o recebimento da denúncia o delatado tem amplo direito de conhecer o processo penal em trâmite, em sua integralidade, o que inclui a identidade e as menções feitas pelo réu colaborador.

Para tanto, o artigo 4º, § 12 da Lei n. 12.850/2013 previa que, sempre que possível, o registro das tratativas prévias ao acordo de colaboração seria feito pelos meios ou recursos de gravação magnética, estenotipia, digital ou técnica similar, inclusive audiovisual, destinados a obter maior fidelidade das informações.

A Lei Anticrime trouxe uma inovação com relação ao registro das tratativas, determinando no art. 4º, § 13 que o registro obrigatoriamente seja feito pelos meios ou recursos de gravação magnética, estenotipia, digital ou técnica similar, inclusive audiovisual, destinados a obter maior fidelidade das informações, garantindo-se a disponibilização de cópia do material ao colaborador. Antes da lei, o dispositivo dizia que tal gravação deveria ocorrer "sempre que possível".

A grande questão que surge é se essa previsão restringirá as negociações, eis que indubitavelmente as pessoas se sentem mais à vontade para falar sem que estejam sendo filmadas. Normalmente, as tratativas não eram registradas, e após acordos já sedimentados entre as partes, gravava-se o depoimento do réu colaborador.

---

defensor, no interesse do representado, amplo acesso aos elementos de prova que digam respeito ao exercício do direito de defesa, devidamente precedido de autorização judicial, ressalvados os referentes às diligências em andamento.
Parágrafo único. Determinado o depoimento do investigado, seu defensor terá assegurada a prévia vista dos autos, ainda que classificados como sigilosos, no prazo mínimo de 3 (três) dias que antecedem ao ato, podendo ser ampliado, a critério da autoridade responsável pela investigação.

Outra questão: o que fazer se o colaborador não quiser gravar as tratativas? Afinal, o réu colaborador pode pedir para não ser gravado, e esse direito merece ser respeitado. Marcelo Ribeiro de Oliveira defende que a previsão de obrigatoriedade dos registros audiovisuais das tratativas não é inconstitucional, porém é inconstitucional "impedir que ele seja impedido de renunciar a tal direito, que, efetivamente, traz ônus como a exposição da sua imagem, com o risco de acesso a terceiros, uma vez que a lei foi silente quanto ao acesso às tratativas por eventuais incriminados."[437]

E o direito ao sigilo entre advogado e cliente? Segundo Marcelo Ribeiro de Oliveira, as tratativas do acordo constituem ato prévio ao negócio jurídico, *working in progress,* e por tal razão, ainda que estejam sendo gravadas, poderá haver interrupções que garantam o direito de entrevista entre advogado e cliente.[438]

O artigo 5º, incisos II e V, da Lei nº 12.850/13 protege a imagem do réu colaborador, dispondo que lhe é garantido "ter nome, qualificação, imagem e demais informações pessoais preservados" e "não ter sua identidade revelada pelos meios de comunicação, nem ser fotografado ou filmado sem sua prévia autorização por escrito". Desse modo, a gravação das tratativas não pode ser imposta ao colaborador, e cabe a ele e a seu advogado analisarem se deve ele renunciar ao seu direito de preservação da imagem.[439]

Além disso, há a situação de o réu colaborador ameaçado, hipótese em que incide o artigo 7º, inciso IV da Lei de Proteção a vítimas, testemunhas e réus colaboradores, que dispõe sobre a preservação da identidade, imagem e dados pessoais da pessoa ameaçada,

---

[437] OLIVEIRA, Marcelo Ribeiro de. Op. Cit. Pág. 119.

[438] OLIVEIRA, Marcelo Ribeiro de. Op. Cit. Págs. 116 e 121.

[439] OLIVEIRA, Marcelo Ribeiro de. Op. Cit. Pág. 120.

introduzindo-se no processo penal brasileiro a figura da "testemunha sem rosto".[440] Nesses casos, de acordo com precedente da Segunda Turma do Supremo Tribunal Federal (*Habeas Corpus n.* 90.321-5 - São Paulo, Rel. Min, Ellen Gracie, decisão de 02/09/2008), o acesso à identidade do colaborador é restrito ao juiz, membro do Ministério Público e advogado, não tendo o delatado direito de conhecer quem contra ele depõe.

Tal precedente se coaduna com decisões do Tribunal Europeu de Direitos Humanos, como nos casos *Ellis, Simms e Martin v. Reino Unido, Lüdi v. Suíça e Kok v. Holanda,* nos quais se aceitou a figura da "testemunha sem rosto", desde que seu depoimento seja confirmado por meio de outras provas *(corroborative evidence)*. Recentemente, porém, no julgamento do *Habeas Corpus n.* 127.483 - PR (Relator Ministro Dias Toffoli), o Ministro Celso de Mello foi enfático no sentido de que deve ser garantido ao réu o acesso pleno a todas as provas dos autos, inclusive a identidade do réu colaborador.[441]

Em tal decisão não se enfrentou, contudo, caso concreto de réu colaborador ameaçado - quando então o tema certamente será ser aprofundado. No geral, é certo dizer que o Supremo Tribunal Federal garante o pleno acesso, sem qualquer restrição, a toda e qualquer informação constante do processo, inclusive o conhecimento, por parte do delatado, da identidade do acusado cooperante.

Vê-se, assim, que apesar de a lei falar em gravação obrigatória das tratativas, essas não são imprescindíveis, a depender do caso concreto. De mais a mais, como bem reforça Marcelo Ribeiro de Oliveira, tais declarações sequer são meio de prova, e a ausência da gravação não

---

[440] LEITE FILHO, José Raimundo. Testemunhas sem Rosto: Anotações ao Regime estabelecido na Lei 9.807/99. **A Prova no Enfrentamento à Macrocriminalidade**. SALGADO, Daniel de Resende; QUEIROZ, Ronaldo Pinheiro de (Org.). Salvador: Juspodium, 2015. P. 190.

[441] STF, Tribunal Pleno, HC 127.483/PR, Rel. Min. DIAS TOFFOLI. Julgamento: 27/08/2015. Publicação: DJe-021 DIVULG. 03/02/2016 PUBLIC 04/02/2016.

viola nenhum dos requisitos de validade do negócio jurídico previstas no artigo 104 do Código Civil: agente capaz, objeto lícito, possível, determinado ou determinável e forma prescrita ou não defesa em lei. Como a gravação é prevista para um ato de tratativa, e não para a forma do acordo em si (deve ser escrita), devem incidir os artigos 107 e 112 do Código Civil: a validade da declaração de vontade não dependerá de forma especial, devendo-se atender mais à intenção da declaração do que ao sentido literal da linguagem.[442]

Ainda que se enxergue vício, na ausência de registro audiovisual das tratativas, não há que se falar em nulidade, eis que o alegado vício pode ser facilmente sanado por meio da readequação do acordo após recusa judicial de homologação.[443] Inclusive, esse é o entendimento do Supremo Tribunal Federal, para quem a previsão do §13 consiste em uma recomendação e não uma obrigação absoluta cujo desatendimento enseja nulidade[444].

Assim, ao acessar os depoimentos do réu colaborador (e, eventualmente, a gravação inclusive das tratativas), a pessoa ali mencionada poderá aquilatar a gravidade das afirmações contra si levantadas, inclusive a firmeza e a convicção por parte do cooperante, bem como os meios de prova que o colaborador indica como corroboração ao que alega. No mais, a pessoa delatada tem amplo direito ao contraditório e ampla defesa, podendo refutar todas as afirmações do colaborador.

Tendo tomado conhecimento do acordo de colaboração premiada, a pessoa delatada e sua defesa tenderão a encontrar falhas na avença. Quanto a isso, importante ressaltar que o Supremo Tribunal Federal

---

442 OLIVEIRA, Marcelo Ribeiro de. Op. Cit. Pág. 121.

443 OLIVEIRA, Marcelo Ribeiro de. Op. Cit. Pág. 123.

444 STF. Tribunal Pleno. Inq. 4146/DF, Rel. Min. Teori Zavascki, julgado em 22/06/2016 (Divulgado no Informativo 831).

decidiu, no julgamento do já referido *Habeas Corpus n.* 127.483-PR que a pessoa delatada não tem legitimidade para impugnar o acordo de colaboração. O Ministro Relator Dias Toffoli assim se pronunciou a respeito:

> Assim, a homologação do acordo de colaboração, por si só, não produz nenhum efeito jurídico na esfera do delatado, uma vez que não é o acordo propriamente dito que poderá atingi-la, mas sim as imputações constantes dos depoimentos do colaborador ou as medidas restritivas de direitos fundamentais que vierem a ser adotadas com base nesses depoimentos e nas provas por ele indicadas ou apresentadas – o que, aliás, poderia ocorrer antes, ou mesmo independentemente, de um acordo de colaboração.[445]

A 5ª Turma do Superior Tribunal de Justiça decidiu também no mesmo sentido, nos autos do Recurso ordinário em *Habeas Corpus n.* 69.988/RJ, Relator Ministro Reynaldo da Fonseca, quando negou acesso de pessoa delatada a acordo de colaboração premiada.[446] Segue trecho da ementa:

> A colaboração premiada é uma técnica especial de investigação, meio de obtenção de prova advindo de um negócio jurídico processual personalíssimo, que gera obrigações e direitos entre as partes celebrantes (Ministério Público e colaborador), não possuindo o condão de, por si só, interferir na esfera jurídica de terceiros, ainda que citados quando das declarações prestadas, faltando, pois, interesse dos delatados no questionamento quanto à validade do acordo de colaboração premiada celebrado por outrem.

Em sentido contrário, porém, a 2ª Turma do Supremo Tribunal Federal recentemente admitiu, no julgamento do HC nº 142205/PR[447], a impugnação do acordo de colaboração premiada por parte de pessoa

---

[445] STF, Tribunal Pleno, HC 127.483/PR, Rel. Min. DIAS TOFFOLI. Julgamento: 27/08/2015. Publicação: DJe-021 DIVULG. 03/02/2016 PUBLIC 04/02/2016.

[446] STJ. Recurso ordinário em *Habeas Corpus n.* 69.988/RJ (2016/0105405-0). 5ª Turma. Relator Ministro Reynaldo Soares da Fonseca. Data do julgamento: 25/10/2016. Data da Publicação: 07/11/2016.

[447] http://portal.stf.jus.br/processos/downloadPeca.asp?id=15344568392&ext=.pdf Acesso em 29 de junho de 2021.

nele delatada, com fundamento no potencial impacto que o acordo gera na sua esfera de direitos. Parece-nos, todavia, mais correto o entendimento já firmado no Plenário da Corte nos julgamentos dos HC 127483 e PET 7074-AgR, no sentido de que o delatado não tem legitimidade para impugnar o acordo em si, por ser negócio jurídico perfeito válido e eficaz após homologado pelo Poder Judiciário.[448]

Consolidado o entendimento de que a pessoa delatada ostenta a garantia constitucional do devido processo legal, com todos os seus corolários, cabe avaliar se pode vir a ser condenada com base apenas na palavra do réu colaborador. É o que se analisa no item adiante.

5.2 VALOR PROBATÓRIO DO ACORDO DE COLABORAÇÃO PREMIADA E PRESUNÇÃO DE INOCÊNCIA: *CORROBORATIVE EVIDENCE*

Talvez a mais importante garantia da pessoa mencionada em acordo de colaboração premiada seja a de que ela não pode ser condenada apenas com base nas palavras do réu colaborador: o Estado-acusador precisa corroborar as alegações do réu cooperante por meio de outras provas, sejam documentais, testemunhais ou periciais. Daí a importância do que o direito americano denomina de *corroborative evidence*, ou seja, prova de corroboração.

Nos Estados Unidos, quando o caso é julgado por meio do Grande Júri, é possível a condenação com base apenas na palavra do réu colaborador, em razão da soberania de seus vereditos, porém o Juiz togado alerta os jurados sobre o perigo de uma decisão nesses moldes, por meio do *warning*.[449]

---

[448] PAULINO, Galtiênio da Cruz. https://www.conjur.com.br/2021-mar-04/paulino-colaboracao-premiada-impugnacao-acordo#_ftn3 Acesso em 29 de junho de 2021.

[449] TROTT, Stephen. O uso de um criminoso como testemunha: um problema especial. Tradução: Sergio Fernando Moro. **Revista CEJ.** Centro de Estudos Judiciários do Conselho da Justiça Federal. V. 11. N. 37. Abr/Jun 2007. p. 80.

Lá, as legislações dos Estados normalmente fazem a exigência dessa advertência do juiz aos jurados, não havendo tal exigência na legislação federal. Segundo Frederico Valdez Pereira, sobre colaboração premiada nos tribunais federais americanos, "há recentes decisões admitindo que o testemunho de colaborador pode constitucionalmente fornecer fundamento exclusivo para a condenação".[450]

A orientação dada aos *prosecutors* americanos é, todavia, que sempre busquem validar os depoimentos dos colaboradores por meio de outras provas, para evitar que os jurados absolvam o delatado em razão da não corroboração. Assim ocorreu, por exemplo, no caso do julgamento de Frank James, irmão de Jesse James, em 1883, pelo crime de homicídio. No caso, o Promotor William H. Wallace convocou Dick Lidill, membro da organização criminosa de Jesse James, para depor. Era a única prova do caso: o resultado foi a absolvição.[451]

Na Inglaterra considera-se que, a depender do caso concreto, o depoimento do colaborador pode servir, por si só, como prova apta a respaldar um decreto condenatório. Como bem diz Frederico Valdez Pereira:

> O processo penal inglês, reconhecendo que a valoração das provas é matéria reservada aos jurados, passou a não mais infirmar a validade da sentença condenatória embasada em colaboração de co-réu despida de elementos de confirmação.[452]

Do mesmo modo que nos Estados Unidos, na Inglaterra a matéria referente à valoração da prova é tida como de competência exclusiva dos jurados, soberanos para conferir o peso que entenderem cabível, no caso concreto, às palavras do cúmplice colaborador.

---

[450] PEREIRA, Frederico Valdez. Valor probatório da colaboração processual (delação premiada). **Revista Brasileira de Ciências Criminais**. Vol. 77/2009. p. 175-201. Mar - Abr/2009. p. 177.

[451] TROTT, Stephen. Op. cit., p. 80.

[452] PEREIRA, Frederico Valdez. Op. cit., p. 177.

Na Itália é imprescindível prova de corroboração para condenação. É a *chiamata de correo vestita* ("chamada de corréu vestida"). Malgrado divergências doutrinárias e jurisprudenciais, até o advento do artigo 192, § 3º do novo Código de Processo Penal italiano, de 1988, admitia-se a pura e simples *chiamata de correo,* ou seja, a chamada de corréu sem outras provas a corroborar o depoimento do *pentito.* A nova previsão legislativa dispõe que as declarações realizadas pelo colaborador devem ser valoradas em conjunto com outros elementos de prova.

No julgamento do "Maxiprocesso" contra a Máfia siciliana - anterior ao novo Processo Penal italiano - quando os depoimentos dos réus colaboradores foram reforçados por provas de corroboração as condenações ocorreram; quando não, a absolvição se impôs. A propósito, ensina Alessandra Dino:

> Um substancial equilíbrio das penas impostas (338 condenações, 19 prisões perpétuas, 2.665 anos e 6 meses de reclusão, 114 absolvições) confirma também que as declarações dos colaboradores foram utilizadas apenas quando plenamente confirmadas pelos resultados das investigações judiciárias.[453]

No Brasil nunca foi possível uma condenação com base apenas na palavra de quem acusa, nos termos do antigo teor do artigo 4º, § 16 da Lei n. 12.850/2013: "Nenhuma sentença condenatória será proferida com fundamento apenas nas declarações do agente colaborador". Essa previsão foi reforçada em decisões das Cortes Superiores como, por exemplo, no julgamento do *Habeas Corpus n.* 127.483 - PR, por meio do qual o Supremo Tribunal Federal dirimiu quaisquer dúvidas sobre a necessidade de prova de corroboração para fins de condenação.

Em seu voto, o Relator Ministro Dias Toffoli disse que a colaboração premiada é um meio de obtenção de prova, donde se conclui que, sozinha, não é apta a lastrear uma sentença condenatória: "o Supremo

---

[453] DINO, Alessandra. **Os últimos chefões: investigação sobre o governo da Cosa Nostra.** Tradução: Valéria Pereira da Silva. 1ª ed. São Paulo: Editora Unesp, 2013. p. 75.

Tribunal Federal, há muito, assentou o entendimento de que 'a delação, de forma isolada, não respalda condenação' (HCn. 75.226/MS, Segunda Turma, Relator o Ministro Marco Aurélio, DJ de 19/9/97)".[454]

Com o advento da Lei Anticrime, a nova dicção do artigo 4º, § 16 da Lei 12.850/2013 inovou, proibindo não só a prolação de sentença condenatória baseada apenas na palavra do colaborador, mas também a concessão de medidas cautelares reais ou pessoais e o recebimento de denúncia ou queixa-crime:

> Art, 4º (...)
>
> § 16. Nenhuma das seguintes medidas será decretada ou proferida com fundamento apenas nas declarações do colaborador:
>
> I - medidas cautelares reais ou pessoais;
>
> II - recebimento de denúncia ou queixa-crime;
>
> III - sentença condenatória.

A garantia de que a pessoa delatada não pode ser condenada apenas com base nas palavras do agente colaborador foi reforçada com a certeza de que ela sequer será denunciada, presa preventivamente, alvo de busca e apreensão, com fundamento apenas nas palavras do colaborador.

É imprescindível que o Ministério Público corrobore as afirmações do colaborador por meio de outros elementos de prova, como documentos, testemunhas, perícias etc. Reforça-se, assim, como já mencionado, a natureza de meio de prova da palavra do réu colaborador.

De fato, sempre houve na doutrina brasileira e estrangeira grande discussão sobre a natureza jurídica da colaboração, ou seja, se seria meio de prova por si só, independentemente de outras provas de corroboração do depoimento do colaborador. Como bem alerta o professor Gustavo Badaró:

---

[454] STF, Tribunal Pleno, HC 127.483/PR, Rel. Min. DIAS TOFFOLI. Julgamento: 27/08/2015. Publicação: DJe-021 DIVULG. 03/02/2016 PUBLIC 04/02/2016.

> Do ponto de vista probatório, a delação sempre enfrentou grandes resistências, pela sua natural potencialidade de gerar injustiças. (...) Entre negar qualquer valor probatório à delação premiada, de um lado, ou dar-lhe valor pleno, de outro, é possível adotar um caminho intermediário: a legislação brasileira admitir a utilização da colaboração premiada com valor probatório atenuado. Trata-se de escolha legislativa que resolve o problema não no contexto da instrução, com regras de admissão da prova, mas no contexto da decisão."[455]

Dessa forma, ocorre uma espécie de limitação legal ao livre convencimento judicial, tratando-se de um regime de *prova legal negativa,* que exige corroboração probatória que confirme, por outros elementos de prova, o conteúdo da colaboração.[456] A Lei Anticrime trouxe a exigência de que a mera proposta de colaboração, por parte da defesa, já viesse instruída com clareza e apontando provas e elementos de corroboração:

> Art. 3º-C: (...)
>
> § 4º Incumbe à defesa instruir a proposta de colaboração e os anexos com os fatos adequadamente descritos, com todas as suas circunstâncias, indicando as provas e os elementos de corroboração.

Ensina o professor Gustavo Badaró que "exige-se uma narrativa rica em particularidades especificidades que permitam o controle de seu conteúdo através de fatos objetivamente verificáveis."[457] Assim, o agente colaborador deverá indicar provas independentes que respaldem suas afirmações que, isoladas, *não têm suporte para sustentar um recebimento de denúncia, medidas cautelares, muito menos para condenar a pessoa delatada. O colaborador deverá indicar endereços, contas bancárias,*

---

[455] BADARÓ, Gustavo. A valoração probatória da colaboração premiada. **Altos Estudos Sobre a Prova no Processo Penal.** Coordenadores: Daniel de Resende Salgado, Luís Felipe Schneider Kircher e Ronaldo Pinheiro de Queiroz. Salvador: Editora JusPodivm., 2020. Págs. 654-655.

[456] BADARÓ, Gustavo. Op. Cit. Pág. 657.

[457] BADARÓ, Gustavo. Op. Cit. Pág. 660.

identificação de pessoas, bem como apresentar documentos, gravações, e-mails e troca de mensagens que possam sustentar suas alegações.

É recomendado que indique testemunhas que possam confirmar o que alega, eis que o Supremo Tribunal Federal tende a descartar, como *corroborative evidence,* depoimento de outro réu colaborador. Com efeito, nas palavras do Ministro Celso de Mello no julgamento do *Habeas Corpus n. 127.483/PR:*

> O Estado não poderá utilizar-se da denominada 'corroboração recíproca ou cruzada', ou seja, não poderá impor condenação ao réu pelo fato de contra este existir, unicamente, depoimento de agente colaborador que tenha sido confirmado, por sua vez, por outros delatores (...).[458]

Como ensinam Rogério Filippetto *e Luísa Carolina Vasconcelos Chagas Rocha,* "mesmo que uma colaboração premiada entabulada com determinado colaborador venha a ser confirmada pelo teor do que outro colaborador informe, como numa verdadeira fonte autônoma, ainda assim não terá o condão de sustentar uma condenação."[459]

Assim, como bem ensina Gustavo Badaró, "se o próprio legislador atribui à colaboração premiada uma categoria inferior ou insuficiente, não se pode admitir que a sua corroboração se dê com base em elementos que ostentam a mesma debilidade ou inferioridade."[460] Desse modo, a Lei Anticrime veio reforçar a tese de que a forma mais prudente de se permitir a colaboração premiada como forma de descobrir a verdade processual, como bem alerta Alfredo Carlos Gonzaga Falcão Júnior, é tratar o colaborador como informante, presumindo uma força probatória de indícios em suas palavras, que precisam ser "confirmadas

---

[458] STF, Tribunal Pleno, HC 127.483/PR, Rel. Min. DIAS TOFFOLI. Julgamento: 27/08/2015. Publicação: DJe-021 DIVULG. 03/02/2016 PUBLIC 04/02/2016.

[459] FILIPPETTO, Rogério; ROCHA, Luísa Carolina Vasconcelos Chagas; **Colaboração Premiada: contornos segundo o sistema acusatório.** Belo Horizonte: D'Plácido Editora, 2017. p. 135/136.

[460] BADARÓ, Gustavo. Op. Cit. Pág. 663.

por amplo conjunto probatório, o qual, repise-se, deverá ter passado pelo crivo do contraditório e da ampla defesa."[461]

Ainda sobre as provas e indícios a serem fornecidos pelo agente colaborador, é possível que permaneça, de modo infiltrado, na organização criminosa a que pertencia, para colher mais provas, inclusive portando gravador e câmera escondidos. Nesse sentido, Vladimir Aras: A combinação da técnica do colaborador como método de escuta ambiental foi tida como legítima no caso Alan vs. Reino Unido, julgado pela Corte Europeia de Direitos Humanos em 2002. O colaborador levava consigo uma vídeo-câmera e um gravador.[462]

Antes da Lei Anticrime a prova de corroboração era necessária apenas no momento da sentença, mas já no oferecimento da denúncia era importante que o Ministério Público trouxesse ao menos a indicação dos meios de prova corroborativa, para reforçar a justa causa para a ação penal. No caso da Operação Lava Jato, já nos anexos o investigado colaborador tinha que, em princípio, indicar como pretendia provar suas alegações. Foi assim, por exemplo, no caso da colaboração premiada de Alberto Youssef: "Foram abertas dezenas de investigações a partir do que o doleiro revelou. Youssef trouxe também documentos para provar o que dizia, explicou como era feito o desvio, como funcionava a engrenagem do esquema de propina."[463]

Do mesmo modo podem ser citadas as colaborações de Júlio Gerin de Almeida Camargo e Augusto Ribeiro de Mendonça Neto, que não apenas narraram fatos, mas:

---

[461] FALCÃO JUNIOR, Alfredo Carlos Gonzaga. O perfil constitucional: material da delação premiada como meio de prova. *In* ANJOS FILHO, Robério Nunes dos (Org.). **Capacitar, VII Curso de Ingresso e Vitaliciamento para Procuradores da República**. Brasília: ESMPU, 2011. P. 29.

[462] ARAS, Vladimir. **A Técnica de Colaboração Premiada.** <https://blogdovladimir.wordpress.com/2015/01/07/a-tecnica-de-colaboracao-premiada/> Acesso em 11.09.2016.

[463] NETTO, Vladimir. **O Juiz Sergio Moro e os bastidores da operação que abalou o Brasil.** Rio de Janeiro: Primeira Pessoa, 2016. p. 69.

> Indicam contas bancárias, datam as transações, especificam locais de encontros, descrevem os meios utilizados, os telefones de contato e indicam demais documentos, alguns fictícios, empregados para acobertar os crimes perpetrados. (...) materializam, provam, demonstram todos os fatos descritos em seus depoimentos, confessando, inclusive, as suas respectivas participações.[464]

Firmada a premissa de que a pessoa delatada não pode ser condenada apenas com base no depoimento do réu colaborador, mas considerado o conjunto probatório, impende verificar se as provas podem ser compartilhadas em outros processos envolvendo o delatado. É o que se fará a seguir.

5.3 A QUESTÃO DA PROVA EMPRESTADA E COMPARTILHAMENTO DE INFORMAÇÕES

O acordo de colaboração premiada e as provas dele decorrentes poderão repercutir em outras searas, que não a criminal, como as da improbidade administrativa, tributária e cível em geral.

De fato, a Lei n. 12.850/2013 estimula, em seu artigo 3º, inciso VIII, para o combate ao crime organizado, a "cooperação entre instituições e órgãos federais, distritais, estaduais e municipais na busca de provas e informações de interesse da investigação e da instrução criminal".

Essa previsão atende ao disposto no artigo 7º, item "b" da Convenção de Palermo, que dispõe que cada Estado-parte garantirá que as autoridades responsáveis pela administração, regulamentação, detecção e repressão e outras autoridades responsáveis pelo combate à lavagem de dinheiro (incluindo, quando tal esteja previsto no seu direito interno, as autoridades judiciais), tenham a capacidade de cooperar e trocar informações em âmbito nacional e internacional, em conformidade com as condições prescritas no direito interno, e, para

---

[464] NETTO, Vladimir. Op. cit., p. 97.

esse fim, considerará a possibilidade de criar um serviço de informação financeira que funcione como centro nacional de coleta, análise e difusão de informação relativa a eventuais atividades de lavagem de dinheiro.

Desse modo, a prova produzida a partir do acordo de colaboração premiada poderá ser usada não apenas no processo penal ali referido, mas também em outras instâncias judiciais e administrativas. Nesse sentido a lição de Nicolao Dino:

> A colaboração premiada e os elementos dela decorrentes, na investigação criminal ou na instrução processual penal, podem ser transplantados para o âmbito da persecução referente à improbidade administrativa, viabilizando, de igual sorte, as medidas de responsabilização com base na Lei n. 8.429/92.[465]

Também assim entende Marcos Paulo Dutra Santos, quando diz que a colaboração premiada:

> À semelhança da interceptação telefônica, há de ser genuinamente determinada para fins penais, mas, a partir daí, nada impede que o acervo probatório carreado seja compartilhado para fins não penais, desde que correlatos - ação civil pública, ação de improbidade administrativa, procedimento administrativo disciplinar etc.[466]

Isto vem sendo previsto, inclusive, nos termos de acordo da Operação Lava Jato, e devidamente homologados pelo Poder Judiciário. Com efeito, em tais acordos prevê-se um item sobre "Validade da Prova", contendo cláusulas que dispõem que a prova obtida mediante o acordo, após a devida homologação, poderá ser utilizada validamente para a instrução de inquéritos policiais, procedimentos administrativos criminais, ações penais, ações cíveis, ações de improbidade administrativa e inquéritos civis.

---

[465] DINO, Nicolao. A Colaboração Premiada na Improbidade Administrativa: Possibilidade e Repercussão Probatória. *In* SALGADO, Daniel de Resende; QUEIROZ, Ronaldo Pinheiro de (Org.) **A Prova no Enfrentamento à Macrocriminalidade.** Salvador: JusPodium, 2015. p. 455.

[466] SANTOS, Marcos Paulo Dutra. **Colaboração (Delação) Premiada.** Salvador: JusPodium, 2016. p. 167.

A prova poderá ser emprestada também ao Ministério Público dos Estados, à Receita Federal, à Procuradoria da Fazenda Nacional, ao Banco Central do Brasil e a outros órgãos, nacionais e estrangeiros, para a instrução de procedimentos e ações fiscais, cíveis, administrativas, inclusive disciplinares, bem como qualquer outro procedimento público de apuração dos fatos, mesmo nos casos de rescisão do acordo, salvo se essa se der por descumprimento de exclusiva responsabilidade do Ministério Público Federal.

Nos acordos há a garantia que o Ministério Público Federal somente prestará cooperação jurídica internacional de qualquer natureza que envolva acesso a informação ou elemento de prova diretamente resultante da colaboração, bem como ao próprio colaborador, se a autoridade estrangeira celebrar com este acordo ou lhe fizer proposta formal de acordo cujo efeito exoneratório seja, no mínimo, equivalente ao da avença realizada no Brasil, a menos que a autoridade estrangeira se comprometa, por escrito, de forma válida segundo a lei brasileira, a respeitar integralmente os termos do acordo brasileiro.

É de ver que não há direito absoluto de acesso, por parte das demais instituições, ao termo de acordo e as provas dele decorrentes. É necessário que o Poder Judiciário analise, sempre a pedido do Ministério Público, se o compartilhamento das informações, em determinado momento, pode ou não atrapalhar o curso das investigações, mormente se ainda sigilosas. Para o Supremo Tribunal Federal o sigilo do acordo é oponível a outros órgãos investigatórios, como as Comissões Parlamentares de Inquérito, antes do recebimento da denúncia. É o que restou decidido no Mandado de Segurança n. 33.278-DF (decisão de 18/12/2014).[467]

---

[467] Ementa: MANDADO DE SEGURANÇA. ATO JURISDICIONAL. COLABORAÇÃO PREMIADA. SIGILO. OPONIBILIDADE A CPMI. AUSÊNCIA DE TERATOLOGIA. 1. Não cabe mandado de segurança contra ato jurisdicional, a não ser que se trate de decisão teratológica, o que não é o caso. 2. É plausível a tese segundo a qual, antes do recebimento da denúncia, o acesso aos depoimentos colhidos em regime de colaboração premiada é restrito ao juiz, ao membro do Ministério Público, ao delegado de polícia e aos defensores

Analisada a possibilidade de compartilhamento de informações dos acordos de colaboração premiada, cumpre averiguar, no item seguinte, quais as consequências criminais e cíveis nos casos de réus que, a pretexto de colaborarem, fornecem informações falsas ao Ministério Público e à Justiça.

5.4 RESPONSABILIZAÇÃO CRIMINAL E CÍVEL DO COLABORADOR CALUNIADOR: CRIME DE FALSA COLABORAÇÃO E DANOS MORAIS

É preciso evitar que o instituto da colaboração premiada seja utilizado com a finalidade de vingança entre desafetos. Para tanto, a lei veda a condenação do delatado com base, apenas, na palavra do réu colaborador, exigindo a *corroborative evidence* que confirme as suas alegações.

Além disso, a lei pune expressamente aquele que imputa a outrem a prática de crime, sabendo ser falsa a imputação. De acordo com o artigo 19 da Lei n. 12.850/2013, é crime:

> Imputar falsamente, sob pretexto de colaboração com a Justiça, a prática de infração penal a pessoa que sabe ser inocente, ou revelar informações sobre a estrutura de organização criminosa que sabe inverídicas:
>
> Pena – reclusão, de 1 (um) a 4 (quatro) anos, e multa.

---

que atuam nos autos, excluindo-se outras autoridades, ainda que com hierarquia e poderes semelhantes (art. 7º da Lei n. 12.850/2013). 3. *Writ* a que se nega seguimento. (...) 16. O sigilo previsto no art. 7º da Lei n. 12.850/2013, portanto, é instituído "como forma de garantir o êxito das investigações" (§ 2º), e, por isso mesmo, vale apenas temporariamente, até o recebimento da denúncia (§ 3º). Como se percebe, o sigilo é da essência da investigação. 17. Portanto, está longe de ser teratológica a interpretação segundo a qual, até o recebimento da denúncia, o acesso aos depoimentos colhidos em regime de colaboração premiada é restrito ao juiz, ao membro do Ministério Público, ao delegado de polícia e aos defensores que atuam nos respectivos autos. Isto porque a divulgação de dados durante o período crítico que antecede o recebimento da denúncia – ainda que para autoridades com hierarquia e poderes semelhantes – poderia comprometer o sucesso das apurações, bem como o conteúdo dos depoimentos ainda a serem colhidos e a decisão de eventuais envolvidos em colaborar ou não com a Justiça.

É o crime de Falsa Colaboração. A pena é baixa para a gravidade da conduta. Ser mencionado num acordo de colaboração premiada muitas vezes significa uma mancha indelével na reputação da pessoa delatada, ainda que se comprove a falsidade da imputação tempos depois, sobretudo em tempos de mídias sociais, com informações fluidas e julgamentos populares impiedosos.

A pena mínima de 1 (um) ano de reclusão, para além de gerar prescrição de forma rápida, não pune adequadamente a irresponsabilidade de quem imputa falsa e dolosamente a prática de crime a outrem. De qualquer sorte, a pessoa injustamente delatada poderá sempre valer-se de ação de indenização contra o réu colaborador para obter a reparação de seus danos morais.

Para Marcos Paulo Dutra Santos, se a imputação der causa à instauração de investigação policial, de processo judicial, investigação administrativa, inquérito civil ou ação de improbidade administrativa, incide aí não mais o crime do artigo 19 da Lei n. 12.850/2013, mas o crime de denunciação caluniosa (artigo 339 do Código Penal[468]), cuja pena é o dobro da anterior: dois a oito anos de reclusão, e multa.[469]

Nos termos de acordo da Operação Lava Jato há cláusula expressa prevendo que o colaborador fica ciente de que caso venha a imputar falsamente, sob pretexto da colaboração pactuada, a prática de infração penal a pessoa que sabe inocente, ou revelar informações sobre a estrutura de organização criminosa que sabe inverídicas, poderá ser responsabilizado pelo crime previsto no artigo 19 da Lei n. 12.850/2013, além da rescisão do acordo. Tal cláusula serve para cientificar o

---

[468] **Art. 339.** Dar causa à instauração de investigação policial, de processo judicial, instauração de investigação administrativa, inquérito civil ou ação de improbidade administrativa contra alguém, imputando-lhe crime de que o sabe inocente: Pena – reclusão, de dois a oito anos, e multa. **§ 1º** – A pena é aumentada de sexta parte, se o agente se serve de anonimato ou de nome suposto. **§ 2º** – A pena é diminuída de metade, se a imputação é de prática de contravenção.

[469] SANTOS, Marcos Paulo Dutra. Op. cit., p. 126.

colaborador acerca da seriedade das informações prestadas e da imprescindibilidade acerca de sua veracidade, inibindo aventureiros que desejem se utilizar do instituto da colaboração premiada como mecanismo de vindita pessoal.

Explicitados o conceito de colaboração premiada, seu procedimento conforme a legislação brasileira, bem como dos direitos e garantias do réu colaborador e da pessoa delatada, resta investigar se vale a pena, para o acusado, colaborar. Do mesmo modo, há que se saber se compensa, para a sociedade, atenuar a pena do réu colaborador. Esta investigação será feita no capítulo a seguir, a partir da ótica da análise econômica do direito.

5.5 DIREITO DE OFERECER ALEGAÇÕES FINAIS APÓS O RÉU COLABORADOR

A Lei Anticrime introduziu o § 10-A no artigo 4º da Lei nº 12.850/2013, determinando que em todas as fases do processo deve-se garantir ao réu delatado a oportunidade de manifestar-se após o prazo decorrido para o réu colaborador.

A inovação legislativa incorporou o entendimento do Plenário do Supremo Tribunal Federal, que decidiu, por maioria, no dia 02 de outubro de 2019, durante o julgamento do *Habeas Corpus* 166373[470], que em ações penais com réus colaboradores e delatados, a estes deve-se dar o direito de apresentar as razões finais após o oferecimento das alegações pelos réus colaboradores.

O caso decorreu de julgamento em que a 2ª Turma do Supremo Tribunal Federal, decidiu, por maioria, em 27 de agosto de 2019, ao julgar o Agravo Regimental no *Habeas Corpus* 157627/PR, acatar um pedido de Aldemir Bendine, ex-presidente do Banco do Brasil e da

---

[470] *Habeas Corpus* n. 166373, julgamento 02.10.2010, Relator Ministro Edson Fachin, **DJ Nr. 227 do dia 18/10/2019.**

Petrobras, para anular a condenação da primeira instância em virtude de ter apresentado suas alegações finais ao mesmo tempo que os acusados colaboradores.[471]

No caso concreto, o juiz de primeiro grau, ao término da instrução, decidiu abrir prazo comum para os acusados ofertassem alegações finais, após o Ministério Público. A defesa pediu que o acusado delatado Aldemir Bendine somente apresentasse suas razões finais após o oferecimento das alegações finais dos colaboradores, pedido que foi negado pelo juiz.

No Supremo Tribunal Federal o Relator, Ministro Edson Fachin, negou seguimento ao *Habeas Corpus* impetrado pela defesa de Bendine, sob o argumento de que não há previsão legal para a oferta de razões finais em momentos distintos por corréus colaboradores e delatados e, além disso, pontuou que, como a natureza da colaboração premiada é, também, de estratégia de defesa, não pode o julgador distinguir os réus em virtude da linha de defesa escolhida.

O Ministro Ricardo Lewandowski abriu a divergência, considerando que, como a colaboração premiada é também um meio de obtenção de prova, os réus colaboradores não podem se manifestar por último, em razão do que chamou de "carga acusatória" de suas informações. Seguiram a divergência os Ministros Gilmar Mendes e Carmem Lúcia.

Diante desse resultado, o Ministro Edson Fachin decidiu remeter outro caso de sua Relatoria (o *Habeas Corpus* 166373/PR), para julgamento em Plenário, eis que se referia ao mesmo tema: fixação de prazo sucessivo ou comum para oferta de alegações finais por corréus colaboradores e delatados.[472] De acordo com o Relator, a remessa

---

471 http://portal.stf.jus.br/noticias/verNoticiaDetalhe.asp?idConteudo=421829. Acesso em 28/08/2019.

472 http://portal.stf.jus.br/noticias/verNoticiaDetalhe.asp?idConteudo=421947. Acesso em 29/08/2019.

ao plenário se deu para "angariar segurança jurídica e estabilidade jurisprudencial, nos termos da previsão regimental (artigos 6º, II, c, 21, I e XI e 22, b, todos do Regimento Interno do Supremo Tribunal Federal)".[473]

A então Procuradora-Geral da República, Raquel Elias Ferreira Dodge, em manifestação no Pedido de Extensão formulado por Gerson de Mello Almada no já citado *Habeas Corpus* 157627/PR, argumentou contrariamente à tese da anulação, alegando que: a) primeiramente, o requerente Gerson de Mello Almada não suscitou tal nulidade na primeira oportunidade que teve para falar nos autos, não tendo jamais recorrido da decisão do juiz de primeiro grau que abriu prazo comum para o oferecimento de alegações finais; b) a jurisprudência do STF é uníssona no sentido de que mesmo nulidades absolutas devem ser arguidas em momento oportuno, sob pena de preclusão; c) por outro lado, o artigo 402 do Código de Processo Penal é claro ao estabelecer prazo comum aos corréus para apresentarem razões, sem distinção entre réus colaboradores e delatados; d) a prática adotada no Brasil tem sido a concessão de prazo comum aos corréus, colaboradores ou não, para apresentarem alegações finais; e) essa praxe é reforçada pela circunstância de que nem os Tribunais Regionais Federais, nem o Superior Tribunal de Justiça, jamais reconheceram a nulidade de tal procedimento, mesmo quando ela era alegada por réus em grau recursal; f) tal tema jamais havia sido enfrentado pela Suprema Corte, de maneira que o precedente dali resultante consiste em verdadeiro *leading case* que se formou em sentido oposto ao entendimento até então aplicado pelos juízes e tribunais brasileiros; g) a decisão da 2ª Turma do STF na sessão do último dia 27 de agosto de 2019 possui o potencial de afetar milhares de condenações penais, e não apenas dos crimes que são usualmente objeto da Operação Lava Jato; h) até mesmo condenações transitadas em julgado podem, em tese, ser impactadas pela via da revisão criminal.

---

[473] http://www.stf.jus.br/arquivo/cms/noticiaNoticiaStf/anexo/HC166373despacho.pdf. Acesso em 29/08/2019.

Pediu, assim, o Ministério Público Federal, naquele caso, o indeferimento do pedido de extensão, bem como que outros pedidos de reconhecimento de nulidade de condenação criminal, apresentados à Suprema Corte com base no entendimento firmado no julgamento da 2ª Turma ocorrido na sessão do dia 27 de agosto de 2019, fossem apreciados após o julgamento, pelo Plenário do STF, do HC n. 166373.[474]

Em 02 de outubro de 2019, então, o Plenário do STF julgou o HC n. 166373 e, por maioria de votos, decidiu que, em processos com acusados colaboradores e delatados, estes têm direito de apresentar as razões finais depois que os colaboradores ofertarem suas alegações. Decidiu-se, assim, que o juiz deve conceder prazos sucessivos para a acusação, depois para os réus colaboradores e, por fim, aos demais acusados. Assim, a condenação do ex-gerente de Empreendimentos da Petrobras, Márcio de Almeida Ferreira, paciente do citado *Habeas Corpus*, foi anulada, determinando-se o retorno do processo à fase de alegações finais.[475]

Necessário fazer algumas observações com relação ao entendimento firmado pelo STF, do qual divergimos, não obstante tenha sido agora consolidado pela Lei Anticrime. Parece-nos correto o posicionamento do então Relator Ministro Edson Fachin, vencido. Isso porque se a palavra do réu colaborador não é meio de prova, e sim meio de obtenção de prova, e considerando que o colaborador não é assistente da acusação, não há qualquer nulidade no caso de o delatado se manifestar antes do colaborador: ambos são acusados.

Como as alegações finais são ofertadas após o término da instrução, não há que se falar em produção de prova, especialmente porque a palavra do réu colaborador não é meio de prova. As alegações finais do colaborador são sua peça final de defesa. Assim, a sequência prevista

---

[474] http://www.mpf.mp.br/pgr/documentos/1162-2019-lj-pgr-hc-157627-n-267221-2019-extensao-gerson-almada-1.pdf Acesso em 30/09/2019.

[475] http://www.stf.jus.br/portal/cms/verNoticiaDetalhe.asp?idConteudo=425282. Acesso em 13/10/2019.

no Código de Processo Penal sempre foi, tão-somente: razões finais da acusação (Ministério Público) seguidas das alegações finais da defesa (réus colaboradores e delatados, em prazo comum).

Quando os réus – colaboradores e delatados – se manifestam em sede de alegações finais, a acusação já terá se manifestado, inclusive analisando a prova eventualmente trazida pelo réu colaborador durante a instrução. Não se pode falar em surpresa nas palavras do corréu colaborador, cujo acordo de colaboração já se encontra encartado aos autos antes do momento das alegações finais, e cujo depoimento já terá sido prestado e objeto de eventual contradita. Relembre-se que o réu colaborador não é assistente da acusação, mas sim corréu, não se manifestando em conjunto com o Ministério Público.

A propósito da decisão do Plenário do Supremo, assim havia se pronunciado Douglas Fischer:

> "não há previsão legal expressa no sentido de que colaboradores-réus devam falar *antes* dos demais réus envolvidos na ação penal. Quem sempre fala primeiro é a acusação. No caso, todos os réus falaram por último. O que o Código de Processo Penal determina é que, nos termos dos artigos 403 e 404, sejam abertos prazos sucessivos para as partes (primeiro acusação, depois defesa). Mas não refere que se, dentre um dos réus, houver colaborador, tenha que ele falar antes que os demais envolvidos e que foram referidos pelo colaborador."[476]

Ainda segundo Douglas Fischer, recentemente a 1ª Turma do STF havia decidido que *"inexiste previsão legal de nulidade decorrente da mera inversão na ordem das alegações finais, sendo certo que as nulidades processuais são numerus clausus e, à luz do princípio da instrumentalidade das formas, rege-se pelo princípio pas de nullité sans grief.*[477]

---

476 FISCHER, Douglas. **O equívoco do STF ao anular o caso Bendine**. 2019. Disponível em https://meusitejuridico.editorajuspodivm.com.br/2019/08/29/o-equivoco-stf-ao-anular-acao-penal-no-caso-bendine/ Acesso em 30/08/2019.

477 *Ação Penal n. 968 – SP, STF, 1ª Turma, unânime, Rel. Min. Luiz Fux, julgado em 22.5.2018, publicado no DJ em* **02.8.2019.**

Assim, ainda que não se observe a ordem estabelecida no § 10-A do artigo 4º da Lei nº 12.850/2013, o correto – a nosso ver – seria somente se reconhecer a nulidade se vier a ser efetivamente demonstrado o real prejuízo decorrente da manifestação final do delatado após a do réu colaborador, o que não ocorreu nos casos concretos julgados pelo STF.[478]

De todo modo, assim decidiu a Suprema Corte e, em seguida, adveio previsão legal, de modo que devem os juízes, a fim de evitar o risco de anulação do processo, abrir prazos sucessivos para acusação, réus colaboradores e, somente ao final, acusados delatados. Cabe, também, aos advogados dos acusados delatados, pleitear o prazo sucessivo, de preferência demonstrando, desde já, o prejuízo concreto decorrente do eventual indeferimento do pedido.

---

[478] Douglas Fischer rememora, a propósito, o julgamento do HC n. 95.654 (DJ de 15.10.2010), em que o Ministro Gilmar Mendes enfatizou claramente que "*cumpre observar que o* ***prejuízo constitui viga-mestra do sistema de nulidades,*** *sendo decorrência da ideia geral de que* ***as formas processuais representam tão somente um instrumento*** *para a correta aplicação do Direito. Nesse diapasão,* ***a desobediência às formalidades estabelecidas pelo legislador só deve conduzir*** *ao reconhecimento da invalidade do ato quando a sua própria finalidade estiver comprometida por causa do vício. [...]* ***Não basta, para a nulidade perseguida, a mera conjectura da existência de prejuízo.*** *[...] A doutrina tem sido uníssona em relação ao princípio do prejuízo, enfatizando a disposição contida no art. 563 do CPP: "Nenhum ato processual será declarado nulo, se da nullidade não tiver resultdo prejuízo para uma das partes"*. Do mesmo modo, Douglas Fischer enfatiza que no julgamento do HC n. 94.817 novamente o Ministro Gilmar Mendes indeferiu o pleito argumentando que "*as nulidades não devem ser decretadas por apego excessivo à lei ou ao procedimento e, mesmo no caso de nulidades absolutas, deve-se observar o princípio do interesse,* ***agregado ao prejuízo efetivo*** *ou potencial para a parte no processo*". Cita, ainda, outro caso em que o Ministro Ricardo Lewandowski entendeu que a "*orientação desta Suprema Corte é a de que,* ***para o reconhecimento de eventual nulidade, ainda que absoluta, faz-se necessária a demonstração do efetivo prejuízo****"(Agravo Regimental no Recurso Extraordinário n. 1.169.982 - PR, STF, 2ª Turma, unânime, Rel. Min. Ricardo Lewandowski, julgado em 16.5.2019, publicado no DJ em 23.5.2019). In*: FISCHER, Douglas. **O equívoco do STF ao anular o caso Bendine**. 2019. Disponível em https://meusitejuridico.editorajuspodivm.com.br/2019/08/29/o-equivoco-stf-ao-anular-acao-penal-no-caso-bendine/ Acesso em 30/08/2019.

6

ANÁLISE ECONÔMICA DA COLABORAÇÃO PREMIADA

É momento de analisar se vale a pena, para a sociedade, que o Ministério Público firme com o acusado um acordo de colaboração premiada, sopesando-se os custos e benefícios de aceitar a palavra de um criminoso - e suas provas corroborativas - para punir os demais e desmantelar a organização criminosa.

É hora de ver, ainda, se compensa, para o membro de organização, descumprir o pacto de silêncio, com todos os riscos dele decorrentes, e aceitar colaborar com o *law enforcement* para desbaratar a organização.

No caso do presente trabalho, a análise será focada nos casos de colaboração premiada realizada em investigações de organizações criminosas que praticam crimes de corrupção, verificando-se se, nesses casos específicos, compensa para o acusado colaborador confessar e desfazer-se do patrimônio ilicitamente adquirido em troca de benefícios processuais e penais.

6.1 CORRUPÇÃO E RECUPERAÇÃO DO PRODUTO DO CRIME

A Lei n. 12.850/2013 previu, em seu artigo 4º, que a colaboração premiada será possível desde que dela advenham no mínimo um dentre os seguintes resultados: a) identificação dos demais coautores e partícipes e dos crimes por ele praticados; b) o esclarecimento da hierarquia da organização; c) a prevenção de crimes decorrentes das atividades da organização criminosa; d) a localização de eventual vítima viva; e e) a recuperação total ou parcial do produto ou do proveito dos crimes praticados pela organização delituosa.

A lei elenca hipóteses alternativas, de modo que é possível que a recuperação do produto do crime não ocorra em um acordo de colaboração premiada. Assim, na hipótese de crime de sequestro, por exemplo, pode-se pensar em conceder benefícios decorrentes da colaboração feita por um dos comparsas que aponta o local do cativeiro, mas que não sabe indicar onde está o dinheiro que foi entregue a outro coautor. Nesse caso, os bens jurídicos "vida" e "liberdade" se sobrepõem ao bem jurídico "patrimônio".

Contudo, em crimes de corrupção, peculato, crimes praticados por Prefeitos (previstos no Decreto-Lei 201/1967) e crimes contra a Administração Pública em geral, em que há, sempre, dano ao erário, não é recomendável, pela natureza do bem jurídico protegido, a realização de acordo de colaboração premiada sem que haja o retorno, aos cofres públicos, dos recursos desviados.

O próprio Código Penal prevê, em seu artigo 91, a título de efeitos da condenação, tanto a obrigação de indenizar o dano causado pelo crime, como a perda em favor da União, ressalvado o direito do lesado ou de terceiro de boa-fé, do produto do crime ou de qualquer bem ou valor que constitua proveito auferido pelo agente com a prática do fato criminoso. Assim, o confisco ou perdimento de bens que sejam produto ou proveito de atividades criminosas é um efeito automático da condenação criminal. Não poderia ser diferente, sob pena de consagração do enriquecimento ilícito.

A preocupação com a reparação do dano veio prevista, ainda, na reforma do Código de Processo Penal, quando foi inserido o inciso IV ao artigo 387, permitindo ao juiz, quando da prolação da sentença condenatória, fixar valor mínimo para reparação dos danos causados pela infração, considerando os prejuízos sofridos pelo ofendido, tornando minimamente líquida a sentença penal condenatória.

Assim, a condenação através de um processo penal clássico por crime de corrupção acarreta, para o réu, invariavelmente, a obrigação de reparar o dano causado ao erário, não podendo, portanto, o Ministério Público, em um acordo de colaboração premiada, abrir mão da recuperação dos valores desviados em troca de informações. Assim tem sido feito no Brasil, tanto no caso do Banestado como no caso da Operação Lava Jato: todos os acordos estipulam a devolução, por parte do réu colaborador, do produto do crime, inclusive o que foi objeto de crime de lavagem de dinheiro (patrimônio ilícito do colaborador), tudo isso além da multa aplicada (decorrente, esta, do patrimônio lícito do colaborador).

Essa busca pela reparação do dano se coaduna com a vertente do Direito denominada "Justiça Restaurativa", preconizada por Howard Zehr, em contraposição à Justiça Criminal meramente retributiva. A chamada Justiça Restaurativa parte da premissa de que:

> O crime é uma violação de pessoas e relacionamentos. Ele cria a obrigação de corrigir os erros. A justiça envolve a vítima, o ofensor e a comunidade na busca de soluções que promovam reparação, reconciliação e segurança.[479]

A reparação do dano é a tendência absoluta quando se fala de colaboração premiada, principalmente quando se trata de crimes de corrupção e similares praticados por organizações criminosas. A evolução das leis no Brasil se deu nesse sentido, uma vez que as primeiras normas que previram a redução de pena para o réu colaborador se satisfaziam apenas com o auxílio para esclarecimento do crime e identificação dos coautores.

---

[479] ZEHR, Howard. **Trocando as lentes: um novo foco sobre o crime e a justiça**. São Paulo: Palas Athena, 2008. p. 171.

As leis mais recentes, porém, ressaltam que o acordo de colaboração premiada deve auxiliar na localização e recuperação do produto do crime. Do mesmo modo no ambiente internacional: a Convenção de Mérida, por exemplo, é expressa ao prever, em seu artigo 37, que a colaboração deve "contribuir a privar os criminosos do produto do delito, assim como recuperar esse produto".

E essa deve ser, de fato, a maior preocupação no que concerne aos delitos de corrupção e similares: a recuperação do produto do crime. São conhecidos por todos os males provocados pela corrupção: ela amplia a exclusão social, deteriora os serviços públicos e vitima uma clientela que não pode se socorrer nos serviços privados ou no livre mercado.[480]

Para o Ministro Luís Roberto Barroso,

> Corrupção, de um lado, e desenvolvimento humano e desigualdade, de outro, guardam entre si uma razão proporcional inversa: mais corrupção significa menos desenvolvimento humano e menos igualdade. A causa contra a corrupção não deixa de ser, assim, a causa dos direitos humanos.[481]

De fato, nos países onde há corrupção elevada os níveis de investimento e crescimento econômico diminuem, já que aumenta custos e a incerteza quanto a eles, e tais custos sociais vitimam especialmente

---

[480] A Convenção das Nações Unidas contra a Corrupção externou, no seu prêambulo, a preocupação dos Estados partes sobre o tema: "Preocupados com a gravidade dos problemas e com as ameaças decorrentes da corrupção, para a estabilidade e a segurança das sociedades, ao enfraquecer as instituições e os valores da democracia, da ética e da justiça e ao comprometer o desenvolvimento sustentável e o Estado de Direito; preocupados, também, pelos vínculos entre a corrupção e outras formas de delinquência, em particular o crime organizado e a corrupção econômica, incluindo a lavagem de dinheiro; preocupados, ainda, pelos casos de corrupção que penetram diversos setores da sociedade, os quais podem comprometer uma proporção importante dos recursos dos Estados e que ameaçam a estabilidade política e o desenvolvimento sustentável dos mesmos; convencidos de que a corrupção deixou de ser um problema local para converter-se em um fenômeno transnacional que afeta todas as sociedades e economias, faz-se necessária a cooperação internacional para preveni-la e lutar contra ela: (...)"

[481] BARROSO, Luís Roberto. **Sem Data Venia: um olhar sobre o Brasil e o mundo.** 1ª ed. Rio de Janeiro: História Real, 2020. P. 98.

as camadas mais pobres da população. De acordo com Paolo Mauro, evidências empíricas sugerem que a corrupção diminui investimentos e retarda o crescimento econômico, além de diminuir a qualidade da infraestrutura e dos serviços públicos.[482]

No caso da Operação Mãos Limpas, da Itália, estima-se que a massa monetária desviada da economia nacional para a corrupção, num lapso de doze anos, foi, segundo o Instituto Einaudi de Turim, em torno de dez (10) a vinte (20) bilhões de dólares. De acordo com outro estudo, do Professor Franco Cassola, da Universidade de Florença, a cifra desviada teria sido muito maior: dez (10) bilhões de dólares anuais, desde 1980 até 1991, contabilizando 120 (cento e vinte) bilhões de dólares "que saíram dos balanços negros das empresas para beneficiar políticos".[483] O jornalista financeiro italiano Giuseppi Turani, por seu turno, estimou que a corrupção nas décadas de oitenta e noventa na Itália lhe custou um trilhão de dólares.[484]

No Brasil não é diferente. Em 2010, um estudo da Federação das Indústrias do Estado de São Paulo apontou que o custo anual da corrupção no país é de 1,38% do PIB.[485] Como lembram Athayde Ribeiro Costa, Deltan Dallagnol e Roberson Pozzobon, "Os 200 bilhões desviados por ano no Brasil (estimativa da Organização das Nações Unidas) triplicariam o investimento federal em educação ou em saúde".[486]

---

[482] MAURO, Paolo. **Why Worry About Corruption?** Washington, D.C.: International Monetary Fund, Economic issues, 1997, p. 6-7.

[483] DEL ROIO, José Luiz. Op. cit., p. 14 e 90.

[484] MORO, Sergio Fernando. Op. cit., p. 60.

[485] Http://www.fiesp.com.br/indices-pesquisas-e-publicacoes/relatorio-corrupcao-custos-economicos-e-propostas-de-combate.

[486] COSTA, Athayde Ribeiro; Dallagnol, Deltan; Pozzobon, Roberson. **A prisão dos réus da Lava Jato**. < http://www1.folha.uol.com.br/opiniao/2015/04/1611461-athayde-ribeiro-costa-deltan-dallagnol-e-roberson-pozzobon-a-prisao-dos-reus-da-lava-jato.shtml> Acesso em 11.09.20116.

Novamente ensina o Ministro Luís Roberto Barroso:

> A corrupção tem custos financeiros, sociais e morais. Não é fácil estimar os custos *financeiros*. Trata-se de um tipo de crime difícil de rastrear, porque subornos e propinas não vêm a público facilmente nem são lançados na contabilidade oficial. Nada obstante, noticiou-se que apenas na Petrobras e demais empresas estatais investigadas na Operação Lava Jato – isto é, em uma única operação – os pagamentos de propinas chegaram a R$ 20 bilhões. Aliás, no balanço da empresa de 2014, publicado com atraso em 2015, foram registradas perdas de 6 bilhões de reais, equivalentes, à época, a 2 bilhões de dólares. No início de 2018, a Petrobras fez acordo de cerca de 3 bilhões de dólares em Nova York, em *class action* movida por investidores americanos, e de 853 milhões de dólares com o Departamento de Justiça dos Estados Unidos.[487]

Há ainda os custos sociais da corrupção, gravíssimos, segundo o Ministro Luís Roberto Barroso:

> A corrupção compromete a qualidade dos serviços públicos em áreas de grande relevância como saúde, educação, segurança pública, estradas, transporte urbano etc. Da mesma forma, ela faz com que decisões relevantes acabem sendo tomadas com motivações e fins errados. Nos últimos anos, ecoando escândalos de corrupção, o PIB brasileiro caiu mais de 20%.[488]

Alerta o Ministro que, apesar do enorme dano financeiro e do custo social altíssimo, o pior custo da corrupção é, ainda, o de ordem moral:

> O pior custo, todavia, é provavelmente o moral, com a criação de uma cultura de desonestidade e esperteza que contamina a sociedade e dá incentivos errados às pessoas. Há aqui uma visão equivocada na matéria, que pretende fazer uma distinção se o dinheiro da corrupção vai para o bolso ou para a campanha política. O problema, no entanto, é que o mais grave nesse contexto não é para onde o dinheiro vai: é de onde ele vem e o que se faz para obtê-lo.[489]

---

[487] BARROSO, Luís Roberto. *Op Cit.* Pp. 105-106.

[488] BARROSO, Luís Roberto. *Op Cit.* P. 106.

[489] BARROSO, Luís Roberto. *Op Cit.* P. 106.

Diante dos males à comunidade, à democracia e à saúde financeira do Estado, compreende-se por que se prima, hoje, pela recuperação do produto do crime de corrupção, seja pela via do processo penal clássico, seja pela via da colaboração premiada.

Partindo da premissa, então, de que acordos de colaboração premiada em casos de crimes de corrupção terão como cláusula a devolução, por parte do réu colaborador, de todos os bens e ativos que auferiu como produto do crime, questiona-se: qual o custo-benefício para a sociedade, ao contar com leis que prevejam e estimulem acordos de colaboração premiada visando à recuperação do produto do crime? E sob a ótica do investigado, quais os custos e benefícios ao aceitar o acordo de colaboração, condicionado à devolução do produto do crime?

Essas perguntas merecem ser iluminadas pelas ferramentas trazidas pela Análise Econômica do Direito. Vejamos do que se trata.

6.2 COLABORAÇÃO PREMIADA E RECUPERAÇÃO DO PRODUTO DO CRIME: UMA ANÁLISE ECONÔMICA

A análise econômica do direito aproxima as duas ciências, Direito e Economia, de uma forma não tradicional, sendo considerada por muitos o movimento mais influente no meio jurídico após a segunda guerra mundial.[490] Foi a partir da década de sessenta, com a publicação dos artigos de Ronald H. Coase ("*The Problem of Social Cost*") e de Guido Calabresi ("*Some Thoughts on Risk Distribution and The Law of Torts*"), que houve uma expansão da análise econômica do direito, avançando com a obra "*Economic Analysis of Law*", de Richard Posner, publicada em 1973.

Com o trabalho de Posner entendeu-se ser possível a realização de uma análise econômica para todo e qualquer ramo do direito

---

490 SALAMA, Bruno Meyerhof. O que é pesquisa em direito e economia. **Cadernos Direito GV**, v. 5,n. 2, estudon. 22, 2008. p. 8.

utilizando-se o método da escolha racional para uma alocação eficiente de recursos escassos. Isto é, qualquer decisão (vender um carro, alugar um imóvel, confessar um crime ou firmar um acordo de colaboração premiada) pode ser analisada sob a ótica de uma escolha que maximize a utilidade de quem decide, desde que ele o faça premido por racionalidade. Assim, tudo se torna passível de ser estudado pela economia.

A consolidação da análise econômica do direito se deu quando os prêmios Nobel de Economia de 1991 e 1992 foram, seguidamente, fundadores dessa corrente (o mesmo Ronald H. Coase e Gary Becker). O artigo de Ronald H. Coase abordou as decisões judiciais nos casos de responsabilidade civil como um problema econômico de alocação de recursos, ou seja, foi realizada uma análise das consequências econômicas de aspectos jurídicos. Gary Becker, em 1968, publicou sua obra "*Crime and Punishment: an Economic Approach*", tratando do fenômeno criminoso a partir da análise econômica.

A análise econômica do direito envolve, assim, a utilização de conceitos e definições da economia aplicados ao direito. Para Ivo T. Gico Junior, esse estudo da economia e do direito compreende o:

> Campo do conhecimento humano que tem por objetivo empregar os variados ferramentais teóricos e empíricos econômicos e das ciências afins para expandir a compreensão e o alcance do direito e aperfeiçoar o desenvolvimento, a aplicação e a avaliação de normas jurídicas, principalmente com relação às suas consequências.[491]

É certo que o operador do direito, há séculos, se ocupa do valor justiça (distribuição e equidade), enquanto o economista estuda "como o ser humano toma decisões e se comporta em um mundo de recursos escassos e suas consequências".[492] Destarte, de acordo com a análise econômica do

---

[491] GICO JR, Ivo T. Introdução à análise econômica do direito. RIBEIRO, Marcia Carla Pereira; KLEIN, Vinícius (Coord.). **O que é análise econômica do direito: uma introdução**. Belo Horizonte: Fórum, 2011. p. 17.

[492] GICO JR, Ivo T. Op. cit., p. 17.

direito, todas as atividades humanas, inclusive as que envolvem o direito, podem ser investigadas por meio dos métodos da economia.

Cooter e Ulen ensinam que:

> Para os economistas, as sanções se assemelham aos preços, e, presumivelmente, as pessoas reagem às sanções, em grande parte, da mesma maneira que reagem aos preços. As pessoas reagem a preços mais altos consumindo menos do produto mais caro; assim, supostamente, elas reagem a sanções legais mais duras praticando menos da atividade sancionada. A economia tem teorias matematicamente precisas (teoria do preço e teoria dos jogos) e métodos empiricamente sólidos (estatística e econometria) de análise dos efeitos dos preços sobre o comportamento.[493]

Assim, a partir de uma análise econômica do direito é possível investigar como as pessoas reagem às leis, isto é, a incentivos e sanções, consagrando-se, desse modo, como uma verdadeira teoria científica do comportamento humano. Normas jurídicas passam a ser estudadas sob a ótica da eficiência, a partir de uma análise de custo-benefício, e são consideradas incentivos para alterar condutas (como se fossem preços implícitos).

Para que o estudioso do direito possa se utilizar das ferramentas da análise econômica do direito é preciso que saia da zona de conforto e passe a abordar as questões jurídicas a partir de noções de Teoria Microeconômica e da economia do bem-estar, compreendendo conceitos econômicos como maximização, equilíbrio, eficiência e teorias como a da escolha racional e a dos jogos.

Benjamin Tabak ensina que "A AED procura responder a algumas perguntas essenciais. Primeiramente, quais são os efeitos das regras jurídicas sobre as decisões dos agentes? Segundo, se esses efeitos são socialmente desejáveis".[494]

---

[493] COOTER, Robert; ULEN, Thomas. **Direito & Economia**. Ed. Bookman, 5ª Ed., 2010. p. 25.

[494] TABAK, Benjamin Miranda. A Análise Econômica do Direito – Proposições Legislativas e políticas públicas. **Revista de Informação Legislativa / Senado Federal**, Subsecretaria de edições Técnicas – Ano 52,n. 205, janeiro/março – 2015. p. 321-345. p. 321.

No presente trabalho pergunta-se quais são os efeitos da norma trazida pelo artigo 4º da Lei n. 12.850/2013 tanto para o Estado quanto para o investigado, bem como se esses efeitos são os desejados pela maioria da coletividade.

Há críticos, é certo, a essa ótica racional e econômica. Muitos se preocupam com uma espécie de idolatria da eficiência em prejuízo do valor "justiça". Todavia, como bem alerta Bruno Meyerhof Salama:

> A disciplina serve, antes de tudo, para iluminar problemas jurídicos e para apontar implicações das diversas possíveis escolhas normativas. Aqui me afasto tanto da visão do Direito e Economia como um conjunto de receitas de bolo (que é ridícula) quanto da visão de que a discussão sobre eficiência seja irrelevante para o Direito (o que é míope, porque a construção normativa não pode estar isolada de suas consequências práticas).[495]

Desse modo, menos a reverência absoluta à eficiência e mais uma preocupação sobre as consequências das leis e decisões no mundo real parece nortear os estudiosos de análise econômica do direito. Como diz Bruno Meyerlof Salama, "A questão não é substituir a discussão da justiça pela discussão da eficiência, mas sim enriquecer a gramática jurídica integrando a discussão da eficiência na discussão do justo".[496]

Assim sendo, sem a pretensão de trazer respostas absolutas à questão, o presente trabalho visa iluminar, a partir de uma análise econômica, o tema da recuperação do produto do crime por meio do acordo de colaboração premiada.

---

495 SALAMA, Bruno Meyerhof. Op. cit., p. 2. O autor ainda ressalta que até um dos fundadores da Análise Econômica do Direito, Guido Calabresi,"já há muito observou, corretamente, que a hipótese de que o Direito e Economia possa dar as respostas definitivas para os dilemas normativos é "ridícula", citando seu artigo"Thoughts on the Future of Economics", publicado no **Journal of legal Education** (v. 33, 1983, p. 363).

496 SALAMA, Bruno Meyerlof. Op. cit., p. 3.

6.3 A ANÁLISE DE CUSTO-BENEFÍCIO DA COLABORAÇÃO PREMIADA PARA A SOCIEDADE: EQUILÍBRIO DE KALDOR-HICKS

Já foi dito que a Economia é a ciência das escolhas. Estas são guiadas por um critério de racionalidade, por meio do qual o indivíduo visa à maximização da utilidade em satisfazer seu interesse.[497] É preciso fazer escolhas, o tempo todo, diante da escassez: houvesse recursos infinitos e suficientes para atender a todas as demandas, não seria preciso ter que alocá-los. Pois bem, os agentes farão escolhas que atendam seus interesses próprios, por isso se diz que há uma maximização racional do seu bem-estar.

Essa ideia de maximização racional norteia toda a teoria econômica. Parte-se da premissa de que os indivíduos calculam custos e benefícios ao tomarem uma decisão, e optam, ao final, pelo que lhes traga mais benefícios que custos. Cooter e Ulen ensinam, a propósito, que:

> Os economistas geralmente supõem que cada agente econômico maximize algo: os consumidores maximizam a utilidade (isto é, a felicidade ou satisfação), as empresas maximizam os lucros, os políticos maximizam os votos, as burocracias maximizam as receitas, as organizações beneficentes maximizam o bem-estar social, e assim por diante. (...) Escolher a melhor alternativa que as restrições permitem pode ser descrito matematicamente como maximização.[498]

A eficiência consiste na melhor alocação com um mínimo de dispêndio[499], ou seja, maiores benefícios do que custos. A interação entre agentes racionais maximizadores que buscam essa eficiência tende a um equilíbrio.

---

[497] RIBEIRO, Márcia Carla Pereira; AGUSTINHO, Eduardo Oliveira. Economia Institucional e Nova Economia Institucional. RIBEIRO, Márcia Carla Pereira; KLEIN, Vinícius (Coord.). **O que é análise econômica do direito: uma introdução.** Belo Horizonte: Fórum, 2011. p. 121.

[498] COOTER, Robert; ULEN, Thomas. Op. cit., p. 36-37.

[499] GALESKI JUNIOR, Irineu. Economia dos Contratos. RIBEIRO, Márcia Carla Pereira; KLEIN, Vinícius (Coord.). **O que é análise econômica do direito: uma introdução**. Belo Horizonte: Fórum, 2011. p. 135.

Em seu trabalho intitulado "Manual de Economia Política", Vilfredo Pareto estudou o equilíbrio econômico, consagrando o que ficou conhecido como o "Ótimo de Pareto", "Equilíbrio de Pareto" ou "Eficiência de Pareto". Trata-se do equilíbrio em que nenhuma ação a ser feita melhora a condição dos agentes sem causar prejuízo a outros. Assim, a alteração poderá ser feita desde que a mudança a ser realizada beneficie uma pessoa sem prejudicar nenhuma outra.

Segundo o critério de Pareto, a eficiência econômica ocorre apenas quando for possível melhorar a situação de um agente (indivíduo, empresa, Estado ou sociedade) sem prejudicar outro. Quando resta impossível melhorar a situação do agente sem prejudicar terceiros, a situação passa a ser ineficiente, precisando de ajustes.

Benjamin Tabak ensina, a respeito do tema, que:

> O conceito de eficiência de Pareto é muito utilizado pelos economistas para denotar uma situação em que não é possível melhorar a situação de um agente sem piorar a situação de, pelo menos, outro agente. (...) Pode-se associar a eficiência de Pareto à unanimidade.[500]

Uma situação Pareto-eficiente é quase impossível em razão de a unanimidade, na prática, ser utópica. De fato:

> Pelo critério Paretiano, praticamente nenhuma mudança (por exemplo, uma mudança legislativa) será possível na ausência de unanimidade e isso é uma limitação prática muito séria à utilização da eficiência Paretiana como guia de políticas públicas.[501]

Para solucionar o impasse os economistas passaram a se utilizar de um critério de eficiência menos rígido, a "Melhoria Potencial de Pareto" ou "Eficiência de Kaldor-Hicks". Os estudos de Nicholas Kaldor e John Hicks, que ficaram conhecidos como o "Teorema de Kaldor-Hicks", admitem que mudanças sejam feitas ainda que haja agentes insatisfeitos, desde que exista a possibilidade de compensá-los por suas perdas.

---

[500] TABAK, Benjamin Miranda. Op. cit., p. 324.

[501] SALAMA, Bruno Meyerhof. Op. cit., p. 20.

Novamente Cooter e Ulen esclarecem:

> Insatisfeitos com o critério de Pareto, os economistas desenvolveram a noção de uma melhoria potencial de Pareto (às vezes chamada de eficiência de Kaldor-Hicks). (...) uma melhoria potencial de Pareto permite mudanças em que haja tanto ganhadores quanto perdedores, mas exige que os ganhadores ganhem mais do que os perdedores perdem. Se essa condição for cumprida, os ganhadores podem, em princípio, indenizar os perdedores e ainda ter um excedente que sobre para eles mesmos. Para uma melhoria potencial de Pareto, a indenização não precisa ser feita efetivamente, mas tem de ser possível, em princípio. Esta é, essencialmente, a técnica da análise de custo-benefício.[502]

Para Benjamin Tabak, ao estudar a eficiência de Kaldor-Hicks e a introdução de normas jurídicas no ordenamento:

> A introdução de uma norma jurídica gera benefícios para alguns agentes e custos para outros agentes. Caso o benefício total seja maior que o custo total da introdução de determinada norma, essa é eficiente no sentido de Kaldor-Hicks. Assim, a noção de eficiência está intimamente relacionada à maximização de bem-estar da sociedade. (...) Se a situação é eficiente no sentido de Kaldor-Hicks, os benefícios sociais são maiores que os custos sociais.[503]

Bruno Meyerhof Salama traz um elucidativo exemplo de equilíbrio de Kaldor-Hicks aplicado na prática:

> A prefeitura da cidade de São Paulo recentemente proibiu a colocação de grandes cartazes de propaganda na cidade. Houve "perdedores", e disso não resta dúvida porque várias pessoas perderam seus empregos e outras tantas perderam seus negócios. Por outro lado, o sólido apoio da população à nova legislação parece indicar que os ganhos do restante da população ("os ganhadores") excederam as perdas do grupo de "perdedores".[504]

É possível afirmar que a colaboração premiada pode ser eficiente sob o ponto de vista de Kaldor-Hicks. De fato, os c para a sociedade (ainda que haja uma minoria que com eles não concorde) são superiores aos custos. Da mesma maneira, os benefícios para o colaborador, em determinadas situações, são maiores que as perdas. Há um equilíbrio

502 COOTER, Robert; ULEN, Thomas. Op. cit., p. 64.

503 TABAK, Benjamin Miranda. Op. cit., p. 325.

504 SALAMA, Bruno Meyerhof. Op. cit., p. 21.

nessa interação, cada agente maximizando seu interesse, e aparentemente havendo custos que podem, em tese, ser compensados.

O corrupto gera um alto custo social, não apenas sob o aspecto dos recursos públicos subtraídos, mas também pelo exemplo nos casos de impunidade. Se o Direito é um indutor de comportamentos, é importante saber se acordos de colaboração premiada firmados com acusados de crimes de corrupção induzirão comportamentos desejáveis, ou seja, se evitará que as pessoas pratiquem novos crimes. Se a colaboração premiada tiver esse caráter dissuasivo (*deterrence*) estar-se-á diante de um claro benefício para a sociedade.

Pois bem. É correto afirmar que a colaboração é benéfica para a sociedade, uma vez que, a par de recuperar os recursos desviados, desincentiva as pessoas a se associarem em quadrilha ou comporem organização criminosa para os fins de cometer crimes contra a administração pública e corrupção de um modo geral.

Não se pode negar que o custo de se associar ao bando passa a ser alto quando se sabe que, se um dos membros for investigado ou processado, receberá do Estado proposta atraente para delatar a organização criminosa. É claro o efeito dissuasivo da colaboração, no sentido de evitar que as pessoas criem, componham ou mesmo auxiliem organizações criminosas.

Cesare Beccaria já no Século XVIII ressaltava a dissuasão decorrente da colaboração premiada:

> As vantagens consistem na prevenção dos delitos relevantes, que, por terem efeitos evidentes e autores ocultos, atemorizam o povo. Além disso, contribui para mostrar que quem não tem fé nas leis, isto é, no poder público, é provável que também não confie no particular. Parece-me que lei geral, que prometesse impunidade ao cúmplice delator de qualquer delito, seria preferível a uma declaração especial em caso particular, porque assim preveniria as uniões pelo temor recíproco que cada cúmplice teria de expor-se e o tribunal não tornaria audaciosos os criminosos chamados a prestar socorro num caso particular.[505]

---

[505] BECCARIA, Cesare. Op. cit., p. 129.

Em aprofundado estudo sobre a prevenção de novos crimes nos casos de Justiça Negociada, Yehonatan Givati diz que, na teoria, o *plea bargaining* ocasiona dois efeitos na dissuasão: por um lado, sentenças com penas mais baixas são impostas aos que confessam sua culpa, o que reduz a *deterrence,* isto é, valeria a pena cometer crimes e receber penas baixas ao negociar com a acusação.

Por outro lado, segundo Givati, quando o acordo entre Ministério Público e réu é utilizado não há necessidade de esperar um longo julgamento para obter uma condenação, de modo que com os mesmos recursos mais condenações podem advir, o que, em outras palavras, aumenta a probabilidade de condenações, e o aumento de condenações - isso é indiscutível - fatalmente aumenta a dissuasão".[506]

Frederico Valdez Pereira reconhece expressamente o efeito dissuasivo da colaboração premiada:

> A colaboração processual já não reforçaria apenas a tarefa estatal de esclarecimento de crimes graves, mas teria relevante efeito reflexo direcionado a refrear o prosseguimento da atuação associativa na prática desses delitos, elemento de discrímen importante na comparação com situações nas quais não se manifesta o papel de fragmentar estrutura orientada ao cometimento de crimes, por consequência, evitando-os.[507]

Assim, a colaboração premiada, ainda que associada à devolução da propina e dos valores públicos subtraídos, possui um caráter dissuasivo, o que é benéfico para a sociedade, por agir de forma a prevenir a prática de crimes por meio de organizações criminosas.

Com efeito, a previsão em lei de possibilidade de acordo de colaboração premiada com um dos membros da organização reduz os

---

[506] GIVATI, Yehonatan. The Comparative Law and Economics of Plea Bargaining: Theory and Evidence. Discussion Papern. 39, **Harvard Law School**, Cambridge, MA 02138, 2011. Disponível em http://www.law.harvard.edu/programs/olin_center. p. 21.

[507] PEREIRA, Frederico Valdez. Op. cit., p. 11.

incentivos do crime, aumentando, por consequência, os seus custos. Isso faz com que a criminalidade organizada tenda a diminuir, eis que se sabe que, ao ser pego, há chances de se perder tudo o que foi conquistado ilicitamente; e se não vier a ser pego, corre-se o risco de ser delatado pelo comparsa que porventura vier a ser processado.

Por outro lado, é indubitável que a recuperação célere e eficaz do produto do crime de corrupção, através de um acordo de colaboração premiada, traz benefícios para a sociedade, eis que a tradição jurídica brasileira, via de regra, só permite a perda dos bens ilícitos, em casos de corrupção, após o trânsito em julgado da sentença penal condenatória. Esta leva anos para acontecer - quando acontece - no Brasil.

Exceto nos raros casos de decretação de indisponibilidade cautelar dos bens, o acusado tem tempo de desfazer-se de seus bens e, caso venha ser definitivamente condenado, pode se apresentar para o cumprimento da pena sem qualquer patrimônio em seu nome. Os prejuízos ao Estado e à sociedade são patentes.

Sobre os benefícios da recuperação do produto do crime de corrupção, leciona Benjamin Tabak:

> A corrupção afeta negativamente tanto os custos diretos quanto os indiretos. Uma lei que beneficie os denunciantes mediante recompensa pode aumentar os benefícios privados, induzindo os agentes a denunciarem sempre que tiverem conhecimento de casos de corrupção. (...) Com uma lei desse tipo, as pessoas são induzidas a denunciar casos de corrupção, o que aumenta a chance de recuperação de recursos públicos desviados. (...) a sociedade recupera ao menos parcialmente os recursos desviados, e os denunciantes, que propiciaram essa recuperação, recebem uma recompensa pelo esforço.[508]

Não obstante Tabak exemplifique com projeto de lei hipotético sobre denunciantes de crimes que deles não participaram, pode-se raciocinar do mesmo modo que o autor com relação à colaboração

---

[508] TABAK, Benjamin Miranda. Op. cit., p. 327.

premiada. Assim, o Estado pode incentivar, por meio de leis, os coautores de crimes a confessá-los e a colaborar com o *law enforcement* buscando desbaratar organizações criminosas e ajudando a recuperar o produto do crime.

Fica claro que os benefícios para a sociedade superam os custos de firmar a colaboração. Com efeito, o maior custo para a sociedade, ao negociar com um criminoso, resume-se a abrir mão parcialmente do efeito retributivo da pena em prol do efeito restaurativo. Contudo, basta que se leve em conta a ineficiência do sistema prisional brasileiro na ressocialização para se admitir que ao Estado até interessa não impor longas penas privativas de liberdade.

Esclarecedora a lição de Fillipe Azevedo Rodrigues, ao abordar o tema do sistema penitenciário ótimo sob o prisma da análise econômica, quando diz que:

> Os problemas estruturais são muitos. A malversação dos recursos estatais é latente. Os orçamentos públicos apresentam despesas provisionadas em média de R$ 1.500,00 (mil e quinhentos reais) por preso, enquanto se vê uma realidade extremamente miserável nas unidades penitenciárias, bem distante do valor declarado. Coincidentemente, a pecha dada pela sociedade ao sistema penitenciário é de que ele se encontra falido, o que representa o interesse pela sua reorganização administrativa, possível sob o prisma de fundamentos econômicos.[509]

A tendência de reparar o dano em detrimento de encarcerar o criminoso foi, inclusive, defendida por Gary Becker, ao enfatizar que o bem-estar social é aumentado quando as multas são usadas sempre que possível, no lugar das penas privativas de liberdade:

> O bem-estar social é aumentado se multas são usadas sempre que possível. Em primeiro lugar, a liberdade condicional e a prisão usam recursos públicos, e as multas não, uma vez que estas são, basicamente, apenas uma transferência de pagamentos, enquanto que os demais usam recursos em

[509] RODRIGUES, Fillipe Azevedo. **Análise econômica da expansão do direito penal**. Belo Horizonte, Del Rey: 2014. p. 109-110.

> forma de guardas, pessoal de supervisão, oficiais de condicional, além do próprio tempo dos presos.[510]

Quando se trata de crime de corrupção, porém, há autores que, com base em estudos da análise econômica do direito, concluem que sanções não monetárias, como a prisão, são por vezes única solução para sua efetiva dissuasão[511], devendo o Ministério Público, desse modo, ponderar, caso a caso, o custo-benefício de abrir mão do encarceramento do investigado por crime de corrupção.

Assim, o acordo de colaboração premiada com o agente de menor hierarquia na organização criminosa, implicando em uma pena leve, poderá trazer benefícios para a sociedade na medida em que desmantela a organização, recupera os recursos desviados e desvenda os líderes do grupo, a estes devendo ser aplicada, aí sim, a pena privativa de liberdade.

Essa análise de custo-benefício vinha sendo realizada, caso a caso, pelos Procuradores da República com atuação na Operação Lava Jato. Na página da *internet* criada para manter os dados e as informações sobre o caso disponíveis para a sociedade, consta expressamente que:

> Em cada acordo, muitas variáveis são consideradas, tais como informações novas sobre crimes e quem são os seus autores, provas que serão disponibilizadas, importância dos fatos e das provas prometidas no contexto da investigação, recuperação do proveito econômico auferido com os crimes, perspectiva de resultado positivo dos processos e das punições sem a colaboração, entre outras. Há uma criteriosa análise de custos e benefícios sociais que decorrerão do acordo de colaboração sempre por

---

510 Texto livremente traduzido pela autora. Original: "Social welfare is increased if fines are used whenever feasible. In the first place, probation and institutionalization use up social resources, and fines do not, since the latter are basically just transfer payments, while the former use resources in the form of guards, supervisory personnel, probation officers, and the offenders 'own time'." In BECKER, Gary Stanley. Crime and Punishment: An Economic Approach. **Journal Of Political Economy**, Vol. 76, No. 2 (Mar. - Apr., 1968). p. 28.

511 GAROUPA, Nuno; KLERMAN, Daniel. Corruption and The Optimal Use of Nonmonetary Sanctions. Los Angeles: University of Southern California Law School (**Cleo Research Paper Series Law & Economics Research Paper Series** - Papern. C01-4 e 01-9. 2004), disponível em <http://papers.ssrn.com.abstract_id=276117> Acesso em 14/06/2015.

> um conjunto de procuradores da República, ponderando-se diferentes pontos de vista. O acordo é feito apenas quando há concordância de que os benefícios superarão significativamente os custos para a sociedade.[512]

Ao que parece, até o presente momento os acordos de colaboração premiada firmados na Operação Lava Jato têm, de fato, trazido mais benefícios que custos à sociedade. Considerada a maior operação de combate à corrupção no Brasil[513], os números da Lava Jato são realmente impressionantes. Até o fechamento deste trabalho, em sua terceira edição, já havia, na primeira instância em Curitiba, 130 (cento e trinta) denúncias apresentadas, 209 (duzentos e nove) acordos de colaboração premiada, 17 (dezessete) acordos de leniência, com 174 (cento e setenta e quatro) acusados condenados em primeira e segunda instância, com a recuperação de 4,3 bilhões de reais aos cofres públicos da União e da Petrobras. Além disso, 2,1 bilhões de reais foram os valões previstos em multas compensatórias decorrentes dos acordos de colaboração premiada; 12,7 bilhões são os valores previstos em multas compensatórias decorrentes dos acordos de leniência; além de 111,5 milhões em valores de recursos fruto de renúncia voluntária dos réus.[514]

A Força-Tarefa da Operação Lava Jato no Estado do Rio de Janeiro já apresentou 104 (cento e quatro) denúncias, 180 (cento e oitenta) acordos de colaboração premiada, 11 (onze) ações de improbidade administrativa, 09 (nove) acordos de leniência, resultando em 183 (cento e oitenta e três) acusados condenados criminalmente em duas instâncias. Foram ressarcidos e pagos em multas compensatórias decorrentes de acordos de colaboração premiada os valores no total de 3.870.976.793,77 bilhões de reais e, decorrentes de acordos de leniência, 261.748.907,76 milhões de reais.[515]

---

512 http://www.lavajato.mpf.br/colaboracao-premiada.html. Acesso em 05/09/2016.

513 http://lavajato.mpf.mp.br/entenda-o-caso. Acesso em 05/09/2016.

514 http://lavajato.mpf.mp.br/atuacao-na-1a-instancia/resultados/a-lava-jato-em-numeros. Acesso em 30/06/2021.

515 http://www.mpf.mp.br/grandes-casos/lava-jato/resultados Acesso em 30/06/2021.

Com relação aos casos com prerrogativa de foro, os dados da Procuradoria-Geral da República perante o Supremo Tribunal Federal também são expressivos: 71 (setenta e um) inquéritos instaurados, 45 (quarenta e cinco) denúncias apresentadas em face de 126 (cento e vinte e seis) acusados, com 183 (cento e oitenta e três) acordos de colaboração premiada, com previsão de recuperação de 1,5 bilhão de reais decorrentes dos acordos (multa e perdimento), além de 800 milhões de reais em multas pagas e 607 milhões de reais devolvidos aos cofres públicos.[516]

É possível, portanto, que haja mais benefícios que custos para a sociedade ao efetivamente realizar acordo de colaboração premiada. Há um efeito dissuasivo do crime, além de ser possível a recuperação, ainda que parcial, do produto do crime, de uma forma célere, com a possibilidade de desbaratamento de organização criminosa.

Além disso, o colaborador – ainda que intimamente não se sinta arrependido do que fez, mas apenas de ter sido pego – passa a ter, obrigatoriamente, que se comportar como um ressocializado, de acordo com as leis do país.

6.4 A ANÁLISE DE CUSTO-BENEFÍCIO DA COLABORAÇÃO PREMIADA POR PARTE DO ACUSADO: A TEORIA DOS JOGOS

Já foi dito que a colaboração premiada se insere no espectro de possibilidades da ampla defesa, de modo que, ao ser investigado ou processado, o agente deverá, em seu raciocínio maximizador, realizar uma análise de custo-benefício.

Assim, ele deve ponderar que pode obter alguns benefícios (não ser processado, receber uma pena baixa, cumprir pena em seu domicílio, resguardar bens para o sustento de sua família, proteção do Estado etc.) e alguns custos (confessar, delatar os comparsas, angariar

[516] http://www.mpf.mp.br/grandes-casos/lava-jato/resultados Acesso em 30/06/2021.

inimizades, perder os bens adquiridos ilicitamente e até, a depender da organização criminosa, correr risco de morte). Ele vai colaborar desde que isso valha a pena.

Um excelente incentivo ao comportamento colaborador é a anistia para o primeiro que colaborar com o Ministério Público, trazida pela Lei n. 12.850/2013, em seu artigo 4º, § 4º, inciso II, que dispõe que "o Ministério Público poderá deixar de oferecer denúncia se o colaborador: (...) II - for o primeiro a prestar efetiva colaboração nos termos deste artigo". Nesse caso, o agente tem que computar como custo, ao integrar organização criminosa, o risco de que seu comparsa - também investigado - vai delatar antes que ele. Está-se, aqui diante do principal exemplo da Teoria dos Jogos: o Dilema do Prisioneiro.

Ferramenta muito utilizada na Economia, a Teoria dos Jogos é um método que auxilia a compreender o comportamento estratégico e não aleatório dos agentes que interagem entre si. O matemático Von Neumann primeiro escreveu sobre o assunto no artigo "*Zur Theorie der Gesellschfsspiele*", de 1928, seguido da publicação da obra "*The Theory of Games and Economic Behavior*", em coautoria com Oskar Morgenstern em 1944.

Tal obra se aplica a jogos de soma zero, de modo que se pode dizer que foi com os estudos de John Nash, John C. Harsanyi e Richard Selten, vencedores do Prêmio Nobel de Economia no ano de 1994, que a Teoria dos Jogos se consolidou com o conceito de equilíbrio.[517]

De acordo com a Teoria dos Jogos, "toda interação entre agentes racionais que se comportam estrategicamente pode ser conceituada como jogo"[518], contando com os seguintes pressupostos, de acordo com

---

[517] BECUE, Sabrina Maria Fadel. Teoria dos Jogos. RIBEIRO, Marcia Carla Pereira; KLEIN, Vinicius (Coord.). **O que é análise econômica do direito: uma introdução.** Belo Horizonte: Fórum, 2011. p. 112.

[518] BECUE, Sabrina Maria Fadel. Op. Cit., p. 112.

Cooter e Ulen: os jogadores, as estratégias de cada jogador e os *payoffs* (ganhos ou retornos) de cada jogador para cada estratégia.[519]

Richard H. McAdams, em seu artigo "*Beyond the Prisoners´ Dilemma: Coordination, Game Theory, and Law*", elenca e analisa vários tipos de jogos, como "*The Assurance or Stag Hunt Game*", "*The Battle of The Sexes Game*" e "*The Hawk-Dove or Chicken Game*"[520], porém o mais famoso, por ser o mais utilizado, é o "*Prisoner´s Dilemma*" (o Dilema do Prisioneiro).

De forma esclarecedora Cooter e Ulen explicam em que consiste o Dilema do Prisioneiro:

> Duas pessoas, o Suspeito 1 e o Suspeito 2, conspiram para cometer um crime. Eles são detidos pela polícia fora do local onde o crime foi cometido, levados à delegacia de polícia e colocados em salas separadas, de modo que não podem se comunicar. As autoridades os interrogam individualmente e tentam jogar um suspeito contra o outro. As provas existentes contra eles são circunstanciais - estavam simplesmente no lugar errado na hora errada. Se o promotor precisar ir para o julgamento só com essas provas, os suspeitos terão de ser acusados de uma transgressão de menor peso e receberão uma punição relativamente leve - digamos, 1 ano de prisão. O promotor preferiria que um dos suspeitos ou ambos confessassem o crime mais grave que se acredita tenham cometido. Especificamente, se um dos suspeitos confessar (e, com isso, implicar o outro) e o outro não, o não confessor receberá 7 anos de prisão, e, como recompensa por assistir o Estado, o confessor só receberá meio ano de prisão. Se ambos os suspeitos forem induzidos a confessar, cada um ficará 5 anos na prisão. O que cada suspeito deveria fazer - confessar ou ficar calado?[521]

Confessar ou ficar calado? Para Richard H. McAdams a resposta é: confessar é a melhor estratégia para ambos os jogadores; ser o primeiro a confessar é, acima de todas, a melhor estratégia. Com efeito, McAdams, ao analisar o Dilema do Prisioneiro, conclui, inexoravelmente, que é

[519] COOTER, Robert; ULEN, Thomas. Op. cit., p. 56.

[520] McADAMS, Richard H. Beyond the Prisoner´s Dilemma: Coordination, Game Theory, and Law. 82 **Southern California Law Review,** 209 (2009).

[521] COOTER, Robert; ULEN, Thomas. Op. cit., p. 56-57.

melhor, de fato, ser sempre o primeiro a confessar e colaborar com a Justiça: "No DP (Dilema dos Prisioneiros), um prisioneiro sempre age melhor confessando e age melhor se for o único a confessar".[522]

Não há como contestar. Seja por meio da matriz de *pay offs*, seja por meio da árvore de decisão, a estratégia dominante (ou seja, a melhor decisão) sempre será confessar primeiro, pois isso sempre significará menos tempo de prisão:

Figura 3: Matriz de *pay offs*

		SUSPEITO 1	
		Confessar	**Ficar Calado**
SUSPEITO 2	**Confessar**	-5 -5	-7 -0,5
	Ficar Calado	-0,5 -7	-1 -1

Fonte: COOTER, Robert; ULEN, Thomas. Direito e Economia. 5 ed. Porto Alegre: Bookman, 2010. P. 57.

Não restam dúvidas de que a opção com o melhor *pay off* é a de ambos os suspeitos confessarem, sendo esta, então, a estratégia dominante. Conforme explicam Cooter e Ulen:

> O que o Suspeito 1 deveria fazer se o Suspeito 2 confessar? Se ele ficar calado quando o Suspeito 2 confessar, passará 7 anos na prisão. Se confessar quando o Suspeito 2 confessar, passará 5 anos na prisão. Portanto, se o Suspeito 2 confessar, está claro que a melhor coisa que o Suspeito 1 poderá fazer é confessar. Mas e se o Suspeito 2 adotar a estratégia alternativa de

522 Texto livremente traduzido pela autora. Original: "In PD (Prisoners' Dilemma), a prisoner always does better by confessing and does best by being the only one to confess". McADAMS, Richard H. Op. Cit., p. 224.

> ficar calado? Qual é a melhor coisa que o Suspeito 1 poderá fazer então? Se o Suspeito 2 ficar calado e o Suspeito 1 confessar, ele cumprirá só meio ano de prisão, se ficar calado quando o Suspeito 2 ficar calado, ficará 1 ano na prisão. Mais uma vez, a melhor coisa para o Suspeito 1 fazer se o outro suspeito ficar calado é confessar. Portanto, o Suspeito 1 sempre irá confessar. Independentemente do que o outro jogador fizer, confessar sempre significará menos tempo de prisão para ele.[523]

Está-se diante do "Equilíbrio de Nash", uma vez que nenhum jogador, sozinho, pode se sair melhor mudando seu comportamento desde que os outros jogadores não mudem o deles.[524]

Desse modo, no caso da colaboração premiada, o agente terá que ponderar se delata ou não o esquema de corrupção e a organização criminosa, sabendo que os demais comparsas estão ponderando, de igual forma, se colaboram ou não com o *law enforcement*. O agente deverá, ainda, levar em conta o fato de que, se um dos comparsas colaborar antes com o Ministério Público, poderá receber o desejado perdão judicial, causa extintiva da punibilidade, ou seja, não será considerado culpado, já que sequer terá contra si instaurado processo penal.

Assim, o Ministério Público deverá, sempre, desenhar um mecanismo bem claro de incentivos para que o investigado/acusado/condenado opte por colaborar, de preferência informando quantos anos a menos de pena privativa de liberdade para cada informação sobre nomes e bens, visando a atrair agentes que não cooperam (em tese, criminosos) para que passem a colaborar com o sistema de Justiça.

Como bem enfatiza Néfi Cordeiro:

> Os resultados de colaboração têm-se mostrado mais amplos e úteis se se sente o delator seguro do que foi acordado, das condições estabelecidas para favores penais e processuais certos, de suas obrigações, dos resultados esperados e necessários para validade do acordo e da concordância dos agentes estatais quanto a esse acordo.[525]

---

[523] COOTER, Robert; ULEN, Thomas. Op. cit., p. 57.

[524] COOTER, Robert; ULEN, Thomas. Op. cit., p. 58.

[525] CORDEIRO, Néfi. Op. cit., p. 294.

Outro claro incentivo à decisão de realizar acordo de colaboração premiada consiste em saber que seu comparsa negocia acordo com o Ministério Público. Nesse caso, o agente precisa decidir se confessa e colabora com o Ministério Público, identificando os coautores e partícipes e indicando os bens e ativos produtos dos crimes praticados, sabendo que seu comparsa está sob o mesmo dilema, e que se ele decidir colaborar, inevitavelmente enredá-lo-á.

Esse incentivo explica, em parte, a tendência de aumento exponencial do número de colaboradores (quanto mais investigados colaboram, mais surgem novos investigados querendo colaborar), que aconteceu, inclusive, na Operação Lava Jato e na Operação Mãos Limpas, da Itália.

Além disso, esse fenômeno pode ser explicado, ainda, pelo viés cognitivo que a psicologia denomina de "Efeito adesão", que seria a tendência de fazer coisas porque muitas outras pessoas assim o fazem. Se todos estão falando, a melhor alternativa é cooperar também, uma vez que as provas vão ficando cada vez mais robustas e comprometedoras.

Como bem relatou Vladimir Netto, ao tratar dos acordos de colaboração premiada na Operação Lava Jato, "Se uma empreiteira fechasse, as outras temiam o pior cenário: ficar isoladas, sem ter o que oferecer em acordo".[526]

Um incentivo não raro à decisão de colaborar é o ser o agente abandonado pela organização ou associação que integra quando pego pelo sistema de Justiça. Nesse sentido, Rodrigo da Silva Brandalise, ao dizer que muitas vezes o acordo ocorre "quando um dos integrantes da organização criminosa vê-se desamparado pelos demais (...)."[527]

---

[526] NETTO, Vladimir. Op. cit., p. 136.

[527] BRANDALISE, Rodrigo da Silva. **Justiça Penal Negociada: Negociação de Sentença Criminal e Princípios Processuais Relevantes.** Curitiba: Juruá, 2016. p. 155.

Assim ocorreu com o primeiro colaborador da Operação Mãos Limpas, da Itália, Mario Chiesa, quando foi chamado de "*mariuolo*" ("ladrãozinho sem importância") por parte do Primeiro-Ministro, chefe do Partido Socialista, Bettino Craxi.[528]

A sensação de ter sido abandonado pela agremiação parece ter sido, também, um incentivo à decisão de colaborar por parte do ex-Senador brasileiro Delcídio do Amaral, réu cooperante na Operação Lava Jato. Segundo Vladimir Netto, "No dia da prisão, o PT soltara uma nota contra Delcídio. (...) ela não deixava dúvidas de que o partido tinha acabado de abandonar um de seus principais líderes".[529]

Como já dito, para a análise econômica do direito o réu vai sopesar os custos e benefícios de realizar um acordo de colaboração premiada: os custos privados de não colaborar são altos para o acusado se este se encontrar preso preventivamente e forem robustas as provas contra si apresentadas.

Assim, ele deverá analisar se o benefício de ser colocado em prisão domiciliar, obter uma pena reduzida ou um melhor regime de cumprimento de pena supera os custos privados de delatar um esquema do qual participou, reconhecendo sua culpa, indicando seus bens ilícitos e apontando os comparsas.

Se o agente contar com altas possibilidades de ser solto em pouco tempo (via *Habeas Corpus,* por exemplo) ou de ser absolvido ao final do processo, certamente não considerará fazer a colaboração. Contudo, se as provas em seu desfavor forem incontestáveis, e se a previsão de uma condenação for a consequência lógica do processo, o réu pensará sim duas vezes antes de se descartar essa alternativa de pena negociada.

---

[528] Ver, a propósito, item 1.3.2 do presente trabalho (Colaboração Premiada na Itália: o *pentitismo* e os *Collaboratori di Giustizia*).

[529] NETTO, Vladimir. Op. cit., p. 311.

Nesse sentido é a opinião de Marcos Paulo Dutra Santos, quando diz que:

> A depender das provas carreadas pelo Estado contra o acusado, a tornar a condenação mais do que visível no horizonte, a delação mostra-se a estratégia capaz de minorar a punição ou, a depender do caso, até evitá-la.[530]

No mesmo sentido Vladimir Netto, ao se referir à decisão de colaborar por parte do réu na Operação Lava Jato Ricardo Pessoa, quando inclusive já se encontrava solto: "No fim, diante da possibilidade de ser condenado a uma pena pesada, o empresário capitulou".[531]

De fato, a iminência da execução da pena constitui, por óbvio, um forte incentivo à decisão de colaborar. O Supremo Tribunal havia consagrado um importante incentivo à decisão de colaborar quando decidiu, em 2016, por maioria, no julgamento dos pedidos de cautelar nas Ações Diretas de Constitucionalidade nºs 43 e 44[532], que o artigo 283 do Código de Processo Penal não impedia o início da execução da pena após a condenação em segunda instância.

Isso significava que, condenado em primeiro grau, o réu deveria refletir sobre suas chances de absolvição no tribunal, eis que corria sério risco de que, confirmada a sentença condenatória, tivesse que se submeter ao cumprimento da pena imposta, independentemente da interposição de Recursos Especial e Extraordinário. Assim, deveria sempre refletir sobre a possibilidade de realização de um acordo de colaboração premiada a fim de negociar benefícios que impedissem o cumprimento da pena que poderia, em breve, ser confirmada pelo tribunal.

Sobre essa decisão e sua importância para o enfrentamento da corrupção no Brasil, assim escreveu o Ministro Luís Roberto Barroso:

---

530 SANTOS, Marcos Paulo Dutra. Op. cit., p. 75.

531 NETTO, Vladimir. Op. cit., p. 192.

532 ADC 43/DF e ADC 44/DF. Relator Ministro Marco Aurélio. DJ 216, de 10/10/2016.

> A mais importante alteração, sem dúvida, foi a possibilidade de execução de decisões penais condenatórias após o julgamento em segundo grau, fechando a porta pela qual processos criminais se eternizavam até a prescrição, dando salvo-conduto aos ladrões de casaca.[533]

Porém, conclui:

> Essa mudança, todavia, não duraria muito, justamente por haver-se revelado extremente eficaz. A corrupção contra-atacou com todas as suas forças e aliados, até conseguir desfazer a medida. Ressalve-se, com o respeito devido e merecido, o ponto de vista legítimo de quem entende que a Constituição impões que se aguarde até o último recurso.[534]

De fato, o entendimento não resistiu muito tempo e, por maioria, o Plenário do Supremo Tribunal Federal, concluindo o julgamento das Ações Declaratórias de Constitucionalidade 43, 44 e 54, em 07 de novembro de 2019, contrariou seu próprio precedente de 2016 e decidiu que é constitucional a regra do artigo 283 do Código de Processo Penal, que exige o trânsito em julgado para o início do cumprimento da pena. Votaram a favor desse entendimento os Ministros Marco Aurélio (Relator), Rosa Weber, Ricardo Lewandowski, Gilmar Mendes, Celso de Mello e Dias Toffoli, ficando vencidos os Ministros Alexandre de Moraes, Edson Fachin, Luís Roberto Barroso, Luiz Fux e Cármen Lúcia. Para os vencidos, a execução da pena após a condenação em segunda instância não viola o princípio da presunção de inocência.[535]

Para o Ministro Barroso, tal decisão foi fruto de uma forte reação do pacto oligárquico brasileiro ao eficiente enfrentamento à corrupção no Brasil:

---

533 BARROSO, Luís Roberto. **Sem data venia: um olhar sobre o Brasil e o mundo.** 1ª ed. Rio de Janeiro: História Real, 2020. P. 102.

534 BARROSO, Luís Roberto. *Op. Cit.* P. 103.

535 http://portal.stf.jus.br/noticias/verNoticiaDetalhe.asp?idConteudo=429359&ori=1 Acesso em 29 de junho de 2021.

> A articulação para derrubar a possibilidade de execução das condenações criminais após a segunda instância foi o momento mais contundente da reação, logrando obter a mudança de posição de dois ministros do Supremo Tribunal Federal que, antes, haviam sido enfaticamente favoráveis à medida.[536]

Assim, a decisão da Corte Suprema diminuiu, sem sombra de dúvidas, o incentivo à celebração de acordos de colaboração premiada, eis que o sistema recursal anacrônico brasileiro permite que se prolongue indefinidamente com recursos até que se obtenha a prescrição da pretensão punitiva.

No caso da Operação Lava Jato é possível analisar se colaborar compensou para os acusados que tomaram essa decisão. Na primeira sentença proferida[537], oito pessoas foram condenadas à prisão, em um processo célere para os padrões da Justiça brasileira (cerca de um ano entre denúncia e sentença), sendo que seis desses réus foram condenados a pagar uma indenização de quase 19 (dezenove) milhões de reais à Petrobras para compensar os prejuízos sofridos por causa dos desvios de que foi vítima a companhia.

Foram aplicadas penas privativas de liberdade que variam de quatro a onze anos e seis meses de reclusão. Os primeiros réus colaboradores, Alberto Youssef e Paulo Roberto Costa, por sua vez, foram condenados, respectivamente - apenas nesse processo, eis que outros ainda serão julgados - a penas de nove anos e dois meses de prisão e sete anos e seis meses de prisão. O regime de pena acima de quatro anos impede a substituição por pena restritiva de direitos e a pena acima de oito anos tem que ser cumprida em regime inicialmente fechado.

---

536 BARROSO, Luís Roberto. *Op. Cit.* P. 104.

537 Ação Penal n. 5026212-82.2014.4.04.7000/PR, proferida em 22 de abril de 2015 pelo Juiz Federal Sergio Fernando Moro, titular da 13ª Vara da Seção Judiciária de Curitiba, Paraná. Inteiro teor da sentença no site http://lavajato.mpf.mp.br/atuacao-na-1a-instancia/decisoes-da-justica, acesso em 30/10/2016.

Contudo, ambos os réus colaboradores cumprirão apenas as penas acertadas no acordo que firmaram com o Ministério Público: Alberto Youssef cumpre três anos de reclusão em regime fechado; e Paulo Roberto Costa cumpre um ano de prisão domiciliar e, em seguida, um ano recolhendo-se ao domicílio apenas nos finais de semana.

Em 06 de Maio de 2015 sobreveio a segunda sentença proferida pela 13ª Vara Federal de Curitiba na Operação Lava Jato[538], condenando, desta feita, quatro pessoas pelo crime de lavagem de dinheiro, dentre os quais o réu colaborador Alberto Youssef, que foi condenado à pena de cinco anos de reclusão, em regime fechado, reduzida para três anos em razão dos termos do acordo de colaboração premiada.

Segundo Vladimir Netto, o réu colaborador Paulo Roberto Costa:

> Chegou ao fim de 2015 em uma situação confortável, morando em Itaipava, região serrana do Rio. A pena foi de permanecer em prisão domiciliar até 1º de outubro de 2016, data marcada para a progressão para o regime aberto. Sua rotina é tranquila, a não ser pelas viagens para prestar depoimentos.[539]

O réu colaborador Pedro Barusco, condenado a 18 (dezoito) anos e 4 (quatro) meses por crime de corrupção, lavagem de dinheiro e associação criminosa, devolveu, em razão do acordo, o valor de 98 (noventa e oito) milhões de dólares aos cofres da Petrobras e:

Apesar da pena alta, o regime fechado foi substituído pelo regime aberto diferenciado: ele tem autorização para sair de casa de dia, mas é obrigado a se recolher nos dias úteis, entre oito da noite e seis da manhã, e nos fins de semana. Além disso, tem que usar uma tornozeleira eletrônica pelo período de dois anos e prestar serviços à comunidade. O resto da pena será cumprido em regime aberto.[540]

---

538 Ação Penal n. 5047229-77.2014.4.04.7000/PR.

539 NETTO, Vladimir. Op. cit., p. 283.

540 NETTO, Vladimir. Op. cit., p. 258.

De acordo com Vladimir Netto, o réu colaborador Ricardo Pessoa, também da Operação Lava Jato, sente-se "aliviado por ter feito a delação", pois:

Agora sabe que, qualquer que seja a pena imposta pelo juiz Sergio Moro, cumprirá a sentença em prisão domiciliar e com grande redução no tempo da condenação. Sem a delação, acabaria pegando uma pena de pelo menos 20 anos de cadeia.[541]

> A pena teria, de fato, sido em torno de tal patamar, como foi a aplicada ao réu não cooperante Marcelo Odebrecht[542], em razão de crimes similares: 19 (dezenove) anos e 4 (meses) de prisão em um dos processos, encontrando-se ainda preso, por decisões das mais altas Cortes do país.

Como se vê, é possível afirmar que, na prática, os réus que colaboraram na Operação Lava Jato - ainda que abrindo mão dos bens e recursos adquiridos ilicitamente - ficaram em situação melhor do que os que não colaboraram naquele momento. Colaborar foi, então, de fato, a melhor estratégia.

6.5 O PESO DA PRISÃO PREVENTIVA COMO INCENTIVO À DECISÃO DE COLABORAR

É certo que os indivíduos respondem significativamente aos incentivos criados pelo sistema de justiça criminal.[543] Sendo assim, pergunta-se: é possível afirmar que a decretação da prisão preventiva é um incentivo desse sistema a estimular que o agente decida colaborar?

---

541 NETTO, Vladimir. Op. cit., p. 282.

542 Marcelo Odebrecht, posteriormente à condenação, decidiu colaborar. Mesmo após o acordo continuou preso até dezembro de 2017, quando passou para a prisão domiciliar em sua casa, em São Paulo. O acordo prevê cumprimento de dez anos da pena total, com progressão para o regime semiaberto a contar de março de 2019. https://oglobo.globo.com/economia/delator-da-lava-jato-marcelo-odebrecht-pode-voltar-as-ruas-a-empreiteira-23529427. Acesso em 30/08/2019.

543 GAROUPA, Nuno. An economic analysis of criminal law. **Economic Analysis of Law: A European Perspective.** Ed.: Aristides Hatzis, 2004. p. 2.

Alguns advogados argumentam que o acordo de colaboração premiada só se faz possível porque o Estado-Juiz determina a prisão preventiva de réus que, se estivessem soltos, não se sentiriam forçados a delatar seus comparsas e todo o esquema criminoso. Para eles, as prisões da Operação Lava Jato, por exemplo, são mecanismos de tortura usados, pura e simplesmente, para forçar delações.[544]

Veja-se, a propósito, o que diz Cezar Roberto Bitencourt sobre a Operação Lava Jato, ao prefaciar livro de Marcos Paulo Dutra Santos sobre colaboração premiada:

> Trata-se, a rigor, de uma refinada tortura psicológica, pois os investigados, presos preventivamente na carceragem da polícia federal, já sem forças e sem esperanças, e vendo resultados favoráveis de outros delatores, acabam "decidindo" também delatar alguém para minimizar sua condenação certa.[545]

Marcos Paulo Dutra Santos entende exagerada essa preocupação que associa prisão preventiva à tortura para delatar, quando defende que:

> O fato de o delator encontrar-se cautelarmente preso, por ordem escrita e fundamentada, de juízo competente, não a compromete, mesmo porque nenhuma custódia cautelar pode ter como fundamento a obtenção de colaborações premiais.[546]

E arremata: "A pretender o contrário, retiraríamos essa benesse dos imputados presos, escalonando o direito de defesa, cujo exercício não se mostraria mais tão amplo, se comparado aos soltos, em descompasso com a isonomia".[547]

---

[544] "Em meados de janeiro (de 2016) mais de 100 advogados assinaram um manifesto intitulado 'Carta aberta em repúdio ao regime de supressão episódica de direitos e garantias verificados na Operação Lava Jato" (...) O autor da carta foi Nabor Bulhões, advogado de Marcelo Odebrecht na Lava Jato." (...) A carta dizia que (...) "É de todo inaceitável, numa Justiça que se pretenda democrática, que a prisão provisória seja indisfarçavelmente utilizada para forçar a celebração de acordos de delação premiada." NETTO, Vladimir. Op. Cit., p. 325/326.

[545] Trecho extraído do prefácio do livro **Colaboração (Delação) Premiada**, de Marcos Paulo Dutra Santos. Salvador: JusPodium, 2016. p. 14.

[546] Op. Cit., p. 132.

[547] Op. cit., p. 132.

No mesmo sentido Rogério Filippetto e Luísa Rocha:

> Não constitui empeço à existência de voluntariedade o fato de o agente estar custodiado. A prisão processual por si só não afasta a liberdade de volição, carecendo de se demonstrar algo mais para comprometer a liberdade de decidir do agente. Aliás, já é da tradição do Direito pátrio admitir a confissão e a ela emprestar suas consequências jurídicas, quer ela tenha sido obtida dentro ou fora do cárcere provisório (...).[548]

A Lei nº 12.850/2013 já previa que o acordo de colaboração premiada somente deveria ser homologado se não houvesse dúvidas quanto à voluntariedade do colaborador, isto é, se estivesse claro que ele, no uso de sua autonomia da vontade, sendo adulto e capaz, assessorado por advogado, efetivamente decidiu cooperar com as autoridades, ausente qualquer forma de coação física ou moral.

Com o advento da Lei Anticrime, passou-se a exigir do juiz que atentasse especialmente para a análise da voluntariedade no caso de réus colaboradores presos:

> Art. 4º. (...)
>
> § 7º (...)
>
> IV – voluntariedade da manifestação de vontade, especialmente nos casos em que o colaborador está ou esteve sob efeito de medidas cautelares.

A inovação certamente decorreu das críticas acima referidas. Os dados, porém, refutam a tese, eis que na Operação Lava Jato, a grande maioria dos réus colaboradores estava solta quando decidiu firmar o acordo.[549] No caso da Operação Lava Jato, 70% (setenta por cento) dos

---

548 FILIPPETTO, Rogério; ROCHA, Luísa Carolina Vasconcelos Chagas. **Colaboração Premiada: contornos segundo o sistema acusatório.** Belo Horizonte: D´Plácido Editora, 2017. p. 139.

549 *"Na grande maioria das vezes, as colaborações premiadas ocorrem com os réus já soltos, sendo este um instrumento legal utilizado legitimamente pela defesa que também atende aos critérios da busca da verdade real no processo penal." Nota da ANPR (Associação Nacional dos Procuradores da República) publicada em resposta à Carta dos Advogados.* http://g1.globo.com/politica/noticia/2016/01/ajufe-chama-de-falatorio-e-fumaca-carta-de-advogados-da-lava-jato.html Acesso em 25/10/2020.

acordos foram firmados com réus soltos. Para ser mais exato, 71,83% (setenta e um vírgula oitenta e três por cento) dos réus colaboradores da Lava Jato firmaram o acordo soltos. Com efeito, dos 71 (setenta e um) acordos firmados até o término do presente trabalho, 51 (cinquenta e um) foram realizados com réus soltos.[550] Na realidade, houve inclusive um acordo de colaboração premiada firmado *após* a saída do acusado da prisão: o caso do empresário Ricardo Pessoa, dono da UTC Engenharia.

Os tribunais superiores têm confirmado a legalidade das prisões preventivas decretadas na Operação Lava Jato, em mais de uma centena de *Habeas Corpus* negados.[551] Com efeito, a Corte Suprema entende que o fato de o acordo de colaboração premiada ter sido firmado enquanto o réu estava preso em nada o deslegitima.

É o que expressamente disse o Ministro Ricardo Lewandowski em seu voto no já mencionado *Habeas Corpus n.* 127.483/PR:

> Se a delação foi feita durante o período em que o delator se encontra na prisão, seja temporária, seja preventiva, tal circunstância, por si só, não a anula necessariamente, por ela – a prisão, desde que legalmente decretada, não tem o condão de viciar sua vontade.

Na Operação Mãos Limpas, da Itália, muitos investigados soltos, "acabaram se apresentando espontaneamente aos investigadores para depor e delatar outros casos". [552] Foi o caso de Silvano Larini, bem como dos empresários Cesare Romitti (da Fiat), Calisto Tanzi (da Parmalat), De Benedetti (da Olivetti), dentre inúmeros outros. Como disse o Procurador Gherardo Colombo:

---

[550] Dados obtidos diretamente da Procuradoria da República em Curitiba, Paraná.

[551] COSTA, Athayde Ribeiro; DALLAGNOL, Deltan; POZZOBON, Roberson. Op. cit. Acesso em 11.09.20116.

[552] GUIMARÃES, Rodrigo Régnier Chemim. Op. cit. Acesso em 05/07/2016.

> As confissões ocorriam ou porque a pessoa submetida à investigação já havia se decidido por sua conta de fazê-las, ou por respeito ao princípio de não contradição, por exigência de respeitar a lógica: diante de tantas evidências não poderiam fazer outra coisa senão confessar.[553]

Ou seja, mesmo estando em liberdade, a depender da qualidade e quantidade de provas existentes, da crença de que o Estado não tolerará os crimes e já tendo alguém realizado acordo de colaboração premiada, as pessoas envolvidas podem se interessar em também colaborar com a Justiça.

É certo que não se pode utilizar prisões para forçar alguém a cooperar, afinal, o Estado não pode obrigar alguém a tomar essa decisão.[554] Todas as normas a respeito da colaboração premiada falam em *voluntariedade*, e não poderia ser diferente em um Estado democrático de direito. A opção pela linha de defesa tem que ser livremente tomada pelo agente e seu defensor. Assim, não se pode usar a prisão preventiva para forçar alguém a falar; não se pode prender alguém buscando que colabore com o Ministério Público.

Como bem pontua Thamy Medeiros da Costa, a Lei n. 12.850/2013 não exige a *espontaneidade* do imputado para realização do acordo, mas a *voluntariedade*, exigindo-se apenas "que a manifestação de vontade tenha ocorrido de maneira livre, sem coação física ou moral, ainda que tenha sofrido influências externas ou não seja fruto de sua iniciativa particular."[555]

Quanto ao argumento de que as prisões preventivas são decretadas para forçar o agente a firmar acordos, Thamy Medeiros da Costa explica que, para assim se concluir, é preciso afirmar que "estariam

---

553 GUIMARÃES, Rodrigo Régnier Chemim. Op. cit. Acesso em 05/07/2016.

554 COSTA, Thamy Medeiros da. **Colaboração Premiada: a validade do acordo firmado com o agente preso preventivamente**. 2018, TCC (Graduação) – Curso de Direito, Universidade Federal do Rio Grande do Norte, Natal, 2018. p. 48.

555 COSTA, Thamy Medeiros da. Op. cit., p. 29.

sendo forjados requisitos e fundamentos para determinar a segregação preventiva ou mesmo que não seria essa a medida cautelar pessoal adequada aos casos concretos."[556]

Ora, a prisão preventiva possui fundamentos especiais, previstos no artigo 312 do Código de Processo Penal, e somente pode ser decretada para garantia da ordem pública, da ordem econômica, por conveniência da instrução criminal ou para assegurar a aplicação da lei penal, sempre que houver prova da existência do crime e indícios suficientes de sua autoria.[557]

Decide-se prender alguém antes de seu julgamento, de forma excepcional, apenas quando a sua liberdade gera um risco claro à sociedade: ou porque, solto, continuará a praticar crimes, ou porque é iminente a chance de se evadir ou, ainda, porque ameaça testemunhas ou apaga vestígios dos delitos praticados, atrapalhando a colheita de provas por parte do *law enforcement*.

Não há, por outro lado, qualquer necessidade de que os crimes apurados tenham sido praticados com violência para que se decrete a preventiva: crimes de corrupção e contra a administração pública em geral podem causar danos, por vezes, de maior dimensão do que uma lesão corporal leve.

Desse modo, a prisão preventiva pode ser decretada em casos de crimes financeiros, de colarinho branco, de corrupção, peculato, enfim, crimes que normalmente não são praticados mediante violência e ameaça, mas que admitem as hipóteses do artigo 312 do Código de

---

[556] COSTA, Thamy Medeiros da. Op. cit., p. 35.

[557] Segundo Héráclito Mossin e Júlio Mossin, é possível a realização de acordo de colaboração com réu preso preventivamente, e "o desfazimento dessa medida cautelar pode ocorrer em virtude de circunstância de ordem processual e jamais decorrente de delação premiada", uma vez que os fundamentos da custódia cautelar são de ordem processual. MOSSIN, Heráclito Antônio; MOSSIN, Júlio César O. G. **Delação Premiada: Aspectos Jurídicos.** 3. ed.. Leme/SP: J.H.Mizuno, 2018. p. 243.

Processo Penal, em que o acusado esconde provas, ameaça testemunhas, tenta se evadir e reitera na prática criminosa.

Assim, estando presentes os requisitos para a decretação da prisão cautelar, esta deve ser decretada, e em tendo sido decretada, nada impede que o Estado-acusador firme com o investigado ou acusado preso o acordo. Do mesmo modo que o Juiz, em um interrogatório, deve lembrar ao acusado os benefícios de uma confissão, nada obsta que o Ministério Público ou a autoridade policial lembrem os benefícios de um acordo de colaboração premiada a um réu preso, cabendo a ele e ao seu defensor sopesar o custo-benefício de confessar e, no caso em questão, de colaborar com a Justiça.

Não se nega que o receio de ser ou de permanecer preso possa ser, no caso concreto, um incentivo à decisão de colaborar, principalmente em casos de pessoas com alto poder aquisitivo e que nunca se imaginaram privadas de liberdade e de acesso a bens de consumo de alto padrão, como pode ocorrer nos casos de crimes do colarinho branco.

A prisão preventiva de uma pessoa cujo valor "liberdade" é crucial, de fato pode estimulá-la a fazer concessões para sair do encarceramento, ou mesmo para evitá-lo. É uma análise de custo-benefício. Se já foi decretada a sua prisão preventiva, é porque há fortes provas acerca da materialidade e autoria (já que estes são pressupostos para a prisão cautelar).

Contudo, não necessariamente a colaboração significa uma imediata soltura: esta vai depender da presença ou não dos fundamentos previstos no artigo 312 do Código de Processo Penal. O que ocorre é que, normalmente, ao colaborar, o agente faz desaparecer as razões da decretação de sua preventiva. O Procurador italiano Gherardo Colombo, integrante do *pool* de Procuradores da Operação Mãos Limpas, em entrevista, justificou porque alguns réus, ao colaborar, eram soltos:

> Em seguida às confissões, ao contributo à reconstrução dos fatos, as exigências da prisão cautelar eram menores. Quem contava como foram feitas as coisas por um lado se tornava não confiável ao ambiente no qual o

> crime havia sido planejado, e elidia com isso o perigo que pudesse continuar a cometer crimes; eliminava o perigo da contaminação probatória, porque não se limitava a admitir os fatos, mas fornecia também os elementos de confirmação (a conta corrente na qual eram feitas as operações, por exemplo); removia o perigo de fuga porque o comportamento no processo conduziria provavelmente a penas não particularmente graves.[558]

Esta é, também, a explicação dada por Marcos Paulo Dutra Santos:

> Ultimada a colaboração, desdobramento lógico, em regra, é a insubsistência da custódia, acompanhada ou não de cautelares diversas, afinal não se pode mais dizer que estaria comprometendo a instrução criminal ou frustrando a aplicação da lei penal.[559]

Todavia, no caso da Operação Lava Jato, o acordo de colaboração premiada não necessariamente significou a soltura de réus presos: dos 19 (dezenove) réus colaboradores da Lava Jato que realizaram o acordo quando se encontravam presos, 04 (quatro) permanecem presos preventivamente, e 10 (dez) se encontram presos em seu domicílio. Apenas 05 (cinco) réus colaboradores que firmaram seus acordos quando estavam presos foram soltos.[560]

Esses dados empíricos reforçam a tese no sentido de que a liberdade do réu colaborador preso vai depender da presença ou não dos fundamentos previstos no artigo 312 do Código de Processo Penal, independentemente da realização de acordo.

Por outro lado, presentes os fundamentos da custódia cautelar, não é possível presumir a *não-voluntariedade* do agente, incapacitante para a realização de acordo de colaboração. Como ensina Thamy Medeiros da Costa, a respeito da preventiva:

> (...) não se pode afirmar que afeta ela objetivamente a livre escolha na decisão de cooperar. Isso porque, uma vez decretada com base em requisitos e fundamentos legítimos, além de observado o critério da adequação, não

---

558 GUIMARÃES, Rodrigo Régnier Chemim. Op. cit. Acesso em 05/07/2016.

559 SANTOS, Marcos Paulo Dutra. Op. cit., p. 132.

560 Dados obtidos diretamente da Procuradoria da República em Curitiba, Paraná.

> se traduz em uma coação ilegítima por parte do Estado apta a expurgar sua voluntariedade. (...) Em razão disso, a prisão preventiva, por si só, não deve ser entendida como instrumento de coação absoluta, capaz de viciar o requisito volitivo do ato colaborativo, porquanto, pelo menos em princípio, não macula sua liberdade psíquica e capacidade de formação de vontade individual.[561]

Pois bem. Já se disse que para o preso por corrupção ou crimes financeiros em geral, normalmente praticados "com a caneta", cuja execução é decidida, muitas vezes, nas mesas dos mais refinados restaurantes ou sofisticados escritórios, o custo de ficar preso quando já há provas robustas contra si é alto demais.

Talvez o custo de ficar preso seja baixo para um acusado pela prática de tráfico de entorpecentes, já custodiado várias vezes anteriormente, ostentando vasta lista de antecedentes criminais, e que possui condições de continuar a liderar sua organização criminosa de dentro das paredes do presídio. Nesse caso, talvez seja melhor não delatar e manter seu patrimônio ilicitamente adquirido protegido.

Conforme lembra Thamy Medeiros da Costa, para acusados com alto poder aquisitivo,

> A segregação parece importar em uma mudança de realidade ainda mais drástica do que aquela que acomete as pessoas advindas de classes sociais mais baixas, conhecedoras de condições árduas de vida e que representam historicamente a maior parte da população carcerária presa provisoriamente."[562]

O réu colaborador da Operação Mãos Limpas, Roberto Mongini, em entrevista a José Luiz Del Roio, perguntado sobre os motivos que levaram praticamente todos os presos da operação a falar, respondeu:

> Porque eram pessoas às quais nunca passou pela cabeça irem parar em San Vittore. Logo, o efeito é traumático. Este é o grande problema da prisão preventiva existente na operação Mani Pulite, se isso garante

[561] COSTA, Thamy Medeiros da. Op. Cit., p. 60.

[562] COSTA, Thamy Medeiros da. Op. cit., p. 42.

> ou não os direitos do interrogado. Sempre disse que esses juízes usam a prisão preventiva de uma maneira muito forte, em alguns casos é excessiva, poderiam não aplicá-la. Mas a verdade é que a única maneira de demonstrar o podre que existia era o uso impiedoso deste método. Se tivéssemos apenas recebido um aviso de que estão indagando sobre nós, daríamos boas risadas. Mas indo para a cela, a gente começa a refletir: 'Mas por que continuar aqui?' (...) Foi o problema que me pus, nos dezessete dias que passei em San Vittore. Por duas semanas resisti, depois pensei: 'Mas quem defendo? Um sistema que está ruindo, chefes que são piores do que eu, defendo o que? Dou uma de herói por que?' Por isso, a pessoa tende a falar.[563]

Para a juíza ex-presidente da Associação de Magistrados da Itália, Elena Paciotti, também entrevistada por Del Roio, as prisões preventivas ali decretadas foram procedimentos "legais, consentidos e realizados dentro da lei. São legítimos e é evidente que são eficazes, em confronto com uma criminalidade do poder. Perante as pessoas que não estão habituadas a sofrer sanções, a cadeia é um instrumento de dissuasão muito eficaz".[564]

Assim, de fato, o custo de perder a liberdade, para os criminosos de colarinho branco, é alto, e muito mais se essa perda é atual. Como ensina Tabak, nos casos de taxas de desconto hiperbólicas "o futuro tem peso pequeno comparado ao presente"[565], de modo que a ameaça de ser preso após um longo trâmite processual, em um sistema que leva anos para que ocorra o trânsito em julgado, é desconsiderada pelo agente, enquanto a prisão preventiva, no presente, o induz o agente a tender a evitar, a qualquer preço esse custo.

Pontue-se: não se está aqui a defender que se prendam pessoas para que colaborem com a Justiça. Porém, a partir de uma análise de custo-benefício, é correto afirmar que, em caso de crimes do colarinho branco,

---

563 DEL ROIO, José Luiz. Op. cit., p. 106.

564 DEL ROIO, José Luiz. Op. cit., p. 119-120.

565 TABAK, Benjamin Miranda. Op. cit., p. 332.

de corrupção, peculato, contra o sistema financeiro, praticados por organizações criminosas, o Estado deve analisar a hipótese de propor acordo de colaboração premiada ao investigado já preso, sem que isto configure qualquer ilegalidade ou inconstitucionalidade.

Assim, entende-se que, solto ou preso o réu colaborador, a análise de sua voluntariedade deve ser realizada do mesmo modo pelo magistrado para fins de homologação. Não há base empírica que legitime uma desconfiança dos acordos de colaboração firmados com imputados presos, desde que sejam adultos, capazes, tenham sido assessorados por advogados e os benefícios e condições sejam legítimos e proporcionais.

É certo que o acordo de colaboração não pode ser de modo algum obtido mediante coação, e o devido processo legal sempre deve ser respeitado, garantindo-se ao réu colaborador - preso ou solto - o direito de não se autoincriminar, cabendo a ele e ao seu advogado realizar uma análise de custo-benefício, a partir das provas presentes nos autos, sobre a conveniência e oportunidade de tomar a iniciativa de propor um acordo ao Ministério Público.

6.6 INCENTIVO POSITIVO À DECISÃO DE COLABORAR: UM SISTEMA JUDICIÁRIO INDEPENDENTE, RÁPIDO E EFICIENTE

Tudo indica que menos o medo da prisão preventiva e mais o receio de ser efetivamente condenado por um sistema judiciário[566] ágil, célere e independente constitui um incentivo positivo à decisão de colaborar. Afinal, se há dados concretos de réus soltos que decidiram cooperar, algo além da prisão preventiva, certamente, deve servir de estímulo a essa decisão.

---

[566] Por sistema judiciário entenda-se o conjunto dos órgãos que atuam na persecução penal: Polícia, Ministério Público e o Poder Judiciário propriamente dito.

Não há dúvida de que precedentes importam. Ao tratar da influência da História e da Cultura sobre os comportamentos, ensina Richard H. MacAdams que "Precedente se refere à história. O que é focal depende do que os indivíduos na situação acreditam sobre como eles ou outros que eles conhecem solucionaram situações análogas no passado".[567]

Assim, se o agente sabe que o sistema judiciário foi célere e eficaz ao punir casos similares ao seu, é certo que sopesará o custo de ser, também, condenado como nos casos anteriores. Por outro lado, se em casos idênticos o sistema não conseguiu efetivamente processar ou punir os agentes (em razão da prescrição ou de nulidades, por exemplo), obviamente valerá a pena, para o agente, correr o risco de ser processado diante da grande probabilidade de impunidade.

Nesse exato sentido é a lição de Yehonatan Givati, segundo o qual há estudos mostrando que se a Justiça Criminal for eficiente o acusado – se é de fato culpado – tende a aceitar acordos, como o *plea bargaining* do *Common Law*. É que, se o agente sabe que a probabilidade de ser condenado num processo célere é alta, é melhor fazer o acordo e receber uma pena menor.[568]

Diz Givati que:

> Se o *plea bargaining* é permitido o Estado oferece uma possibilidade de acordo a todos os indivíduos detectados como violadores da lei. Muitos indivíduos culpados aceitarão a oferta, desde que eles saibam que há apenas uma pequena possibilidade de a Justiça absolvê-lo, e um acordo permite que ele receba uma sentença mais leve.[569]

---

[567] Texto livremente traduzido pela autora. Original: "Precedent referes to history. What is focal depends on what the individuals in the situation believe about how they or others they know have solved the same or analougus situations in the past." Op. cit., p. 232.

[568] GIVATI, Yehonatan. Op. cit. Disponível em http://www.law.harvard.edu/programs/olin_center.

[569] Texto livremente traduzido pela autora. Original: "If plea bargaining is permitted the agency offers a plea bargain to all individuals who it detected as violators of the law. Many guilty individuals take the offer, since they know there is only a small probability the court will find them innocent, and a plea bargain allows them to receive a more lenient sentence".

Givati lembra, ainda, que é imprescindível que o Judiciário não erre e absolva um culpado, pois isso estimula que os acusados de fato culpados não queiram fazer acordos apostando na sua impunidade: "quanto maior a probabilidade de a Justiça cometer um erro absolvendo um culpado, menores as chances de um réu culpado aceitar firmar o acordo".[570]

Assim, se o sistema de justiça for moroso e ineficiente, sem casos de efetiva punição, não haverá qualquer estímulo a que o agente decida colaborar: melhor se valer da lentidão e da ineficiência permitidas pelo sistema, calando-se e mantendo-se na organização criminosa.

Esse raciocínio é reforçado pelo argumento levantado por Sergio Fernando Moro, no sentido de que o pouco número de colaborações premiadas em nosso país (antes da Operação Lava Jato) pode se dever à tradicional ineficiência do processo penal brasileiro:

A reduzida incidência de delações premiadas na prática judicial brasileira talvez tenha como uma de suas causas a relativa ineficiência da Justiça criminal. Não há motivo para o investigado confessar e tentar obter algum prêmio em decorrência disso se há poucas perspectivas de que será submetido no presente ou no futuro próximo, caso não confesse, a uma ação judicial eficaz.[571]

No Brasil, pode-se dizer que, grosso modo, até o caso do "Mensalão" (Ação Penal 470) imperava o entendimento de que a impunidade para crimes de corrupção era a regra. Ocorre que os componentes dos braços publicitário e financeiro da organização criminosa, naquele processo, foram condenados pela mais alta Corte do país a penas altíssimas, que variam de 08 (oito) a 37 (trinta e sete) anos de reclusão, estando muitos

---

570 Texto livremente traduzido pela autora. Original: "(...) the higher the probability of the court making a mistake and finding the guilty individual innocent the less the guilty individuals are willing to take the plea bargain (...)". Op. cit., p. 3-8.

571 MORO, Sergio Fernando. Op. cit., p. 59.

dos condenados, até os dias atuais, efetivamente presos cumprindo sua pena.

Como bem pontua o Ministro Luís Roberto Barroso:

> Despertadas pela reação da sociedade, as instituições começaram a reagir e as atitudes mudaram. No julgamento do Mensalão, o Supremo Tribunal Federal rompeu com o histórico de impunidade da criminalidade política e do colarinho branco e condenou mais de duas dezenas de pessoas, entre empresários, políticos e servidores públicos, por delitos como corrupção ativa e passiva, peculato, lavagem de dinheiro, evasão de divisas e gestão fraudulenta de instituições financeiras.[572]

Na operação de combate à corrupção subsequente, a Lava Jato, até o fechamento do presente trabalho já havia mais de 209 (duzentos e nove) acordos de colaboração premiada homologados na primeira instância no Paraná, 180 (cento e oitenta) no Rio de Janeiro e 183 (cento e oitenta e três) acordos homologados pelo Supremo Tribunal Federal[573]. Nas palavras do Ministro Luís Roberto Barroso:

> Na sequência, a magistratura, o Ministério Público e a Polícia Federal conduziam a chamada Operação Lava Jato, o mais extenso e profundo processo de enfrentamento da corrupção na história do país. Talvez do mundo. Utilizando técnicas de investigação modernas, processamento de *big data* e colaborações premiadas, a Operação desvendou um imenso esquema de propinas, superfaturamento e desvios de recursos da Petrobras. A verdade é que poucos países no mundo tiveram a capacidade de abrir suas entranhas e expor desmandos atávicos como o Brasil.[574]

O que incentivou as pessoas a optar pela colaboração premiada na Operação Lava Jato, já que muitos dos colaboradores estavam soltos? É certo que, de acordo com a Análise Econômica do Direito, o agente age racionalmente, analisando custos e benefícios e maximizando

---

[572] BARROSO, Luís Roberto. **Sem data venia: um olhar sobre o Brasil e o mundo.** 1ª ed. Rio de Janeiro: História Real, 2020. P. 101.

[573] http://www.mpf.mp.br/grandes-casos/lava-jato/resultados Acesso em 30 de junho de 2021.

[574] BARROSO, Luís Roberto. *Op. Cit.* P. 102.

seus interesses privados. Todavia, autores da chamada economia comportamental tem mostrado que a racionalidade é afetada por vieses cognitivos, dentre os quais o viés da disponibilidade que, segundo Tabak[575], consiste no fato de as pessoas tenderem a acreditar que um evento de que recordam facilmente é mais provável de acontecer do que realmente é, como no caso de notícias recentes sobre quedas de aviões e – por que não? – condenações criminais recentes de pessoas antes tidas como impuníveis.

Quando a Polícia e o Ministério Público investigam eficientemente os casos de corrupção, e o Poder Judiciário decide pela condenação de corruptos, independentemente de sua classe ou posição social, e isso é noticiado, os criminosos tendem a acreditar que, se forem flagrados, serão também condenados do mesmo modo. Parece ser o que aconteceu.

No processo do Mensalão, os particulares que não realizaram acordos de colaboração premiada foram condenados a altas penas privativas de liberdade. Posteriormente, na Lava Jato, os particulares tenderam a colaborar com o Ministério Público, ainda que muitos não tivessem sequer sido presos.

A boa e efetiva aplicação das penas, assim, é fundamental para estimular a realização de acordos de colaboração premiada, uma vez que o agente vai colaborar a depender do temor de ser descoberto e punido pelo aparato estatal. Afinal, segundo Gary Becker[576], não só aumentar pena, mas aumentar a probabilidade de aplicação da pena aumenta o custo do crime, e sendo alto o custo, a tendência é a dissuasão.

---

[575] TABAK, Benjamin Miranda. Op. cit., p. 334.

576 De acordo com Becker, "offenders are more deterred by the probability of conviction than by the punishment when convicted". Op. Cit., p. 11.

Tal entendimento vem desde o Marquês de Beccaria, quando escreveu que "Um dos maiores freios dos delitos não é a crueldade das penas, mas sua infalibidade", concluindo que:

> A certeza de um castigo, mesmo moderado, sempre causará mais intensa impressão do que o temor de outro mais severo, unido à esperança da impunidade, pois, os males, mesmo os menores, quando certos, sempre surpreendem os espíritos humanos.[577]

De fato, de acordo com a Teoria Econômica do Crime, o criminoso, por ser considerado um agente racional maximizador de seus interesses privados, analisa as variáveis de riscos decorrentes do crime (probabilidade de sua condenação e efeito dissuasivo da pena) em função dos benefícios que a prática do crime lhe traz. Assim, a probabilidade de condenação - mais que a quantidade de pena a ser aplicada - constitui um custo a ser considerado pelo agente, e esse fator é imanente à ideia de um sistema judiciário célere e eficiente.

Esse pensamento é compartilhado também por Marcos Paulo Dutra Santos, quando diz que: "A depender das provas carreadas pelo Estado contra o acusado, a tornar a condenação mais do que visível no horizonte, a delação mostra-se a estratégia capaz de minorar a punição ou, a depender do caso, até evitá-la.[578] *É o raciocínio acerca da probabilidade de condenação, diante do acervo probatório produzido, que serve de estímulo a que o agente considere a opção de revelar o que sabe, buscando os benefícios de um acordo. Como bem disse o Procurador italiano* Gherardo Colombo, as colaborações da Operação Mãos Limpas aconteceram porque os réus, "diante de tantas evidências não poderiam fazer outra coisa senão confessar".[579]

---

[577] BECCARIA, Cesare. **Dos delitos e das penas**. Tradução de J. Cretella Jr. e Agnes Cretella. 4ª ed. São Paulo: Editora Revista dos Tribunais, 2010. p. 94.

[578] SANTOS, Marcos Paulo Dutra. Op. cit., p. 75.

[579] GUIMARÃES, Rodrigo Régnier Chemim. Op. cit. Acesso em 05.07.2016.

No Brasil, os recentes casos das Ações Penais 470 ("Caso Mensalão"), 396 ("Caso Natan Donadon") e mais recentemente a já citada Operação Lava Jato são exemplos de que é possível uma persecução penal eficiente, visando ao enfraquecimento de esquemas de corrupção. No caso da Operação Lava Jato, em que são vários os processos criminais, já houve – até o término do presente trabalho em sua terceira edição, no ano de 2021 – 174 (cento e setenta e quatro) condenações em primeiro e segundo grau resultantes da Força Tarefa da Lava Jato em Curitiba e 183 (cento e oitenta e três), decorrentes da Força Tarefa no Rio de Janeiro.[580]

Para o Ministro Luís Roberto Barroso, quanto ao caso Mensalão e à Operação Lava Jato:

> De positivo, merece registro o início do fim da impunidade desse tipo de criminalidade política e econômica lesiva ao erário e à moralidade administrativa.
>
> De fato, nos últimos tempos, agentes públicos e privados vieram a ser condenados criminalmente, rompendo uma tradição de aceitação do inaceitável. Além disso, um Senador da República foi preso em pleno exercício do mandato, um Presidente da Câmara dos Deputados foi afastado do cargo e do mandato por decisão do STF, vindo a ser preso posteriormente, em meio a muitos outros episódios que revelam uma mudança de costumes. Em outros tempos, as instituições teriam entrado em colapso.[581]

Os Procuradores e Juízes dos processos da Operação *Mani Pulite*, da Itália, também foram extremamente eficientes. Em dois anos de Operação:

> 2.993 mandados de prisão haviam sido expedidos, 6.059 pessoas estavam sob investigação, incluindo 872 empresários, 1.978 administradores locais[582] e 438 parlamentares, dos quais 04 haviam sido primeiros-ministros.[583]

---

[580] http://www.mpf.mp.br/grandes-casos/lava-jato/resultados Acesso em 30 de junho de 2021.

[581] BARROSO, Luís Roberto. **Curso de Direito Constitucional Contemporâneo.** 9ª ed. São Paulo: Saraiva, 2020. P. 242.

[582] Similares aos prefeitos no Brasil.

[583] MORO, Sergio Fernando. Op. cit., p. 57.

Segundo Sergio Fernando Moro, sobre a Operação Mãos Limpas:

> Foi importante a renovação da magistratura e a própria imagem positiva dos juízes diante da opinião pública, conquistada com duras perdas, principalmente na luta contra a máfia e o terrorismo: Um tipo diferente de juiz ingressou na magistratura (nas décadas de setenta e oitenta). (...) A coragem de muitos juízes, que ocasionalmente pagaram com suas vidas para a defesa da democracia italiana, era contrastado com as conspirações de uma classe política dividida e a magistratura ganhou uma espécie de legitimidade direta da opinião pública.[584]

E conclui o citado autor que:

> Uma nova geração dos assim chamados "giudicci ragazzini" (jovens juízes), sem qualquer senso de deferência em relação ao poder político (e, ao invés, consciente do nível de aliança entre os políticos e o crime organizado), iniciou uma série de investigações sobre a má-conduta administrativa e política.[585]

Assim, a Operação Mãos Limpas, na Itália, com inúmeros acordos de colaboração premiada, somente foi possível a partir do senso comum de que o Poder Judiciário (que lá inclui Juízes e Procuradores) era independente, sem qualquer condescendência para com a corrupção e não dependia das benesses e trocas de favores de políticos.

O apoio da população aos juízes e Procuradores italianos tidos como incorruptíveis foi determinante, aliás, para o efetivo combate às organizações criminosas na Itália. De acordo com Alessandra Dino, "Esse clima de forte mobilização política e civil contribui para pressionar as instituições a apoiar a atividade dos investigadores e dos magistrados mais comprometidos no combate às organizações mafiosas".[586]

---

[584] MORO, Sérgio Fernando, Op. Cit., p. 57-58. Citando PORTA, Donatella Della; VANNUCCI, Alberto. **Corrupt Exchanges: actors, resources, and mechanisms of political corruption**. New York: Aldine de Gruyter, 1999. p. 141-142.

[585] MORO, Sérgio Fernando, Op. Cit., p. 57-58. Citando PORTA, Donatella Della; VANNUCCI, Alberto. **Corrupt Exchanges: actors, resources, and mechanisms of political corruption**. New York: Aldine de Gruyter, 1999. p. 141-142.

[586] DINO, Alessandra. Op. cit., p. 66.

Desse modo, o maior incentivo à decisão de colaborar parece ser, de fato, a crença generalizada de que o sistema judiciário é imparcial, célere e eficiente no que diz respeito à efetiva aplicação das penas. Quando essa crença é abalada, seja porque o sistema é moroso, seja por desconfiança da isenção dos agentes da justiça, a melhor estratégia para o acusado talvez seja confiar nas falhas em busca de sua impunidade.

CONSIDERAÇÕES FINAIS

O presente trabalho apresentou uma abordagem econômica ao tema da colaboração premiada no direito brasileiro, e para tanto realizou um prévio exame do conteúdo da colaboração premiada no Brasil, com foco em seus aspectos procedimentais.

Num primeiro momento, conceituou-se organização criminosa, narrando-se os modernos instrumentos estatais de seu combate, dentre os quais se insere a colaboração premiada. Estudou-se, ainda, a colaboração premiada na Itália e nos Estados Unidos da América, para entrar na conceituação do instituto no direito brasileiro. Foram analisados aspectos de ordem ética, bem como sua constitucionalidade, para então traçar um histórico de evolução no ordenamento jurídico brasileiro.

Em seguida, foram expostos aspectos procedimentais para a formalização do acordo, bem como elencados os direitos e garantias renunciáveis e irrenunciáveis do réu colaborador e do delatado, comprovando-se que o acordo de colaboração premiada não fere a ética do Estado, é constitucional, e efetiva, concretamente, os princípios constitucionais do contraditório e ampla defesa, equilibrando a efetividade do processo penal, os direitos e garantias processuais do réu colaborador e a busca da verdade real, compensando a dificuldade de obtenção da prova nas hipóteses de crimes praticados por organizações criminosas.

Passou-se, assim, à explanação acerca do que é a análise econômica do direito e seus principais conceitos. Na sequência, foram discutidos aspectos da colaboração premiada sob o ponto de vista da análise econômica do direito, buscando analisar os custos e benefícios decorrentes da realização do acordo tanto para a sociedade quanto para o investigado.

Inferiu-se que a colaboração premiada compensa, tanto para a sociedade, quanto para o investigado, a depender dos incentivos. De fato, constatou-se a presença de mais benefícios do que custos para a sociedade ao propor e efetivamente realizar acordo de colaboração premiada, em razão do efeito dissuasivo do crime, da recuperação, ainda que parcial, do produto da prática delituosa, de uma forma célere, além da possibilidade de efetivo desbaratamento da organização criminosa.

Ainda, foi possível concluir que o acordo de colaboração premiada pode ser mais vantajoso também para o investigado - especialmente para o que primeiro colabora com o *law enforcement* - mesmo com a exigência de devolução do produto do crime, diante da possibilidade de não ser denunciado, de obter o perdão judicial e de não ter contra si aplicada a pena privativa de liberdade. Por fim, analisou-se o papel da prisão preventiva e de um sistema de justiça criminal independente, célere e eficiente como incentivos à realização do acordo de colaboração premiada.

REFERÊNCIAS

ABADE, Denise Neves. **Garantias do processo penal acusatório: o novo papel do Ministério Público no processo penal de partes**. Rio de Janeiro: Renovar, 2005.

ADAMY, Pedro Augustin. **Renúncia a direito fundamental**. São Paulo: Malheiros Editores, 2011.

AGUIAR, Julio. O direito como sistema de contingências sociais. **Revista da Faculdade de Direito da UFG**, volume 37, número 02, 2013, p. 164-193.

ALENCAR, Paulo Wunder de. **Justiça Penal Negociada: o processo penal pelas partes.** Dissertação (Mestrado) - Escola de Direito do Rio de Janeiro da Fundação Getúlio Vargas - FGV, Rio de Janeiro/RJ, 2016. Disponível em <https://bibliotecadigital.fgv.br/dspace/bitstream/handle/10438/16455/Disserta%C3%A7%C3%A3o%20Mestrado%20FGV%20-%20vers%-C3%A3o%20final%20protocolada.pdf?sequence=1&isAllowed=y >Acesso em 05/09/2016.

ALEXY, Robert. **Teoria da argumentação jurídica**. 2ª. ed. São Paulo: Landy, 2005.

______. **Teoria dos Direitos Fundamentais**. Suhrkamp Verlag, 1986. Tradução da 5ª edição alemã (2006): Virgílio Afonso da Silva. São Paulo: Malheiros Editores Ltda., 2008.

AMARAL, Thiago Bottino do. **Ponderação de normas em matéria penal**. Rio de Janeiro: Lumen Juris, 2007. 180 p.

ARAS, Vladimir. Direito Probatório e Cooperação Jurídica Internacional. In: SALGADO, Daniel de Resende; QUEIROZ, Ronaldo Pinheiro de (Org.). **A Prova no Enfrentamento à Macrocriminalidade**. Salvador: Juspodium, 2015. p. 241-308.

______. Técnicas especiais de investigação. In: DE CARLI, Carla Veríssimo (Org.). **Lavagem de dinheiro: prevenção e controle penal**. Porto Alegre: Verbo Jurídico, 2011. p. 403-460.

______. **Sexta Crítica: direitos processuais do acusado são ilegalmente suprimidos nos acordos de colaboração premiada.** https://blogdovladimir.wordpress.com/2015/05/13/sexta-critica-direitos-processuais-do-acusado-sao-ilegalmente-suprimidos-nos-acordos-de-colaboracao-premiada/ Acesso em 25/04/2016.

______. **O colaborador "reincidente".** Disponível em <https://blogdovladimir.wordpress.com/2015/08/31/o-colaborador-reincidente/>. Acesso em 25/04/2016.

______. **A Técnica de Colaboração Premiada.** Disponível em <https://blogdovladimir.wordpress.com/2015/01/07/a-tecnica-de-colaboracao-premiada/> Acesso em 11/09/2016.

______. **Renúncia ao Julgamento pelo Júri no Processo Penal brasileiro.** Disponível em <http://www.prrj.mpf.mp.br/custoslegis/revista_2010/2010/aprovados/2010_Dir_Penl_Vladimir.pdf>. Acesso em 05/09/2016.

______; Dallagnol, Deltan. **Pelo MP: As Provas da Suíça**. Disponível em <http://jota.uol.com.br/pelo-mp-as-provas-da-suica>. Acesso em 17/08/2016.

AZEVEDO, David Teixeira de. Colaboração Premiada num Direito ético. **Revista dos Tribunais**. v. 771/2000. p. 448-453. Jan /2000. DTR/2000/120.

BADARÓ, Gustavo. A valoração probatória da colaboração premiada. **Altos Estudos Sobre a Prova no Processo Penal.** Coordenadores: Daniel de Resende Salgado, Luís Felipe Schneider Kircher e Ronaldo Pinheiro de Queiroz. Salvador: Editora JusPodivm, 2020.

BARBACETTO, Gianni; GOMEZ, Peter; TRAVAGLIO, Marco. Operação Mãos Limpas: a verdade sobre a Operação italiana que inspirou a Lava Jato. Porto Alegre: CDG, 2016.

BALTAZAR JUNIOR, José Paulo. **Crime Organizado e Proibição de Insuficiência.** Porto Alegre: Livraria do Advogado Editora, 2010.

BARROS, Felipe Luiz Machado. **Colaboração Premiada e direito à não autoincriminação: (in) constitucionalidade da renúncia do direito ao silêncio prevista na Lei 12.850/2013**. Dissertação (Mestrado em Direito) - Universidade Federal do Rio Grande do Norte - Natal/RN, 2016. Disponível em <https://repositorio.ufrn.br/jspui/bitstream/123456789/21318/1/FelipeLuizMachadoBarros_DISSERT.pdf>. Acesso em 28/09/2016.

BARROSO, Luís Roberto. **Sem data venia: um olhar sobre o Brasil e o mundo.** 1ª ed. Rio de Janeiro: História Real, 2020.

BARROSO, Luís Roberto. **Curso de Direito Constitucional Contemporâneo.** 9ª ed. São Paulo: Saraiva, 2020.

BARROSO, Luís Roberto. **A dignidade da pessoa humana no direito constitucional contemporâneo: a construção de um conceito jurídico à luz da jurisprudência mundial.** Belo Horizonte: Fórum, 2012.

BECCARIA, Cesare. **Dos delitos e das penas**. Tradução de J. Cretella Jr. e Agnes Cretella. 4. ed. São Paulo: Revista dos Tribunais, 2010.

BECKER, Gary Stanley. Crime and Punishment: An Economic Approach. **Journal Of Political Economy**, Vol. 76, No. 2 (Mar. - Apr., 1968), p. 169-217.

BEDÊ JÚNIOR, Américo; SENNA, Gustavo. **Princípios do processo penal: entre o garantismo e a efetividade da sanção**. São Paulo: Editora Revista dos Tribunais, 2009.

BITTAR, Walter Barbosa. **Delação Premiada: direito estrangeiro, doutrina e jurisprudência.** Rio de Janeiro: Lumen Juris, 2011.

BITTAR, Walter Barbosa. Delação Premiada no Brasil e na Itália: Uma análise comparativa. **Revista Brasileira de Ciências Criminais**. Vol. 88/2011. p. 225-269. Jan-Fev/2011. DTR/2011/1098.

BITENCOURT, Cezar Roberto. Princípios Garantistas e a Delinqüência do Colarinho Branco. **Revista Brasileira de Ciências Criminais**, a. 3, v. 11, São Paulo, 1995.

BONFIM, Edilson Mougenot. **Curso de Processo Penal.** 10ª ed. São Paulo: Saraiva, 2015.

BONFIM, Wellington Luís de Sousa. Elementos para a definição do crime de terrorismo e a caracterização do terrorismo contemporâneo. HABIB, Gabriel (Coordenador). **Lei Antiterrorismo. Lei 13.260/2016.** Salvador: Ed. Juspodium, 2017. P. 339-366.

BOTTINI, Pierpaolo Cruz. A homologação e a sentença na colaboração premiada na ótica do STF. BOTTINI, Pierpaolo Cruz.; MOURA, Maria Thereza de Assis (Coordenadores). **Colaboração Premiada.** 1ª edição, 2ª tiragem. São Paulo: Editora Revista dos Tribunais, 2017. P. 186/200.

BRANDALISE, Rodrigo da Silva. **Justiça Penal Negociada.** Negociação de Sentença Criminal e Princípios Processuais Relevantes. Curitiba: Juruá, 2016.

BRINDEIRO, Geraldo. **Delação premiada e "plea bargain agreement".** 2016. Disponível em <http://opiniao.estadao.com.br/noticias/geral,delacao-premiada-e-plea-bargain-agreement,10000015508>. Acesso em 16/02/2016.

CAAMANO, Francisco. **La Garantía Constitucional de la Inocencia.** Valencia: Tirant 10 Blanch, 2003.

CALABRICH, Bruno. **Investigação criminal pelo Ministério Público: fundamentos e limites constitucionais.** São Paulo: Editora Revista dos Tribunais, 2007.

CAPEZ, Rodrigo. A sindicabilidade do acordo de colaboração premiada. BOTTINI, Pierpaolo Cruz; MOURA, Maria Thereza de Assis (Coordenadores). **Colaboração Premiada.** 1ª edição, 2ª tiragem. São Paulo: Editora Revista dos Tribunais, 2018. P.202/236.

CARLUCCI, Antonio. **1992: l'anno che cambiò tutto.** Milano: Baldini & Castoldi, 2015.

CARVALHO, Marcia Dometila Lima de. **Fundamentação Constitucional do Direito Penal.** Porto Alegre: Fabris, 1992.

CARVALHO, Salo de. **Pena e Garantias.** 3. ed. Rio de Janeiro, Lumen Juris, 2008.

CARVALHO, Amilton Bueno; CARVALHO, Salo de. **Aplicação da pena e garantismo.** 4. ed. Rio de Janeiro: Lumen Juris, 2008.

CARVALHO, Natália Oliveira de. **A delação premiada no Brasil.** Rio de Janeiro: Lumen Juris, 2009.

CAWTHORNE, Nigel. **A História da Máfia**. Tradução: Guilherme Miranda. São Paulo: Madras, 2012.

CHOUKR, Fauzi Hassan. **Garantias constitucionais na investigação penal**. 3ª ed. Rio de Janeiro: Lumen Iuris, 2006.

COLOMBO, Gherardo. **Lettera a un figlio su Mani Pulite.** Milano: Garzanti, 2015.

CONSERINO, Cassio Roberto. **Crime organizado e institutos correlatos**. São Paulo: Atlas, 2011.

COOTER, Robert; ULEN, Thomas. **Direito e Economia**. 5. ed. Porto Alegre: Bookman, 2010.

CORDEIRO, Néfi. Delação premiada na legislação brasileira. **Revista da Ajuris**, vol. 37, 2010. p. 273-296.

CORDEIRO, Néfi. **Tráfico internacional de entorpecentes**. Tese apresentada ao Curso de pós-graduação em Direito Público, do Setor de Ciências Jurídicas e Sociais da Universidade Federal do Paraná, como requisito final à obtenção do grau de Doutor. Curitiba, 2000.

CORRÊA FILHO, Helio Telho. Improbidade Administrativa e a Prova Emprestada de Outras Esferas de Responsabilidade. In: SALGADO, Daniel de Resende; QUEIROZ, Ronaldo Pinheiro de (Org.). **A Prova no Enfrentamento à Macrocriminalidade**. Salvador: Juspodium, 2015. p. 479-494.

CORREIA, Priscila Nóbrega de Miranda. Análise das Alterações da Lei Anticrime na Colaboração Premiada. 2020, TCC (Pós-Graduação) - Curso de Especialização em Direito Penal e Processo Penal da Escola Superior da Magistratura do Estado do Rio Grande do Norte - ESMARN, Natal, 2020.

COSTA, Leonardo Luiz de Figueiredo. **Limites Constitucionais do Direito Penal**. Rio de Janeiro: Lumen Juris, 2007.

COSTA, Pedro Jorge do Nascimento. Silêncio e Mentira como Prova: a Proteção às Organizações Criminosas. In: SALGADO, Daniel de Resende; QUEIROZ, Ronaldo Pinheiro de (Org.). **A Prova no Enfrentamento à Macrocriminalidade**. Salvador: Juspodium, 2015. p. 163-186.

COSTA, Athayde Ribeiro; DALLAGNOL, Deltan; POZZOBON, Roberson. **A prisão dos réus da Lava Jato**. Disponível em < http://www1.folha.uol.com.br/

opiniao/2015/04/1611461-athayde-ribeiro-costa-deltan-dallagnol-e-roberson-pozzobon-a-prisao-dos-reus-da-lava-jato.shtml> Acesso em 11/09/2016.

COSTA, Thamy Medeiros da. **Colaboração Premiada: a validade do acordo firmado com o agente preso preventivamente.** 2018, TCC (Graduação) - Curso de Direito, Universidade Federal do Rio Grande do Norte, Natal, 2018.

COUTINHO, Jacinto Nelson de Miranda; CARVALHO, Edward Rocha. Acordos de delação premiada e o conteúdo ético mínimo do Estado. In: SCHMIDT, Andrei Zekner (org.). **Novos rumos do Direito Penal contemporâneo.** Rio de Janeiro, Lumen Iuris: 2006.

CUNHA, Maria da Conceição Ferreira da. **Constituição e crime: uma perspectiva da criminalização e da descriminalização.** Porto: Universidade Católica Portuguesa, 1995.

CUNHA, Rogério Sanches; PINTO, Ronaldo Batista. **Crime Organizado. Comentários à nova lei sobre o Crime Organizado (Lei nº 12.850/13).** 3ª ed. Salvador: JusPodium, 2014.

D'AMICO, Silvio. **Il Collaboratore della giustizia.** Roma: Laurus Robuffo, 1995.

DALLAGNOL, Deltan Martinazzo. A visão moderna da prova indício. In: SALGADO, Daniel de Resende; QUEIROZ, Ronaldo Pinheiro de (Org.). **A Prova no Enfrentamento à Macrocriminalidade.** Salvador: Juspodium, 2015. p. 99-122.

DALLAGNOL, Deltan Martinazzo; CÂMARA, Juliana de Azevedo Santa Rosa. A Cadeia de Custódia da Prova. In: SALGADO, Daniel de Resende; QUEIROZ, Ronaldo Pinheiro de (Org.). **A Prova no Enfrentamento à Macrocriminalidade.** Salvador: Juspodium, 2015. p. 359-396.

DALLAGNOL, Deltan Martinazzo. **Lava Jato não usa prisões para obter colaboração de réus.** Disponível em <http://noticias.uol.com.br/opiniao/coluna/2015/11/17/lava-jato-nao-usa-prisoes-para-obter-colaboracao-de-reus.htm > Acesso em 08/09/2016.

DE SANCTIS, Fausto Martin. **Crime Organizado e Lavagem de Dinheiro: destinação de bens apreendidos, delação premiada e responsabilidade social.** 2ª ed. São Paulo: Saraiva, 2015.

DEL ROIO, José Luiz. **Itália: Operação Mãos Limpas. E no Brasil: quando?** São Paulo: Ícone, 1993.

DINO, Nicolao. A Colaboração Premiada na Improbidade Administrativa: Possibilidade e Repercussão Probatória. In: SALGADO, Daniel de Resende; QUEIROZ, Ronaldo Pinheiro de (Org.). **A Prova no Enfrentamento à Macrocriminalidade**. Salvador: Juspodium, 2015. p. 439-460.

DINO, Alessandra; MAIEROVITCH, Wálter Fanganiello (org.). Tradução: Doris Cavallari; Letizia Zini. **Novas tendências da criminalidade transnacional mafiosa**. São Paulo: Ed. Unesp, 2010.

DINO, Alessandra. **Os últimos chefões: investigação sobre o governo da Cosa Nostra.** Tradução: Valéria Pereira da Silva. 1ª ed. São Paulo: Editora Unesp, 2013.

DOOMEN, Jasper. Rationality in Law and Economics. **EALR (Economic Analysis of Law Review)**, V.2, nº 2, p. 230-243, Jul-Dez, 2011.

DWORKIN, Ronald. **Levando os Direitos a sério**. 2. ed. São Paulo: Marins Fontes, 2007, 568 p.

ESSADO, Tiago Cintra. Delação Premiada e idoneidade probatória. **Revista Brasileira de Ciências** Criminais. V. 101/2013. P. 203-227. mar - Abr/2013. DTR/2013/2653.

FALCÃO JUNIOR, Alfredo Carlos Gonzaga. O perfil constitucional: material da delação premiada como meio de prova. In: ANJOS FILHO, Robério Nunes dos (Org.). **Capacitar, VII Curso de Ingresso e Vitaliciamento para Procuradores da República.** Brasília: ESMPU, 2011.

FALCONE, Giovanni; PADOVANI, Marcelle. **Cose di cosa nostra**. Milano: Bur Saggi, 2009.

FELDENS, Luciano. **Direitos fundamentais e direito penal: garantismo, deveres de proteção, princípio da proporcionalidade, jurisprudência constitucional penal, jurisprudência dos tribunais de direitos humanos.** Porto Alegre: Livraria do Advogado Editora, 2008.

FELDENS, Luciano. **Tutela Penal de Interesses Difusos e Crimes do Colarinho Branco.** Porto Alegre: Livraria do Advogado Editora, 2002.

FELDENS, Luciano. **A Constituição Penal – A Dupla Face da Proporcionalidade em Matéria Penal.** Porto Alegre: Livraria do Advogado Editora, 2005.

FERRAJOLI, Luigi. **Direito e razão: teoria do garantismo penal.** 2. ed. São Paulo: Revista dos Tribunais, 2006.

FIESP – Federação das Indústrias do Estado de São Paulo. **Relatório Corrupção: custos econômicos e propostas de combate.** 2010. Disponível em <http://www.fiesp.com.br/indices-pesquisas-e-publicacoes/relatorio-corrupcao-custos-economicos-e-propostas-de-combate> Acesso em 14/06/2015.

FILIPPETTO, Rogério; ROCHA, Luísa Carolina Vasconcelos Chagas. **Colaboração Premiada:** contornos sobre o sistema acusatório. Belo Horizonte: D´Plácido Editora, 2017.

FISCHER, Douglas. O equívoco do STF ao anular o caso Bendine. 2019. Disponível em https://meusitejuridico.editorajuspodivm.com.br/2019/08/29/o-equivoco-stf-ao-anular-acao-penal-no-caso-bendine/ Acesso em 30/08/2019.

FOCHEZATTO, Adelar. Gestão Pública no Poder Judiciário: análise da eficiência relativa dos tribunais estaduais usando o método DEA. **EALR (Economic Analysis of Law Review)**, V. 4, nº 2, p. 377-390, Jul-Dez, 2013.

FONSECA, Cibele Benevides Guedes da. Sobre a delação premiada. **Jornal Tribuna do Norte**, Natal, 07 ago. 2007. Disponível em <http://www.tribunadonorte.com.br/noticia/sobre-a-delacao-premiada/49154> Acesso em 28 set. 2016.

FONSECA, Cibele Benevides Guedes da; TABAK, Benjamin Miranda; AGUIAR, Julio Cesar de. A Colaboração Premiada Compensa? In: TABAK, Benjamin Miranda; AGUIAR, Julio Cesar de. Curitiba (Org.). **O Ministério Público e os desafios do século XXI: uma abordagem juseconômica.** Curitiba: CRV, 2015. p. 19-53.

FRANCO, Alberto Silva. **Crimes Hediondos.** 3ª ed. São Paulo: Editora Revista dos Tribunais, 1994.

GAROUPA, Nuno. An economic analysis of criminal law. In: **Economic Analysis of Law: A European Perspective.** Ed.: Aristides Hatzis, 2004.

GAROUPA, Nuno; KLERMAN, Daniel. Corruption and The Optimal Use of Nonmonetary Sanctions. Los Angeles: University of Southern California Law School (**Cleo Research Paper Series Law & Economics Research Paper Series** - Paper nº C01-4 e 01-9. 2004), disponível em <http://papers.ssrn.com. abstract_id=276117>. Acesso em 14 jun. 2015.

GAROUPA, Nuno; STEPHEN, Frank. Why Plea-Bargaining Fails to Achieve Results in So Many Criminal Justice Systems: A New Framework for Assessment. *Maastricht:* ***Maastricht Journal of European and Comparative Law****: 2008, vol.* 15.3, p. 319-354.

GICO JÚNIOR, Ivo T.; SILVA JÚNIOR, Gilson G. O voo do Escaravelho. **Economic Analysis of Law Review**. v. 1, nº 1. p. 1-3, Jan-Jun, 2010.

GIVATI, Yehonatan. The Comparative Law and Economics of Plea Bargaining: Theory and Evidence. **Discussion Paper nº 39**, Harvard Law School, Cambridge, MA 02138, 2011. Disponível em http://www.law.harvard.edu/ programs/olin_center.

GNEEZY Uri; RUSTICHINI, Aldo. A fine is a price. **Journal of Legal Studies**, 29 (2000), Volume 29, Issue 1, p. 1-17.

GOMES, Luiz Flávio. Corrupção Política e delação premiada. **Revista Síntese de Direito Penal e Processual Penal**, v. 6, n. 34, nov/2005.

GOMES, Luiz Flávio. **Lei de Lavagem de Capitais: Delação Premiada e aspectos processuais penais**. São Paulo: Editora Revista dos Tribunais, 1998.

GRIMM, Dieter. A Função Protetiva do Estado. In: SOUZA NETO, Cláudio Pereira; SARMENTO, Daniel. **A Constitucionalização do Direito: Fundamentos Teóricos e Aplicações Específicas.** Rio de Janeiro: Lumen Juris, 2007. p. 1010.

GRINOVER, Ada Pellegrini. O crime organizado no sistema italiano. **Revista Brasileira de Ciências Criminais**. Vol. 12/1995. P. 76-86. Out - Dez /1995.

GUIDI, José Alexandre Marson. **Delação premiada no combate ao crime organizado**. São Paulo: Lemos Cruz, 2006.

GUIMARÃES, Rodrigo Régnier Chemim. **Déjà vu: diálogos possíveis entre a Operação "Mãos Limpas" italiana e a realidade brasileira.** Disponível em <http://www.mpf.mp.br/regiao3/sala-de-imprensa/docs/2016/

artigo-rodrigochemim-maoslimpaserealidadebrasileira.pdf> Acesso em 28 set. 2016.

JARDIM, Afrânio Silva. Acordo de Colaboração Premiada. Quais são os limites? Revista Eletrônica de Direito Processual - REDP. Rio de Janeiro, v. 17, jan. - jun. 2017. Disponível em https://www.e-publicacoes.uerj.br/index.php/redp/article/view/23110>. Acesso em 18/08/2019.

JESUS, Damásio de. Delação Premiada. **Revista Justilex.** Brasília, ano IV, n. 50, p. 26-27, fev/2006.

JESUS, Damásio de. **Estágio atual da "delação premiada" no direito penal brasileiro.** Jus navigandi, Teresina, ano 10, n. 854, 4 nov/2005. Disponível em <http://jus2.uol.com.br/doutrina/texto.asp?id=7551>. Acesso em 10/11/2014.

KOBREN, Juliana Conter Pereira. **Apontamentos críticas à delação premiada no direito brasileiro.** Disponível em <http://jus.com.br/revista/texto/8105/apontamentosecriticasadelacao-premiada-no-direito-brasileiro/4>. Acesso em 10/11/2014.

LEAL, Celso Costa Lima Verde. Aspectos Procedimentais da Delação Premiada e a nova lei de lavagem de dinheiro. ANJOS FILHO, Robério Nunes dos (Coord.). **Capacitar, VII Curso de Ingresso e Vitaliciamento para Procuradores da República**. Brasília: ESMPU, 2011.

LEAL, Celso Costa Lima Verde. **Valor probatório da delação premiada no Brasil e no direito comparado**. Disponível em <http://jus.com.br/artigos/17390/valor-probatorio-da-delacao-premiada-no-brasileno-direito-comparado>. Acesso em 10/11/2014.

LEITE FILHO, José Raimundo. Testemunhas sem Rosto: Anotações ao Regime estabelecido na Lei 9.807/99. In: SALGADO, Daniel de Resende; QUEIROZ, Ronaldo Pinheiro de (Org.). **A Prova no Enfrentamento à Macrocriminalidade**. Salvador: Juspodium, 2015. p. 187-204.

LIMA, Francisco Gérson Marques de. **Fundamentos constitucionais do processo: sob a perspectiva da eficácia dos direitos e garantias fundamentais**. São Paulo: Malheiros, 2002.

LIMA, Camille Eltz de; CARVALHO, Salo. Delação Premiada e confissão: filtros constitucionais e adequação sistemática. **Revista Jurídica.** v. 57, n. 385, nov/2009.

LIMA, Márcio Barra. **Análise teórica e crítica do Acordo de colaboração premiada no direito processual penal brasileiro** (Dissertação de Mestrado, UFRJ).

LIN, Chung-cheng.; YANG, C.C. Fine enough or don´t fine at all. **Journal of Economic Behavior & Organization**, 2006, vol. 59 (2), p. 195-213.

LUPO, Salvatore. **História da Máfia: das origens aos nossos dias**. Tradução: Álvaro Lorencini. São Paulo: Editora UNESP, 2002.

MA, Yue. Explorando as origens da ação penal pública na Europa e nos Estados Unidos. Tradução: Adauto Villela. Revisão e Adaptação: Bruno Amaral Machado. **MODELOS DE MINISTÉRIO PÚBLICO**. Revista do CNMP, nº 1. Brasília, CNMP. 2011. p. 11-41.

MA, Yue. A discricionariedade do Promotor de Justiça e a transação penal nos Estados Unidos, França, Alemanha e Itália: uma perspectiva comparada. Tradução: Adauto Villela. Revisão e Adaptação: Bruno Amaral Machado. **MODELOS DE MINISTÉRIO PÚBLICO**. Revista do CNMP, nº 1. Brasília, CNMP. 2011. p. 191-229.

MAIEROVITCH, Walter Fanganiello. A matriz terrorista do crime organizado. In: PENTEADO, Jaques de Camargo (Coord.). **Justiça Penal, críticas e sugestões. O crime organizado (Itália e Brasil): a modernização da lei penal**. São Paulo: Editora Revista dos Tribunais, 1995. p. 95-96.

MATOS, Mafalda. **O Direito Premial no Combate ao Crime de Corrupção**. Trabalho final de Mestrado na Faculdade de Direito da Universidade Católica Portuguesa, Lisboa. Disponível em <http://repositorio.ucp.pt/bitstream/10400.14/16884/1/Trabalho%20Final%20de%20Mestrado.pdf> Acesso em 28/03/2016.

MARCÃO, Renato. Delação Premiada. **Revista Jurídica Notadez.** v. 53, n. 335, Set/2005.

MARINUCCI, Giorgio; DOLCINI, Emilio. Derecho Penal Mínimo y Nuevas Formas de Criminalidad. **Revista de Derecho Penal y Criminologia**, 2a época, nº 9, 2002.

MARTINEZ, Ana Paula. Parâmetros de negociação de acordo de leniência com o MPF à luz da experiência do CADE. BOTTINI, Pierpaolo Cruz; MOURA,

Maria Thereza de Assis (Coordenadores). **Colaboração Premiada.** 1ª edição, 2ª tiragem. São Paulo: Editora Revista dos Tribunais, 2018. P. 31/52.

MAURO, Paolo. **Why Worry About Corruption?** Washington, D.C: International Monetary Fund, Economic Issues, 1997.

McADAMS, Richard H. Beyond the Prisoner's Dilemma: Coordination, Game Theory, and Law. **82 Southern California Law Review** 209 (2009).

MENDRONI, Marcelo Batlouni. **Crime Organizado. Aspectos gerais e mecanismos legais**. 3. ed. São Paulo: Atlas, 2009.

MENDONÇA, Andrey Borges de. A Colaboração Premiada e a nova lei do crime organizado. In: **Custos Legis: a Revista Eletrônica do Ministério Público Federal,** Vol. 4, 2013. Disponível em <http://www.prrj.mpf.mp.br/sala-de-imprensa/publicacoes/custos-legis/a-colaboracao-premiada-e-a-nova-lei-do-crime-organizado-lei-12.850-2013/view> Acesso em 05/09/2016.

MENDONÇA, Andrey Borges de. Os benefícios possíveis na colaboração premiada: entre a legalidade e a autonomia da vontade. BOTTINI, Pierpaolo Cruz; MOURA, Maria Thereza de Assis (Coordenadores). **Colaboração Premiada**. 1ª edição, 2ª tiragem. São Paulo: Editora Revista dos Tribunais, 2018. P. 53-101.

MENEGUIN, Fernando B.; BUGARIN, Maurício S.; BUGARIN, Tomás T. S. Execução Provisória de Sentença: uma análise econômica do processo penal. **EALR (Economic Analysis of Law Review)**, V. 2, nº 2, p. 204-229, Jul-Dez, 2011.

MIRABETE, Julio Fabbrini; FABBRINI, Renato N. **Código Penal Interpretado**. 8. ed. São Paulo: Atlas, 2013.

MIRANDA, Gustavo Senna. Obstáculos contemporâneos ao combate às organizações criminosas. **Revista dos Tribunais**, a.97, abr/2008, v. 870.

MITTERMAYER, C.J.A. **Tratado da prova em matéria criminal**. 5. ed. São Paulo: Bookseller, 2008.

MONTE, Vanise Röhrig. A necessária interpretação do instituto da delação premiada, previsto na Lei 9.807/99, à luz dos princípios constitucionais. **Revista da Ajuris**, v. XXVI, n. 82, tomo I, jun/2001.

MORAES, Alexandre de. **Direito constitucional**. 25. ed. São Paulo: Atlas, 2010.

MOREIRA, José Carlos Barbosa. O processo penal norte-americano e sua influência. **Revista de Processo**, vol. 103, julho-setembro 2001.

MORO, Sergio Fernando. Considerações sobre a Operação Mani Pulite. **R. CEJ**. Brasília, n. 26., p. 56-62, jul./set. 2004.

MOSSIN, Heráclito Antônio; MOSSIN, Júlio César O. G. **Delação Premiada: Aspectos Jurídicos.** 3ª edição. Leme/SP: JH Mizuno, 2018.

NETTO, Vladimir. **Lava Jato: O Juiz Sergio Moro e os bastidores da operação que abalou o Brasil**. Rio de Janeiro: Primeira Pessoa, 2016.

NOVAIS, Jorge Reis. **As Restrições aos Direitos Fundamentais não expressamente autorizadas pela Constituição**. Coimbra: Coimbra Editora, 2003.

NOVAIS, Jorge Reis. **Direitos Fundamentais: trunfos contra a maioria.** Coimbra: Coimbra Editora, 2006.

NUCCI, Guilherme de Souza. **Manual de processo penal e execução penal.** 8. ed. São Paulo: RT, 2011.

OLIVEIRA, Eugênio Pacceli de. **Processo e Hermenêutica na Tutela Penal dos Direitos Fundamentais.** Belo Horizonte: Del Rey, 2004.

OLIVEIRA, Marcelo Ribeiro de. Sobre gravações das tratativas e dos atos de colaboração premiada. Pacote "Anticrime" - Lei 13.964/2019, na visão de Procuradores da República. Coordenador: João Paulo Lordelo G. Tavares - Salvador: Editora Juspodivm, 2020.

ONU - ORGANIZAÇÃO DAS NAÇÕES UNIDAS. **Normas e Princípios das Nações Unidas sobre Prevenção ao Crime e Justiça Criminal.** Disponível em <https://www.unodc.org/documents/justice-and-prison-reform/projects/UN_Standards_and_Norms_CPCJ_-_Portuguese1.pdf> Acesso em 12/07/2016.

PAIVA, Daniel Diniz Barreto de. **Limites Negociais do Sistema Criminal brasileiro: um estudo a partir da colaboração premiada.** 2018, TCC (Graduação) - Curso de Direito, Universidade Federal do Rio Grande do Norte, Natal, 2018.

PALAZZO, Francesco C. **Valores constitucionais e direito penal.** Tradução de Gerson Pereira dos Santos. Porto Alegre: Fabris, 1989.

PALMA, Maria Fernanda. **Direito Constitucional Penal.** Coimbra: Almedina, 2006.

PASTRE, Diogo Willian Likes. O instituto da delação premiada no direito processual penal. **Revista IOB de Direito Penal e Processual Penal,** v. 9, n. 53, dez/jan 2008.

PEREIRA, Frederico Valdez. Valor probatório da colaboração processual (delação premiada). **Revista Brasileira de Ciências Criminais,** v. 77/2009. p. 175-201. Mar - Abr/2009.

PEREIRA, Frederico Valdez. Compatibilização constitucional da colaboração premiada. **Revista dos Tribunais,** v. 929/2013. p. 319. mar/2013. DTR/2013/585.

POSNER, Richard A. **Law, pragmatism and democracy**. Cambridge, MA: Harvard University Press, 2003.

POSNER, Richard A. **Economic analysis of law**. Nova Iorque: Aspen Publishers, 2010.

PRADO, Geraldo. **Sistema acusatório - A conformidade constitucional das leis processuais penais**. 4. ed. Rio de Janeiro: Lumen Juris, 2006.

QUEIROZ, Ronaldo Pinheiro de. A Eficácia Probatória do Inquérito Civil no Processo Judicial de Combate à Corrupção. In: SALGADO, Daniel de Resende; QUEIROZ, Ronaldo Pinheiro de (Org.). **A Prova no Enfrentamento à Macrocriminalidade**. Salvador: Juspodium, 2015. p. 417-438.

ROXIN, Claus. **A proteção de bens jurídicos como função do Direito Penal**. Porto Alegre: Livraria do Advogado, 2006.

ROCHA JÚNIOR, Francisco de Assis do Rêgo Monteiro. A expansão do direito penal colhendo seus frutos: uma análise da delação premiada no sistema jurídico brasileiro. **Cadernos da Escola de Direito e Relações Internacionais da UniBrasil.** Complexo de Ensino Superior do Brasil. n. 5, jan/dez 2005.

RODRIGUES, Fillipe Azevedo. **Análise econômica da expansão do direito penal.** Belo Horizonte: Del Rey, 2014.

ROMANO, Rogério Tadeu. **O vazamento do acordo de delação premiada**. Disponível em <https://jus.com.br/artigos/50706/o-vazamento-de-acordo-de-delacao-premiada/> Acesso em 02 set. 2016.

ROSA, Luísa Walter da. **Colaboração premiada: a possibilidade de concessão de benefícios extralegais ao colaborador.** 1ª ed. Florianópolis: Emais, 2018.

RIBEIRO, Marcia Carla Pereira; KLEIN, Vinicius (Coord.). **O que é análise econômica do direito: uma introdução.** Belo Horizonte: Fórum, 2011.

SALAMA, Bruno Meyerhof. O que é pesquisa em direito e economia. **Cadernos direitoGV**, v. 5, nº 2, estudo nº 22, 2008.

SALAMA, Bruno Meyerhof. De que forma a economia auxilia o profissional e o estudioso do direito? **EALR (Economic Analysis of Law Review)**, V. 1, nº 1, p. 4-6, Jan-Jun, 2010.

SALOMI, Maíra Beauchamp. Colaboração Premiada: principais questões acerca da competência para homologação. BOTTINI, Pierpaolo Cruz; MOURA, Maria Thereza de Assis (Coordenadores). **Colaboração Premiada.** 1ª edição, 2ª tiragem. São Paulo: Editora Revista dos Tribunais, 2018. P. 151/184.

SAVIANO, Roberto. **Gomorra. A história real de um jornalista infiltrado na violenta máfia napolitana.** Tradução: Elaine Niccolai. 6. ed. Rio de Janeiro: Bertrand Brasil, 2009.

SAVIANO, Roberto. **A Máquina da Lama: Histórias da Itália de hoje**. Tradução: Joana Angélica d´Avila Melo. 1. ed. São Paulo: Companhia das Letras, 2012.

SÁNCHEZ, Jesús-Maria Silva. **Eficiência e direito penal**. Barueri: Manole, 2004.

SANTOS, Marcos Paulo Dutra. **Colaboração (Delação) Premiada**. Salvador: JusPodium, 2016.

SILVA, Eduardo Araújo da. **Crime Organizado: procedimento probatório**. São Paulo: Atlas, 2003.

SILVA, Juary C. **A macrocriminalidade**. São Paulo: Editora Revista dos Tribunais, 1980.

SILVA JÚNIOR, Walter Nunes da. **Curso de direito processual penal: teoria (constitucional) do processo penal**. 2. ed. Natal: OWL Editora Jurídica, 2015.

SILVEIRA, José Braz da. **Proteção à testemunha e o crime organizado no Brasil**. Curitiba: Juruá, 2010.

SIMON, Pedro (Coord.). **Operação "Mãos Limpas": audiência pública com magistrados italianos.** Brasília: Senado Federal, 1998.

SMITH, Jo Durden. **A História da Máfia.** Tradução: Beatriz Medina. São Paulo: M. Books do Brasil, 2015.

SOUTHWELL, David. **A História do Crime Organizado.** Tradução Ciro Mioranza. São Paulo: Escala, 2013.

SOUZA, Rodrigo Telles de. **Investigação criminal e vedação ao anonimato no Sistema Jurídico brasileiro.** Curitiba: Juruá Editora, 2013.

TABAK, Benjamin Miranda. A Análise Econômica do Direito - Proposições Legislativas e políticas públicas. **Revista de Informação Legislativa / Senado Federal**, Subsecretaria de edições Técnicas - Ano 52, nº 205, janeiro/março - 2015.

TAVARES, André Ramos. **Curso de Direito Constitucional.** São Paulo: Saraiva, 2002.

TAVARES, João Paulo Lordelo Guimarães. A colaboração premiada nas ações de improbidade administrativa: o estado da arte após a Lei 13.964/2019 (Pacote Anticrime). Pacote "Anticrime" - Lei 13.964/2019, na visão de Procuradores da República. Coordenador: João Paulo Lordelo G. Tavares - Salvador: Editora Juspodivm, 2020.

TIMM, Luciano Benetti (org.). **Direito e Economia no Brasil.** São Paulo: Atlas, 2012.

TOJAL, Sebastião Botto de Barros; TAMASAUSKAS, Igor Sant´Anna. A leniência anticorrupção: primeiras aplicações, suas dificuldades e alguns horizontes para o instituto. BOTTINI, Pierpaolo Cruz; MOURA, Maria Thereza de Assis (Coordenadores). Colaboração **Premiada.** 1ª edição, 2ª tiragem. São Paulo: Editora Revista dos Tribunais, 2018. P. 238/253.

TREVISAN, Antoninho Marmo. et al. **O combate à corrupção nas prefeituras do Brasil.** 2. ed. Cotia: Ateliê Editorial, 2003.

TROTT, Stephen. O uso de um criminoso como testemunha: um problema especial. Tradução: Sergio Fernando Moro. **Revista CEJ.** Centro de Estudos Judiciários do Conselho da Justiça Federal. V. 11, n. 37, abr/jun 2007.

VASCONCELOS, Beto Ferreira Martins; SILVA, Marina Lacerda e Silva. Acordo de Leniência: a prática de um jogo ainda em andamento. BOTTINI, Pierpaolo Cruz; MOURA, Maria Thereza de Assis (Coordenadores). **Colaboração Premiada**. 1ª edição, 2ª tiragem. São Paulo: Editora Revista dos Tribunais, 2017. P. 275/301.

VASCONCELLOS, Vinicius Gomes de. Colaboração Premiada no Processo Penal. 2ª edição revista, atualizada e ampliada. São Paulo: Editora Revista dos Tribunais, 2018

VERÍSSIMO, Carla. Principais questões sobre a competência para a homologação do acordo de colaboração premiada. BOTTINI, Pierpaolo Cruz; MOURA, Maria Thereza de Assis (Coordenadores). **Colaboração Premiada**. 1ª edição, 2ª tiragem. São Paulo: Editora Revista dos Tribunais, 2018. P. 111-126.

WROBLESKI, Henry M.; HESS, Kären M. **Introduction to Law Enforcement and Criminal Justice.** 8 ed. Belmont, CA: Wadsworth Publishing, 2005.

ZEHR, Howard. **Trocando as lentes: um novo foco sobre o crime e a justiça**. São Paulo: Palas Athena, 2008.